GIS空间分析指南

The ESRI Guide to GIS Analysis Volume 1: Geographic Patterns & Relationships

[美] 安迪·米切尔 编著

Andy Mitchell

张旸 译

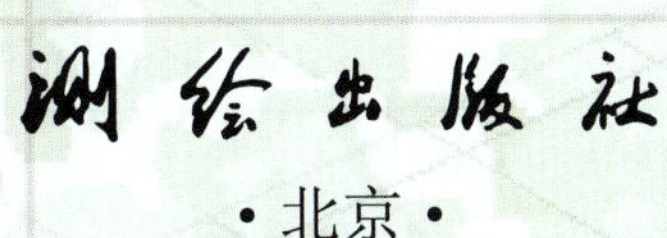

·北京·

著作权合同登记号：01-2011-4885

Original English Language Edition

The ESRI Guide to GIS Analysis Volume 1: Geographic Patterns & Relationships

by Andy Mitchell

This Chinese version published by Surveying and Mapping Press, Beijing

Under license from Environmental Systems Research Institute, Inc.

图书在版编目(CIP)数据

GIS空间分析指南/(美)米切尔(Mitchell,A.)编著;张旸译.－北京:测绘出版社，2011.9

（GIS引进版丛书）

ISBN 978-7-5030-2410-8

Ⅰ.①G… Ⅱ.①米…②张… Ⅲ.①地理信息系统—指南 Ⅳ.①P208-62

中国版本图书馆CIP数据核字(2011)第187285号

责任编辑 吴 芸　**封面设计** 李 伟　**责任校对** 董玉珍　李 艳

出版发行	测绘出版社		
地　　址	北京市西城区三里河路50号	**电　　话**	010-68531160（营销）
邮政编码	100045		010-68531609（门市）
电子信箱	smp@sinomaps.com	**网　　址**	www.sinomaps.com
印　　刷	北京新华印刷有限公司	**经　　销**	新华书店
成品规格	169 mm × 239 mm		
印　　张	10	**字　　数**	223千字
版　　次	2011年9月第1版	**印　　次**	2011年9月第1次印刷
印　　数	0001—4000	**定　　价**	36.00元

书　　号 ISBN 978-7-5030-2410-8/P・551

本书如有印装质量问题，请与我社联系调换。

译者序

长久以来，地图作为地理空间信息定位与表达的媒介，不仅是行军作战的必备物品，也是老百姓居家出行的良伴。时至今日，古老的地图与日新月异的信息技术相结合，焕发出新的时代光芒，这就是地理信息系统（GIS）。GIS在地理空间数据的存储、管理和制图等方面的功能满足了大众对空间信息服务的初始需求。然而，随着社会和技术的不断发展，对数据所蕴含信息的挖掘而派生出的更高级别的空间信息需求也越来越多，它强调通过可视化的方法来表达空间格局与关系，并解决一些与空间相关的问题，这就是GIS空间分析的独特之处。

GIS空间分析讲述了蕴含在地图背后的故事。例如，警方在地图上绘制犯罪行为发生地点，分析该犯罪行为的分布规律，并根据分析结果部署警力。商业分析师在地图上绘制零售商店的位置及相互距离，来判别商店之间的竞争激烈程度。公共健康部门绘制调查区域中每千人拥有的医生数量，来分析各地区医疗服务的配备情况。交通规划师绘制企业员工的密度图来确定在何处设置交通站点，以便为大多数目标人群提供服务。这些在书中呈现的精彩案例只是GIS空间分析的冰山一角，其实我们每个人都能够通过空间分析来解决实际遇到的问题。

以地图制图为主线，本书全面细致地阐述了GIS空间分析的主要方法，涵盖了GIS的基本概念（第1章）、空间位置（第2章）、属性特征（第3章和第4章）、拓扑关系（第5章和第6章）以及时间序列（第7章）等方面的诸多内容。基于空间位置的地理要素格局分析是GIS空间分析的基本内容，在此基础上可以实现数量、类别和密度等属性特征的叠加分析，并查找感兴趣的目标。这类分析的实际应用领域非常广泛，小到在谷歌地球上标个点、传张照片，大到各级政府部门的空间信息服务，大多都属此类。对于地理要素之间的包含、邻接等空间关系的分析也是本书的一大亮点。在缓冲区分析、网络分析这些大众最常用的GIS功能背后，蕴含着定量地理空间分析的基础概念，即地理学第一定律：Everything is related to everything else, but near things are more related than distant things。它揭示了地理空间现象和空间过程的本质特征，广泛应用于地理空间数据组织、分析和建模的全过程。在空间分析的基础上，本书的最后一章引入了时间维的特征分析方法，从而揭示了GIS作为时空数据表达与分析工具的完整内涵。

大道至简。本书抛却了晦涩难懂的专业知识与数学模型，面向社会大众的主流需求，以GIS的基本任务——地图制图为切入点，用浅显易懂的文字叙述了GIS空间分析的主要方法以及典型的行业应用。无论是GIS专业人士，各行各业的GIS用户，还是狂热的地图爱好者，都能够从书中汲取知识，激发灵感，解决工作生活中的实际问题，演绎空间分析的精彩。

张 旸

2011年8月

原版序

空间分析是GIS的真正起步之处——地图数字化、构建数据库、检查空间位置及属性错误、设置投影信息和坐标系统等繁重工作的价值，都将体现在空间分析的结果和决策之中。然而，空间分析对普通用户而言似乎又有点遥不可及，例如难懂的数学公式，难以实现，缺少好的教材和指南等。

此时此刻，终于有一本理想的书籍问世了。该书由安迪·米切尔（Andy Mitchell）根据Esri在众多实际案例中的空间分析应用的丰富经验撰写而成，覆盖了GIS应用的各个领域。无论读者是从事水利、交通还是区域规划工作，都能在阅读中发现与其专业切身相关的案例。该书组织结构简洁直观，在各章节阐述了基本空间分析的主要形式。如第一章所述，Esri正计划出版该书的第二部，面向更多复杂方法的高级空间分析。

我们通常认为空间分析与地图制图是有区别的，它在本质上更加复杂。在GIS界，经常会听到类似“这只是个制图工程”这样的话，此话的含义就是如果功能强大的GIS只用来实现数据的可视化，那么它就没有得到充分利用。

事实上，最早的GIS——加拿大地理信息系统，在设计之初就没有显示功能，只能够以表格的形式生成数值输出结果。

该书最有价值的贡献之一就是揭示了地图制图和空间分析的密切关系。当我们把精心设计的视觉表达图形和数值输出结果完美结合的时候，那么我们从GIS获得的东西是最多的。该书包括了有关GIS用于视觉表达的精彩案例*。正如作者所指出的，空间分析并非需要涉及复杂的数学运算，但是必须要能够将人们脑子里的东西迅速地在地图上进行恰当的表达，因为眼睛和大脑在观察地图或其他视图的格局以及发现异常方面最具效用。当电脑和人脑联合起来，GIS使用可视化的方式操作和显示数据来增强人类直觉的时候，GIS的优势就会得到更好的发挥。

该书对于所有GIS应用领域的用户都具有参考价值。对于初次接触GIS并且想了解其实际功能的读者而言，它是十分宝贵的阅读材料。它既可以作为一本优秀的教材用于高中、社区院校以及大学本科的教学，同时也可以作为实际工作中的补充参考读物。

该书不是软件手册，也不宣传任何GIS品牌或者版本。尽管它出自Esri，但是对于其他GIS品牌的用户都极具价值，也有助于关注不同品牌GIS之间互操作性的专业人员，因为它致力于阐述简单空间分析的基本原则而不是软件产品。Esri通过赞助和出版该书为该领域做出了值得称赞的贡献。

Michael F. Goodchild
国家地理信息和分析中心
美国加州大学圣巴巴拉分校

* 因版权原因，案例部分未能引进。——编者注

目 录

第 1 章 GIS空间分析概述 1

GIS空间分析简介 3
地理要素 4
地理属性 8

第 2 章 地理要素空间位置制图分析 12

地理要素空间位置制图分析的目的 13
空间制图分析的目标 14
准备数据 15
地图制作 16
分析地理格局 25

第 3 章 最大值与最小值制图分析 27

最大值和最小值制图分析的目的 28
制图所需 28
数量概述 30
创建类 34
地图制作 44
格局判别 54

第 4 章 密度制图分析 56

密度制图分析的目的 57
确定制图要素 58
密度制图分析的两种途径 59
指定区域的密度制图 61
创建密度表面 64

第 5 章 查找区域内部要素 72

区域内部要素制图分析的目的 73
定义分析 73
查找区域内部要素的三种方法 79
绘制区域和要素 82
在区域内选择要素 84
区域和要素的叠加 88

第 6 章 查找邻近要素 97

邻近要素制图分析的目的 98
定义分析 99
查找邻近要素的三种方法 102
使用直线距离 104
测量网络上的距离或成本 116
计算地理表面的成本 123

第 7 章 变化制图分析 129

变化制图分析的目的 130
定义分析 131
变化制图分析的三种方法 138
创建时间序列 140
创建跟踪地图 144
变化信息的测量和制图 147

参考书目 153

Contents

Chapter 1 Introducing GIS analysis **1**
- What is GIS analysis 3
- Understanding geographic features 4
- Understanding geographic attributes 8

Chapter 2 Mapping where things are **12**
- Why map where things are 13
- Deciding what to map 14
- Preparing your data 15
- Making your map 16
- Analyzing geographic patterns 25

Chapter 3 Mapping the most and least **27**
- Why map the most and least 28
- What do you need to map 28
- Understanding quantities 30
- Creating classes 34
- Making a map 44
- Looking for patterns 54

Chapter 4 Mapping density **56**
- Why map density 57
- Deciding what to map 58
- Two ways of mapping density 59
- Mapping density for defined areas 61
- Creating a density surface 64

Chapter 5 Finding what' s inside **72**
- Why map what's inside 73
- Defining your analysis 73
- Three ways of finding what's inside 79
- Drawing areas and features 82
- Selecting features inside an area 84
- Overlaying areas and features 88

Chapter 6 Finding what' s nearby **97**
- Why map what's nearby 98
- Defining your analysis 99
- Three ways of finding what's nearby 102
- Using straight-line distance 104
- Measuring distance or cost over a network 116
- Calculating cost over a geographic surface 123

Chapter 7 Mapping change **129**
- Why map change 130
- Defining your analysis 131
- Three ways of mapping change 138
- Creating a time series 140
- Creating a tracking map 144
- Measuring and mapping change 147

Where to get more information **153**

1 GIS空间分析概述

GIS空间分析可以帮助人们观察并理解地理数据中所蕴含的格局和关系。空间分析的结果有助于更好地了解地理环境，以便于做出相适应的行动或者选择最佳方案。

本章的主要内容有：

- GIS空间分析简介
- 地理要素
- 地理属性

地理信息系统（geographic information system，GIS）技术已经有30多年的发展历史*。但是，大部分人仍然只用它来制作地图。其实GIS可以做的事情很多。使用GIS进行空间分析工作，可以揭示事物的空间分布规律，以及事物之间的空间联系。通过学习使用GIS的空间分析功能，可以获取更加准确和及时更新的信息，甚至是前所未有的新信息，从而帮助人们更好地理解所处的地理环境，做出最佳方案选择，以应对未来可能发生的事件或情况。

但是，为什么使用GIS空间分析功能的人数并不多呢？原因之一就是GIS的应用近些年才得到普及，对于很多人而言，它仍然是个新事物。正因为如此，许多单位或组织只是完成了GIS数据库的建设工作（该过程在过去要耗费很长时间才能完成，但是现在的建设速度正在加快，因为已经有相当数量的地理数据现成可用）。另一个原因就是使用GIS空间分析很困难而且笨拙，不过现在的软件都采用图形界面，易于操作，这方面的障碍已经在慢慢消除。第三个原因就是大多数人不知道除了制作地图和生成报告以外，GIS还能做什么；或者是知道一些，但是不清楚如何去实现。虽然地理数据日益丰富，GIS软件也越来越容易使用，但是要进行切实有效的GIS空间分析，还需要了解如何来构造空间分析，以及使用何种工具来完成特定任务。

这就是撰写本书的目的所在。无论你有没有意识到，在制作地图的过程中，实际上已经在做空间分析了。本书的目的之一就是帮助人们更好地创建地图——通过地图来清晰准确地表达数据中所蕴含的信息。此外，本书还介绍了一些基本的空间分析概念和工作任务——这些内容本身就很有用处，并且可为更高级的空间分析工作奠定基础。

该书阐述了最常用的、人们在每天的工作中都需要涉及的地理分析任务，包括：

- 地理要素的空间位置制图分析；
- 最大值和最小值制图分析；
- 密度制图分析；
- 查找区域内部要素；
- 查找邻近要素；
- 变化制图分析。

本书分为三大部分。本章主要介绍什么是GIS空间分析，以及它可以做些什么工作。其中会接触到一些基本的GIS概念，例如什么是地理数据，它是如何存储的，以及有关数据值及其用途和解析方面的内容。第2章至第4章阐述了比较重要的地图制图概念，主要是揭示事物空间分布格局的地理数据表达方法。其余章节主要阐述了探究地理关系的地图查询和基于地图的分析任务。

在今后的十年间，GIS空间分析将会得到更为广泛的应用。一种新的用户类型——空间科学家也将随之出现。有相当数量的GIS用户将成为高级建模人员。本书的目标是帮助读者提升GIS分析技能及熟练程度。因此，Esri计划为该书出版第二部，在第二部中将涉及更多的高级分析概念和方法。

* 原书出版于1999年。——编者注

GIS空间分析简介

GIS空间分析是揭示数据中蕴含的地理空间格局以及要素之间空间关系的过程。使用的方法可以非常简单，有时只需要制作一张用于分析的地图，也可以复杂一些，涉及结合使用多个数据层模拟真实世界的模型。

本章按照执行分析的过程来进行阐述。

定义问题

空间分析的首要步骤是明确所需要的信息，通常采用提问的方式来完成。上个月发生盗窃行为最频繁的地区有哪些？每个流域中的森林数量有多少？在酒坊周围500英尺范围内包含哪些地块？准备回答的问题越具体越好，这将有助于确定如何进行分析，使用何种方法，以及如何表达结果。

影响空间分析的其他因素主要包括它如何使用，以及谁来使用它。也许只是想通过数据分析来进一步了解某地区是如何发展的，或者事物的行为状态。也有可能需要向政策制定者或公众提交用于讨论，科学研究，或者法律程序的结果。在这里，方法需要严格一些，结果也需要更具针对性。

理解数据

所用数据的类型和特性有助于确定使用何种方法。反之，如果要使用特定方法来获取所需的某层次信息，就可能需要获取额外的数据作为支持。因此，必须知道已有的数据（要素类型和属性在本章后面讨论），以及还需要获取或创建哪些数据。创建新数据可能只是简单地计算一下数据表中的新值（参见本章使用表格工作内容），也可能需要获取新的数据层。

选择方法

获取所需信息一般有两到三种方法。经常是一种方法可以快速实施，但提供的信息比较粗略；而另一种方法需要更详细的数据、更多的处理时间和工作量，但是可以提供更加精确的结果。因此，可以根据原始问题和分析结果的用途来决定使用何种方法。例如，正在做一项有关揭示城市犯罪模式的短期研究，只需要将单个的犯罪案件在地图上标注出来，然后观察分析地图即可。但是，如果该信息要作为法庭证据的话，那就可能需要精确的量算给定时间范围内犯罪案件发生的数量及地点了。

处理数据

在确定方法之后，就可以在GIS中执行相关步骤了。在本书中，提供了一些蕴藏在GIS功能背后的概念，可以帮助更好地解析结果。另外，还提供了一些有关参数选择的背景材料，在分析过程中有可能需要用到。

分析结果

空间分析的结果可以通过地图、表格数值或者图表的形式来显示，这实际上就是新的信息。因此，需要确定在地图上表示什么样的信息，以及如何组合这些数值来更好地表达信息。同时也需要确定图表是否能帮助读者更好地理解地图所表达的信息。

空间分析结果也有助于了解信息是否是有效或有用的，或者是否应该使用不同参数甚至不同方法重新进行分析。使用GIS完成这些改变和生成新的结果会相对容易些。因此，可以比较不同分析所产生的结果，从而确定哪种方法能更准确地表达数据信息。

地理要素

在工作中使用到的地理要素类型影响着空间分析过程的各个环节。在起步阶段花上一些时间来检查数据，并搞清楚如何分析它们，会使整个分析过程变得流畅。以下内容是对不同类型地理数据的讨论，阐述它们在GIS中是如何表达的，以及如何使用它们。

通常情况下，需要了解地理要素的不同类型，它们不同的表达方式，以及有关地图投影和坐标系统的知识。

要素的类型

地理要素包括离散要素、连续现象以及通过区域汇总得到的要素。

离散要素

对于离散的点位置和线状要素来说，可以确定其准确位置。因此，在任意给定的点，要素要么存在，要么不存在。

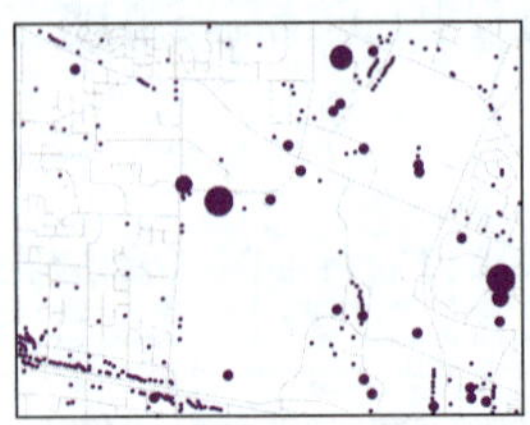

用员工数量规模表示的企业，是单个点位置的范例。

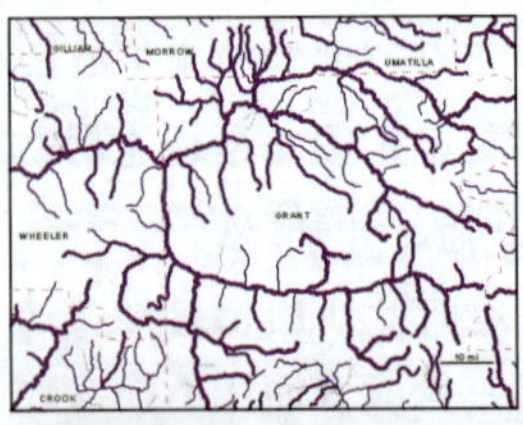

河流是线状要素。

根据土地价值进行彩色编码得到的宗地地块，是离散区域的范例。

连续现象

诸如降水量或温度之类的连续现象，可在任意地点存在和测量。这些现象覆盖了整个制图区域——没有空隙之处，并可以在任意位置确定其数值（如单位为英寸的年降水量，或者单位为摄氏度的月平均气温）。

连续数据通常以一系列样点表示，分为规则间距（例如采样后的高程数据）或不规则间距（例如气象台站）。GIS使用这些点来为位于样点之间的区域赋值，该过程称为插值。在给定区域，一些非连续数据也可以作为连续现象对待，旨在通过地图显示整个地区的数量变化情况。例如，通过对城市内所有地块的中心点进行插值，可以创建一幅土地价值地图。

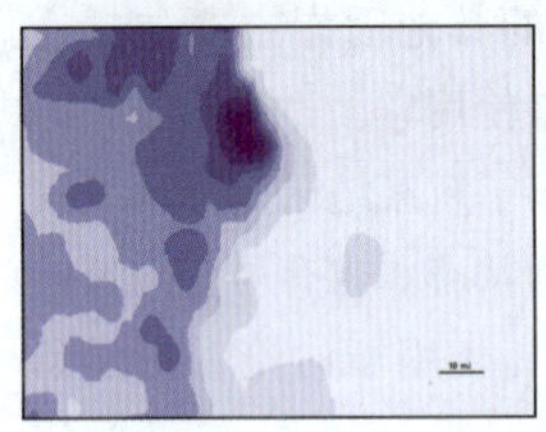

作为连续表面的平均年降水量。

连续数据也可以表示为由边界包围的区域，条件是边界内部的地物类型相同，例如土壤类型或植被类型等。当然，因为数据在不同景观之间是连续变化的，所以边界所反映的是相似程度更大的地物，具有渐变过渡性质。而诸如宗地地块之类的离散区域的边界是由法律确定的，非常明确。

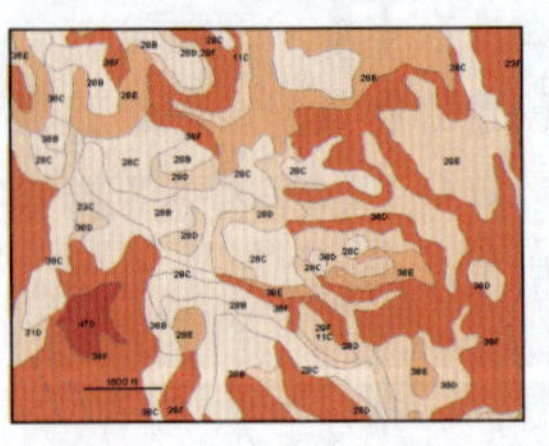

使用边界表示的土壤类型。

区域汇总要素

汇总数据表示在区域边界范围内的单个要素的数目或密度。区域汇总要素的例子有，在每个邮政编码区内的企业数目，每个流域内的河流总长度，或者每个县的家庭数量（通过各人口普查区的家庭数目相加得到）。该数据值应用于整个区域，而不是区域内的特定地点。

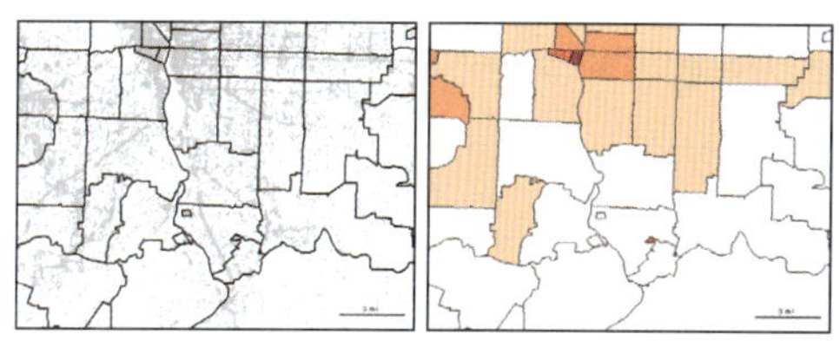

左图显示企业位置，右图显示根据企业数量进行彩色编码得到的邮政编码。

许多数据都来源于区域汇总，例如人口数据，包括总数（总人口数、总户数等），或者是某一类别所占的百分比（例如65岁以上人口所占的百分比、西班牙裔人口所占的百分比等）。有些企业数据也是按照此类区域边界，或者邮政编码、区域代码，或者其他边界进行汇总而得到。

也可以通过区域汇总得到其他类型的数据。如果要素已经被标记了与区域相匹配的代码，那么只需要在数据表中做一些统计工作就可以了。例如统计每个邮政编码区内的所有企业的总收入。当关联这两个数据表的时候，每个区域边界就被赋予相对应的数字。可以使用该属性值进行区域制图，并研究分布格局。

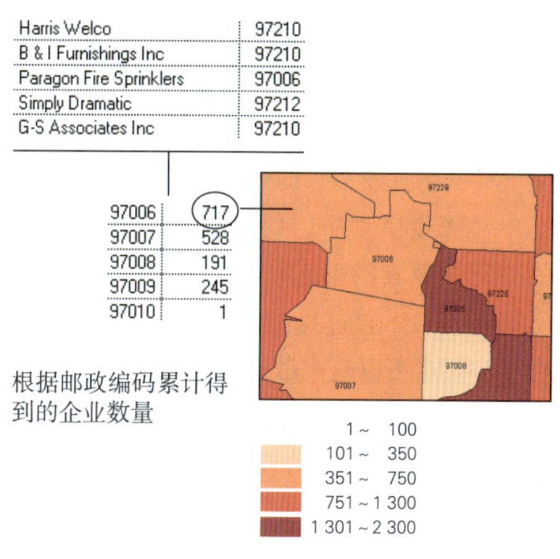

根据邮政编码累计得到的企业数量

如果要素没有被赋予汇总区域的代码，可以使用GIS将该区域和要素叠加，来确定每个区域内都分布哪些要素，然后给它们赋予相对应的区域代码。详细内容请参见第5章“查找区域内部要素”。

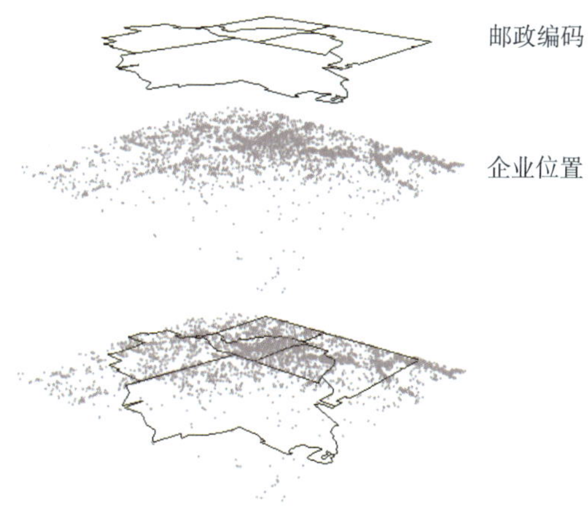

MacKenzie Trail Lodge	Reeder	Rd	97231
Heritage Plantations	Hidden Acres	Ln	97113
Taylor & Daughter	Dixie Mountain	Rd	97124
Skyline Nursery	Dixie Mountain	Rd	97124
Skyline Hills Ranch	Skyline	Blvd	97124

通过邮政编码边界和企业位置数据的叠加，可以为每个企业标记其所属的邮政编码。

表达地理要素的两种途径

在GIS中，地理要素的表达通常使用现实世界的两种模型，即矢量和栅格。

在矢量模型中，每个要素是数据表中的一行，要素的形态特征由x,y的空间位置所确定（GIS通过点的连接来绘制线和轮廓）。要素可以是离散点位置或事件、线条或者区域。位置信息（例如客户地址、犯罪现场等）可以使用具有地理坐标对的点来表达。

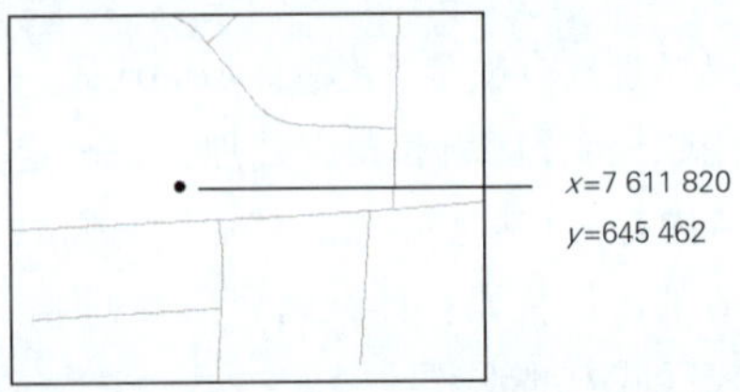

诸如河流、道路或者管线之类的线状要素一般通过一系列的坐标对来表达。

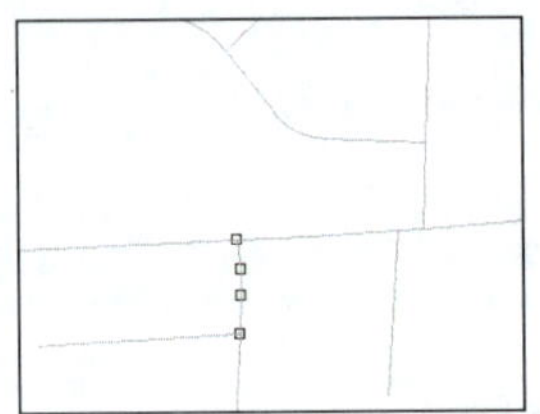

区域要素由边界定义，通过封闭多边形来表达。它们可以被赋予法律意义，例如宗地（parcel of land）；可以是诸如国界之类的行政界线；或者是自然现象的边界，例如流域。当分析矢量数据的时候，多会涉及图层数据表中属性的使用（汇总）。

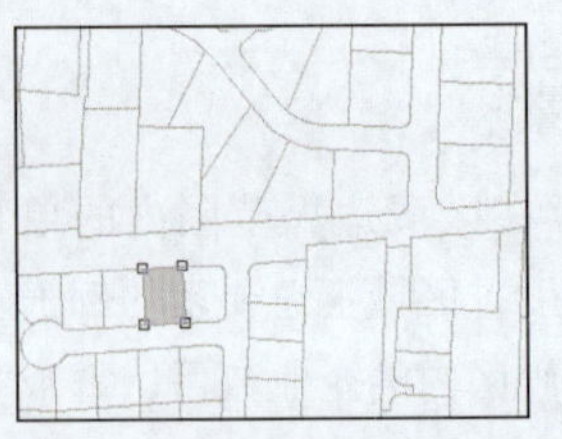

在栅格模型中，要素通常使用连续空间中的单元矩阵来表达。每个图层代表一种属性（也可以附加其他属性），然后通过图层间的联合来生成具有新单元值的新图层，以此为基础展开空间分析工作。

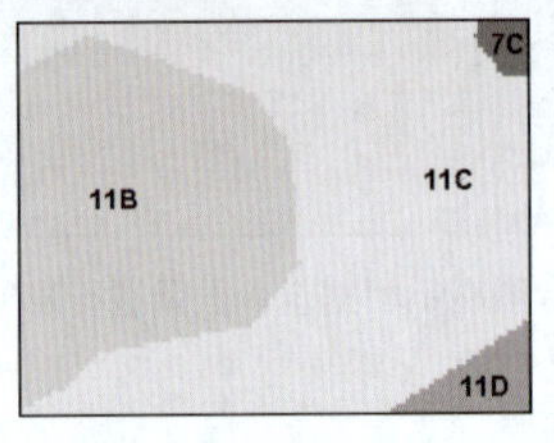

使用栅格图层表达的土壤类型

通常，栅格图层的单元尺寸会影响分析的结果以及地图要素的清晰程度。单元尺寸应该以原始的地图比例尺和最小制图单元为基准。单元尺寸太大会导致部分信息的丢失。而使用太小的单元尺寸则会带来存储空间过大、处理时间过长等问题，并且没有因此而提高地图的制图精度。

植被的栅格图层。过大的单元尺寸（如右图所示）能够揭示植被空间分布的总体格局，但是部分细节信息丢失。

任意要素类型都可以通过以上两种模型来表达，其中离散要素以及由区域汇总得到的数据通常使用矢量模型表示，连续类型要素使用矢量或栅格表示均可，连续型数值通常使用栅格模型表示。

矢量　　栅格

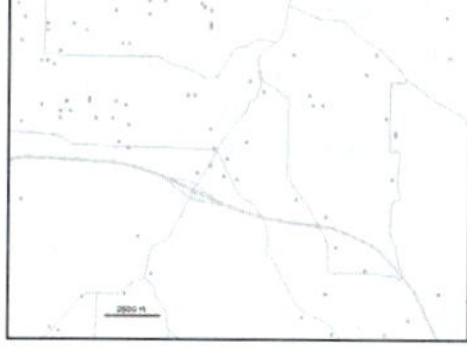

商业网点（点）。

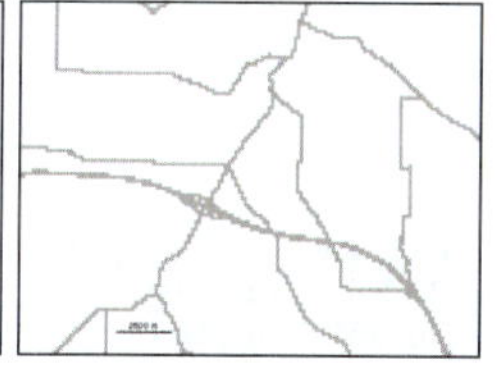

公路（线）。

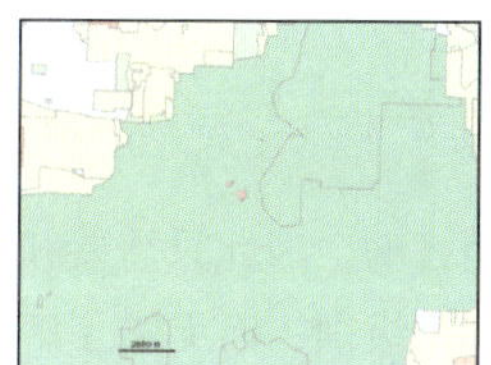
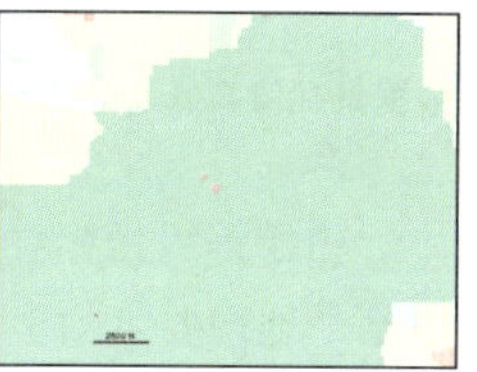

土地利用（区域）。

高程（连续现象）。

离散要素在模型中如果需要与其他图层进行叠加，也可以使用栅格来表示，因为栅格模型尤其适宜于这类分析。

地图投影与坐标系统

所有参与空间分析的数据层都应该具有相同的地图投影和坐标系统，否则就无法将这些图层进行叠加显示，并从中发现彼此之间的空间关系，例如有哪些要素位于某个区域内部，哪些要素与某个特定要素相邻，等等。

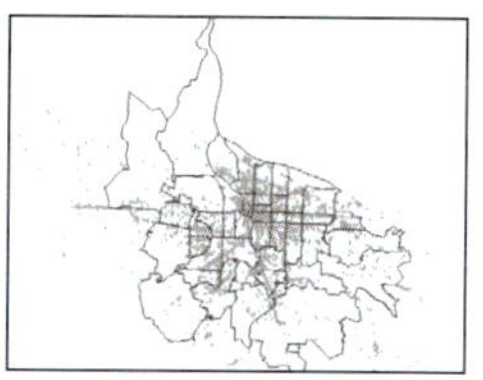

具有不同坐标系统（左图）和相同坐标系统（右图）的商业网点和邮政编码边界的结合显示。

地图投影将地球表面（通常为球面）的空间位置信息转换到地图的平直表面。所有的地图投影都会改变所显示的要素形态，以及面积、距离和方向的测量值。通常情况下，对于诸如镇或县之类的相对较小的制图区域，其变形可以忽略不计。而对于州、国家乃至整个世界这样的大范围制图区域，变形问题就显得较为突出，因为地球曲率对空间信息转换的影响作用开始增强。

坐标系统规定了在二维空间对地理要素进行定位的度量单位以及这些度量单位的原点。

如果使用已建成的GIS数据库，其数据可能已经具有相同的坐标系统和投影。但是如果收集的数据来源不一致，则需要检查坐标与投影信息。与选择地图投影和坐标系统相关的主题主要包括制图区域位于球面的什么位置，范围有多大，以及对于面积和距离的精度要求等。本书结尾部分所提供的许多参考文献均包含了如何选择地图投影和坐标系统，以及如何为数据设置投影信息。

地理属性

每个地理要素都具备一种或多种属性，旨在确定该要素的性质，描述该要素，或者表达与该要素相关联的某些量值。空间分析中所使用的属性类型在一定程度上决定了该分析的类型。

属性值的类型

属性值包括：

- 类别；
- 等级；
- 计数；
- 总量；
- 比率。

类别

类别是相似事物的集合。类别帮助我们组织并理解数据。所有具有相同的某个类别值的地理要素在某种程度上都是相似的，并且区别于具有其他类别值的要素。例如，道路可以划分为高速公路、一般公路和地方道路等，犯罪行为可分为入室盗窃、普通盗窃和袭击等。

类别值可以使用数值代码或文字来表示。文字型的类别值常采用缩写形式，以节省数据表的存储空间。

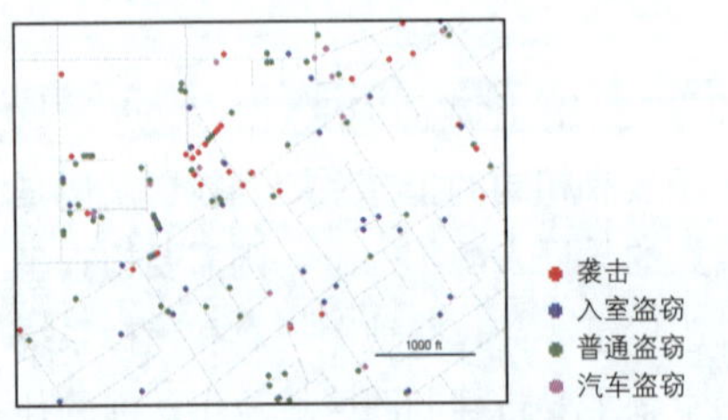

ID	Date	Type	Description
108161454	08/11/97	629	THEFT, $200-$400
107941626	07/20/97	521	BURG, UNL ENT, RES NITE
109040815	11/07/97	521.1	BURG, UNL ENT, GAR NITE
106270910	02/03/97	513	BURG, FORCED, RES UNK
109040843	11/07/97	619	THEFT, OVER $400

数值代码表示犯罪行为的类别。

等级

等级是指地理要素按从高到低的顺序进行排列。在直接测量比较困难，或者数值代表多种因素组合的时候，通常采用等级类别。例如，给河流的景观值进行量化是很困难的，但是我们可以认定流经高山峡谷的河段比奶牛场附近的河段具有更高的景观值。

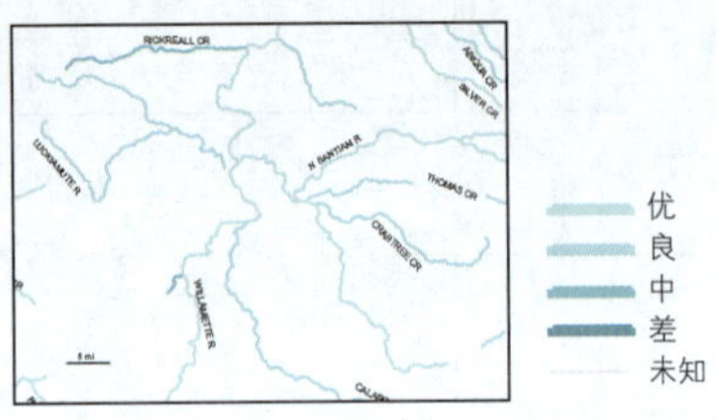

Length (ft.)	Name	Rank
79678.594	LOBSTER CR	1
22115.541	WILLAMETTE R	1
2231.341	RICKREALL CR	3
34173.461	LITTLE ABIQUA R	
165179.391	BUTTE CR	2
68918.680	LITTLE PUDDING R	

根据景观值高低划分的河流等级。

由于等级是相对而言的，因此只需要知道某个地理要素归于哪个级别，而无需了解某个值比其他值高多少或低多少。

等级也可以根据其他的属性值进行划分，通常是某一类型或类别。例如，给某一特定类型的所有土壤要素都赋予相同的种植某特定农作物的适宜程度值。

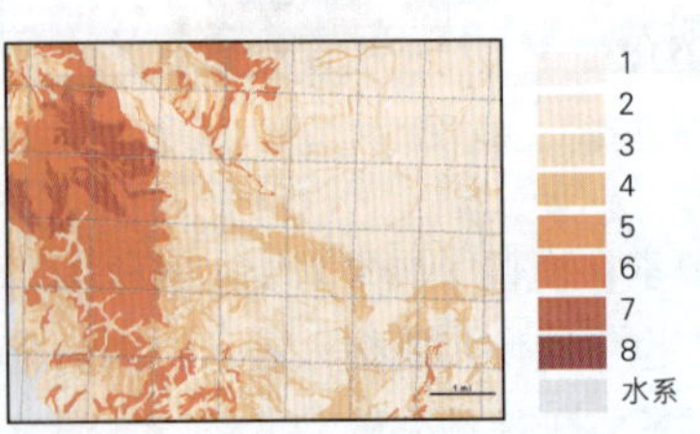

根据种植农作物的适宜程度划分的土壤等级。

计数与总量

计数和总量显示了总的数目。计数是地图上的要素的确切数目。总量是与某一要素相关联的任意可测的数量，例如企业员工的人数。使用计数或总量可以表达每个要素的确切数值，以及与其他要素相比较的量级。

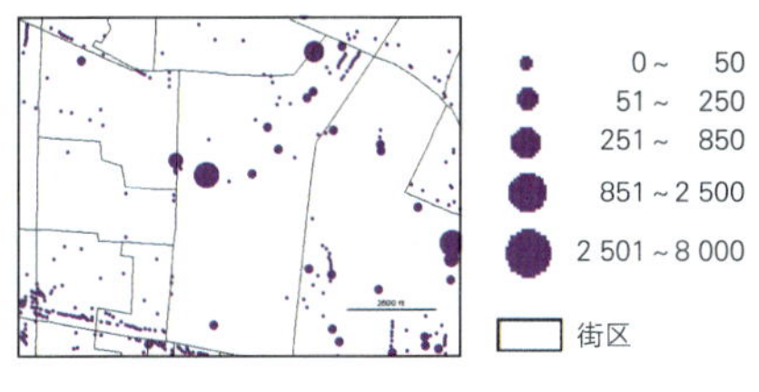

Name	Type	# of Employees
Baseline Thriftway	Retail	31
Atlantis House Spas	Retail	1
Enders Electric	Construction	6
Yangs Distributor	Retail	1
Aloha Radiator Service	Services	1
RadiSys Corp	Electric man	69
Jordan Upholstery	Services	1

根据员工人数表示的企业分布格局。

比率

比率显示了两个数量之间的关系，对于每个要素而言，可以通过一个数量除以另一个数量而得到。例如，每个地块的人口数量除以家庭数量就可以得到每户家庭的平均人口数。使用比率可以缩减大范围区域和小范围区域之间的差异，或者具有较多要素的区域和具有较少要素的区域之间的差异，因此地图可以更加精确地揭示要素的分布格局。

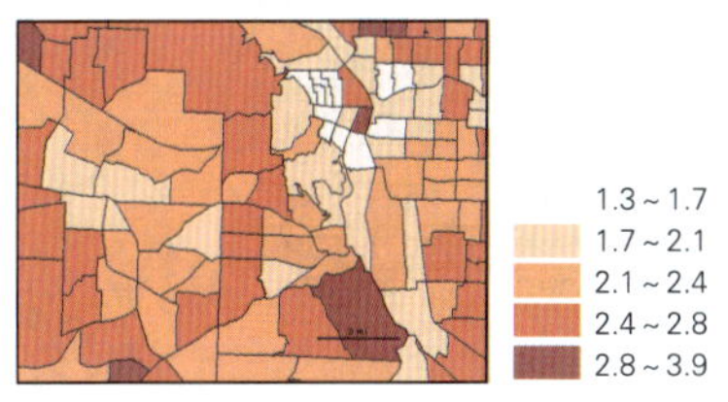

Tract	Population	Households	People per HH
003603	1606	643	2.5
0074	2765	1104	2.5
003702	2443	894	2.7
003803	4132	1591	2.6
0076	3176	1256	2.5

每个人口调查地块的家庭平均人口数。

比例和密度是两种特殊的比率。比例是指每个数值占总数的分量。例如，每个地块中18～30岁的人口数量除以该地块的人口总数，即为地块内18～30岁人群所占的比例。比例通常采用百分比的形式表示（即比例值乘以100）。密度显示了每一单元区域的要素或数值的分布格局。例如，县人口数除以县土地面积的平方千米数，即为每平方千米的人口数。密度是第4章的主题内容。

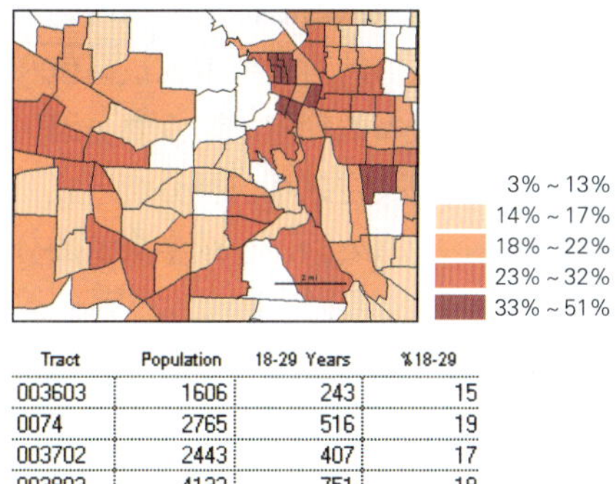

Tract	Population	18-29 Years	%18-29
003603	1606	243	15
0074	2765	516	19
003702	2443	407	17
003803	4132	751	18
0076	3176	668	21

每个人口调查地块的18～30岁人群的百分比。

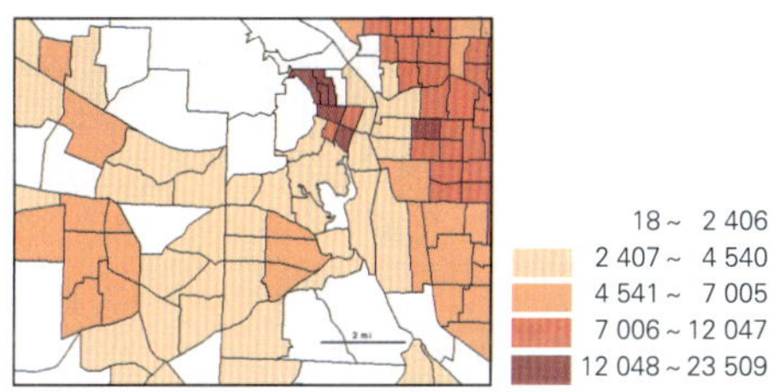

Tract	Population	Square Miles	People per Sq Mi
003603	1606	0.35	4589
0074	2765	0.58	4767
003702	2443	0.37	6603
003803	4132	0.48	8608
0076	3176	0.53	5992

人口调查地块的人口密度（每平方千米的人口数量）。

连续和非连续型数值

类别和等级不是连续型数值——它们在数据层中以数值集合的形式存在，并且一个数值可以对应多个地理要素。通常任意的给定数值至少对应一个要素。类别制图和等级制图将分别在第2章和第3章中做进一步阐述。

计数、总量和比率是连续型数值——每个要素在最高值和最低值之间的范围内，只能具有一个唯一数值。对于数值在最高值和最低值之间如何分布的理解非常重要，因为可以以此为依据来决定采用何种分组形式，以便更好地表达地理要素。连续型数值的分类将在第3章中做进一步阐述。

使用数据表

使用包含属性值和汇总统计的数据表是GIS空间分析的重要内容。执行要素和数据表操作的三个常用功能是选择、计算和汇总。

选择

在使用子数据集或者给子集中的要素赋予新的属性值的时候，都需要进行要素的选择。例如，给多个不同类别赋予一个特定等级。

为此，需要选择数据层中与待选要素相关联的属性表数值行。使用查询（query）功能选择要素，通常采用以下逻辑表达形式：

Select attribute = value

例如，只选择商业地块，可以表示为：

Select Landuse = COM

在这里Landuse是属性名称，COM是商业地块的文字型属性值。

Parcel ID	Land Value ($)	Acres	Landuse
R916405720	10900	0.11	COM
R916405660	44400	0.28	IND
R916401590	17400	0.10	COM
R916401610	100	0.01	VAC
R710801850	42300	0.20	MFR
R710801210	230900	1.50	COM
R710801830	23600	0.08	SFR

除了“等于”（equals），其他常用的逻辑运算符包括大于（>）、小于（<）和非等（<>）等。

也可以结合使用多个表达式来选择满足多个标准的要素。例如，需要查找面积大于2英亩的商业地块，可以表示为：

Select Landuse = COM and Acres > 2

Parcel ID	Land Value ($)	Acres	Landuse
3S1010001500	1267080	13.81	AGR
3S1010001503	2631800	22.67	COM
3S1010001504	73640	0.46	COM
3S1010001505	420060	3.28	COM
3S1010001506	144740	0.94	COM

如果需要选择满足多个数值或标准中的至少一个，可以使用“or”。例如，选择商业和工业地块，可以表示为：

Select Landuse = COM or Landuse = IND

Parcel ID	Land Value ($)	Acres	Landuse
R065301220	43700	0.11	SFR
R065301230	60000	0.16	IND
R065301250	70800	0.18	COM
R065301270	43700	0.11	SFR
R065301280	43700	0.11	SFR
R065301290	25500	0.11	COM
R065301300	68200	0.23	SFR

计算

在数据表中，可以通过计算来为要素赋予新的属性值。首先需要在数据表中添加一个新字段，然后为要素的该字段属性赋值。可以直接赋值，如赋予等级值，或者基于现有的字段赋值，如赋予比率值。例如，可以选择某个类型的所有土壤要素，根据它们种植某种农作物的适宜程度赋予相应的等级值，然后对于区域中的其他土壤类型重复同样的赋值操作：

Select Soil = 28B

然后，

Calculate Rank = 2

Acres	Soil Code	Rank
14	28C	
9	28B	2
153	7C	
84	29F	
22	31D	
16	35F	
15	28B	2
0	31F	

或者，可以通过人口调查地块的总人口数除以家庭数目来计算该地块的户均人口数。

$$户均人口数=\frac{人口调查地块的总人口数}{家庭数目}$$

Tract	Population	Households	People per HH
003603	1606	643	2.5
0074	2765	1104	2.5
003702	2443	894	2.7
003803	4132	1591	2.6
0076	3176	1256	2.5

汇总

使用数据表的另一种途径就是对特定的属性数值进行汇总，得到统计结果。在一些分析案例中，可以是单一数值，例如总数或平均数；在其他案例中，也可以创建一个新的数据表，列出每个类型（类别）的一些统计值，并加上要素计数。它包括每种类型的要素数量，也可以选择性地添加一些统计值，例如总数或某个数值。

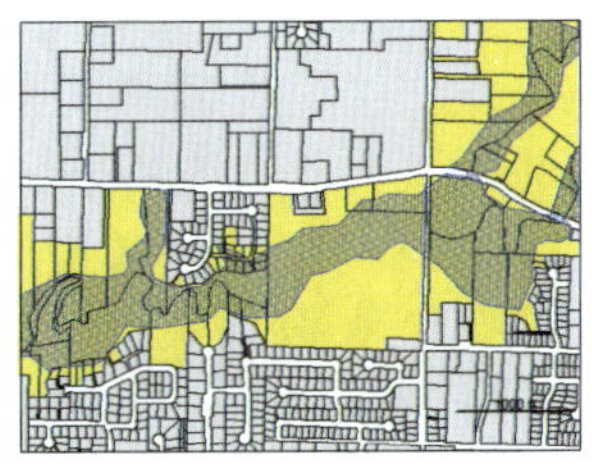

总　数：4 896 330
计　数：79
平均值：61 979
最大值：504 000
最小值：0

冲积平原上的地块的土地值。

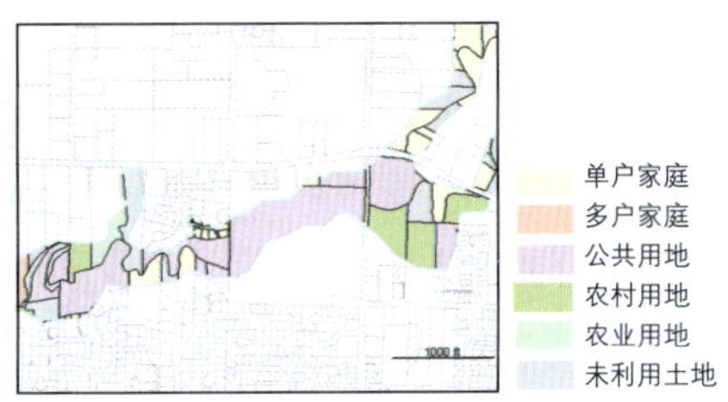

Landuse	# of Parcels	Total SqFt
Agriculture	1	81046
Multi Family	1	137099
Public	11	1450742
Rural	6	420247
Single Family	43	788642
Vacant	20	814649

冲积平原上每种土地利用类型的总量。

2 地理要素空间位置制图分析

地理要素的空间位置制图有助于发现需要查找要素的空间位置，并且了解采取行动的地理环境。同时也可以逐渐理解事物为什么会在这些地方出现。

本章的主要内容有：

- 地理要素空间位置制图分析的目的
- 空间制图分析的目标
- 准备数据
- 地图制作
- 分析地理格局

地理要素空间位置制图分析的目的

人们经常使用地图来观察单个地理要素所处的空间位置以及它的属性。然而，如果对地图上所有要素进行空间分布格局分析，而不是单个要素，就可以对该制图区域有更好的理解与认知。

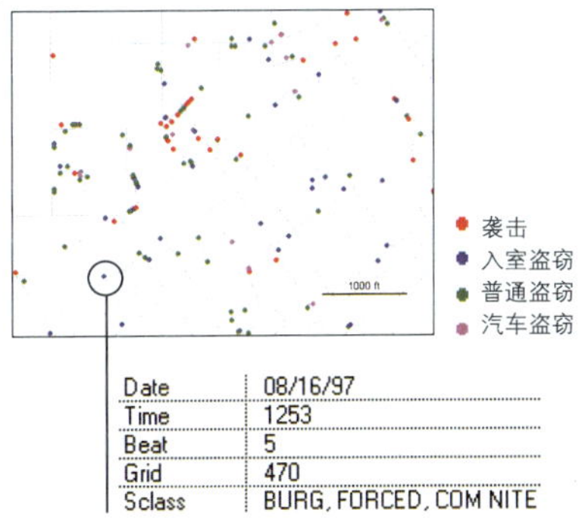

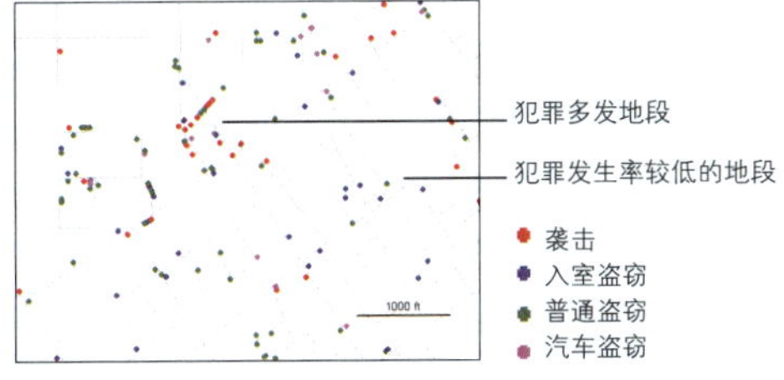

使用地图确定单个地理要素，或揭示地理要素集合的空间分布格局。

对地理要素进行空间位置制图可以揭示何处需要立即采取相应措施，何处目前尚未发生异常状况。例如，警察可以使用GIS在地图上绘制每个月发生犯罪行为的地点，并分析在特定区域是否经常发生类似的犯罪行为，或者该犯罪行为的发生已经转移到城市的其他区域。根据以上分析结果可以对巡逻警力进行恰当地部署。研究熊的习性的野生动物学家也可以使用地图的空间分析功能来查找道路稀少的地区，以尽可能地避免人类活动的影响。

通过观察地理要素空间位置的分布格局，还可以进一步探究形成该格局的原因。例如，生态学家通过观察植物群落的空间分布格局来研究该格局是否与地形、降水量或者其他因素相关联。同样道理，零售业分析师可以在地图上绘制零售商店的位置来观察商店之间的彼此距离，并进一步分析该区域的商店之间的竞争激烈程度。

空间制图分析的目标

为了揭示数据中蕴含的地理空间格局，可以使用不同种类的符号在数据层上绘制相关的地理要素。根据实际需求和地图的实际用途，可以确定显示哪些地理要素以及如何显示它们。

空间分析所需的相关信息

你也许只是简单地想知道某个地理要素在哪里分布了，在哪里没有分布。例如，企业可以在地图上绘制出其客户的分布位置，以确定在何处投放广告收效最佳。警察部门可以在地图上标出每月所有犯罪行为的发生地点，来观察犯罪发生率最高的区域在何处。

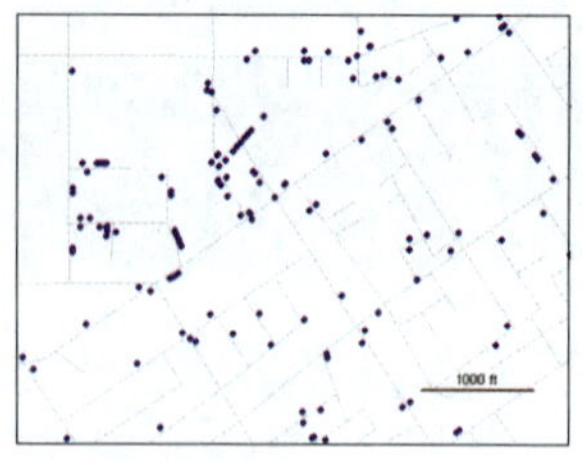

犯罪行为发生地点。

也可以使用GIS绘制不同类型要素的位置，并观察是否特定类型出现在相同地点。例如，企业可以通过年龄类别绘制其客户分布，警察部门也可以创建犯罪类型分布图，如入室盗窃、袭击、普通盗窃，等等，并开展进一步分析，例如研究袭击和普通盗窃是否发生在同一地域。

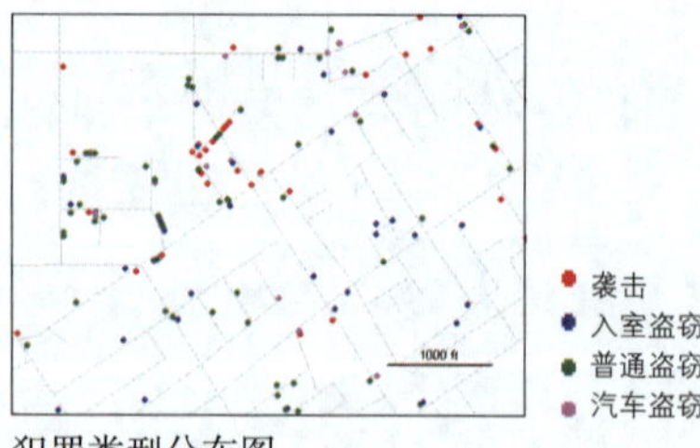

犯罪类型分布图。

如何使用地图

地图的使用必须和读者及其需求相适应。例如，规划人员在城市议会上向公众展示一幅城市分区图，用来讨论与高密度居住区密切相关的重工业厂址选择，该地图就需要较为详尽地显示相关类别。另一方面，如果讨论的是城市总体分区格局，则显示主要的分区类别（居住区、商业区、工业区等）就足够了。而显示详细的类别则会添加不必要的信息。

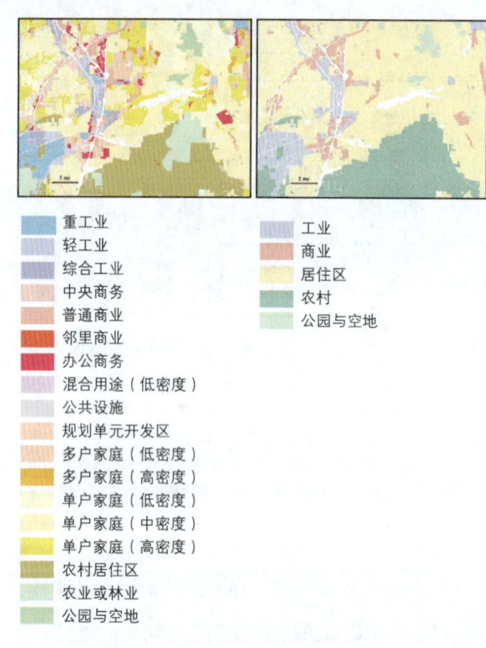

听众可能对该区域或地图数据不熟悉，因此需要提供一些参考位置，例如道路、湖泊或行政界线等。

地图的呈现形式也会影响信息量的表达。诸如安放在报告中的小型地图，只能提供格局显示的信息。而挂图和海报就可以表达更详细的数据和更多的参考信息，同时具有很好的可读性。

准备数据

在创建地图之前，需要确认制图要素具有地理坐标，最好每个要素具有一个类别属性。

赋予地理坐标

每个要素需要具有地理坐标中的位置信息。如果数据已经存储在GIS中，应该已经具有地理坐标了。如果数据来自于其他项目，或者通过手工输入，则要素需要被赋予位置信息，例如街道地址或经纬度数值。GIS会读出此类信息并赋予相应的地理坐标。

赋予类别值

如果使用类型方式来绘制地理要素，则每个要素必须具有确定其类型的代码，例如，某犯罪行为是袭击、普通盗窃、入室盗窃，还是别的类型。这些信息可能已经随要素进行了存储，也可能需要另外添加上去。如果需要添加一个类别，可以在图层的数据表中创建一个新属性，然后给每个要素赋予适当的数值。

许多类别是分层次的，其主要类型可以分为众多子类型。例如，某地块可以具有一个通用代码表示它被分为工业区，并具有一个详细代码表示该工业区的类型是重工业、轻工业，或者混合用途。

具有通用分区代码的地块。

具有详细分区代码的地块。

在有些情况下，一个单一代码可以同时表示主要类型和子类型。例如，所有属性值为500～599的犯罪行为都是入室盗窃类型，而入室盗窃类型由特定值表示。

ID	Date	Type	Description
108161454	08/11/97	629	THEFT, $200-$400
107941626	07/20/97	521	BURG, UNL ENT, RES NITE
109040815	11/07/97	521.1	BURG, UNL ENT, GAR NITE
106270910	02/03/97	513	BURG, FORCED, RES UNK
109040843	11/07/97	619	THEFT, OVER $400

在其他情况下，可以使用独立的属性字段存储主要类型和子类型，例如以下的分区数据层。

Acres	General Code	Detailed Code	Description
3.8	SFR	SFR2	Urban Low Density Residential (10000 sq. ft.)
17.6	COM	CO	Office Commercial
4.7	RUR	RRFU	Future Urban
104.9	SFR	SFR1	Urban Low Density Residential (30000 sq. ft.)
2.9	SFR	SFR3	Residential - 7500 sq. ft. area per unit
46.9	MFR	MFR1	Medium Density Residential
8.4	SFR	SFR2	Low Density Residential
7776.2	RUR	RRFU	Rural Residential/Farm Forest (5 Acres)
2650.0	RUR	RRFU	Rural Residential/Farm Forest (5 Acres)
4681.6	RUR	FF	Exclusive Farm Use
7.5	SFR	SFR2	Residential - 10000 sq. ft. area per unit

地图制作

在创建地图的时候，需要给GIS提供需要显示的地理要素，以及使用何种符号进行绘制。可以作为单一类型在同一图层中绘制所有要素，也可以按类别值进行分别显示。

绘制单一类型要素

作为单一类型绘制要素，需要使用相同的符号绘制所有要素。尽管这些最基本的地图只是简单地显示要素的空间位置，也可以揭示格局。例如，商店业主可以观察其顾客的分布，休闲规划师可以观察在某自然区域内的道路分布状况。

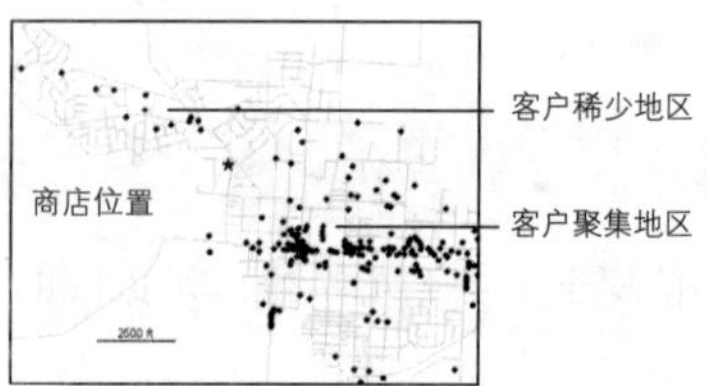

企业可以绘制其客户的分布位置，来确定其广告投放策略。

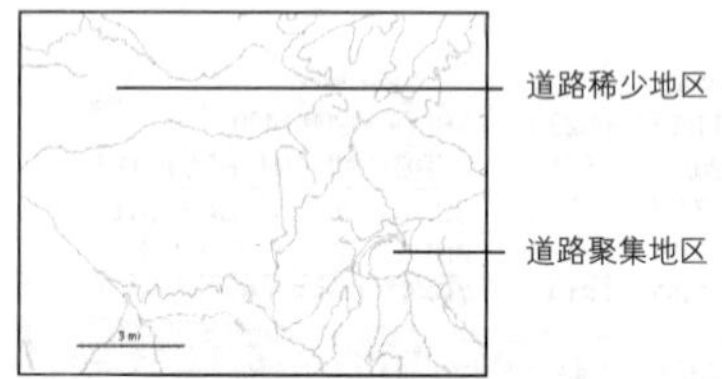

野生动物学家可以发现道路稀少的区域。

作为单一类型绘制要素可以发现要素中需要进一步分析研究的差异。例如，可以推测小型、聚合的地块与围绕他们的大型地块具有不同的用途。

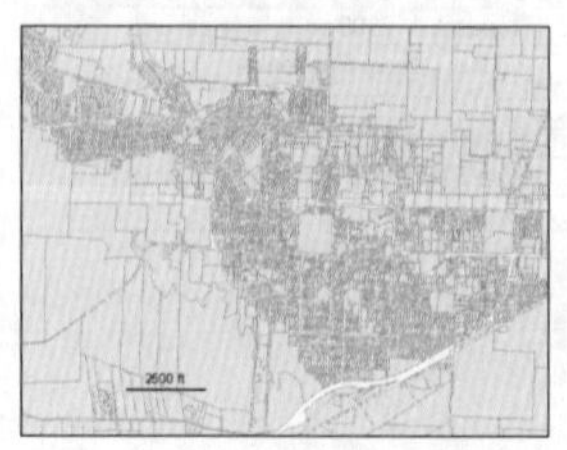

GIS的用途

GIS以地理坐标对的形式存储每个要素的位置，使用坐标对集合定义其形状（线或区域）。在制作地图时，GIS使用坐标和指定符号来绘制要素。对于诸如客户地址之类的单个位置，GIS在由每个要素坐标所定义的点位置绘制符号。对于诸如街道之类的线状要素，GIS通过连接定义每条街道形状的点来绘制线条。对于诸如地块之类的区域，GIS绘制其轮廓或者使用颜色或纹理进行填充。

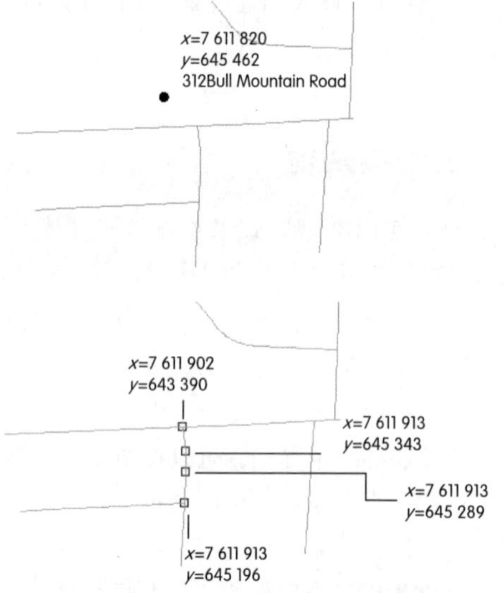

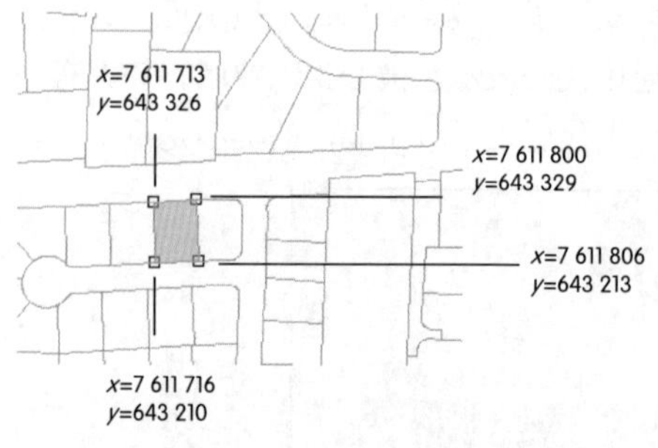

坐标定义地址的位置、街道的形状以及地块的边界。

使用要素的子集

在数据层上可以绘制所有要素或者根据类别值选择的子集。例如，可以绘制所有的犯罪行为类型，选择入室盗窃类型进行绘制，或者仅仅选择绘制商业入室盗窃类型。使用子集可以揭示绘制全部要素时不明显的空间分布格局特征。

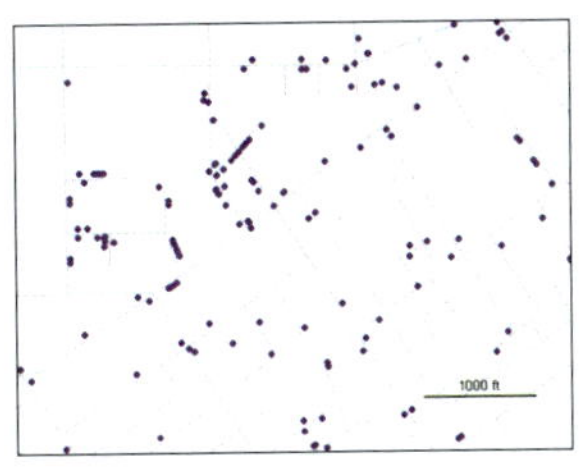

所有犯罪类型。

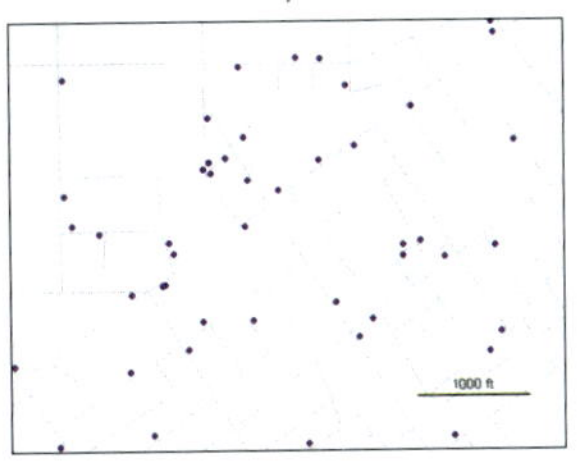

入室盗窃。

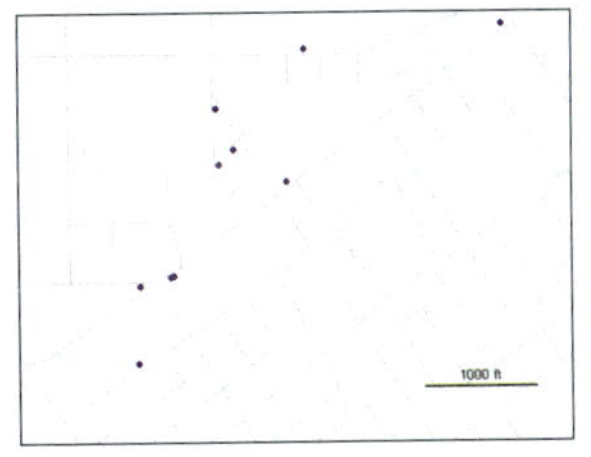

商业入室盗窃。

绘制子集一般适用于单独的空间位置。因为线状要素通常以网络的形式互相贯通，若想在地图上完整显示子集要素比较困难。例如，在地图上若只显示地方道路，不显示高速公路和普通公路，则无法完全显示道路网络的连接点。

同样道理，显示连续数据的子集会使得要素失去其存在的背景环境。例如，如果只显示划为商业用途的区域，就无法了解该类区域周围的分区类型。如果想要强调商业分区，可以在显示其他类型的基础上，使用高亮颜色来绘制该类型。

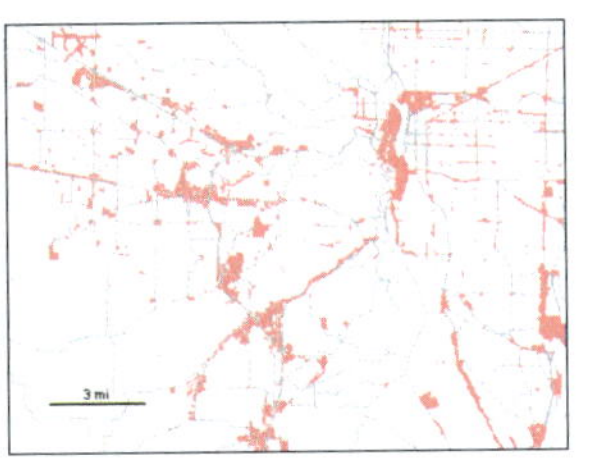

商业分区。

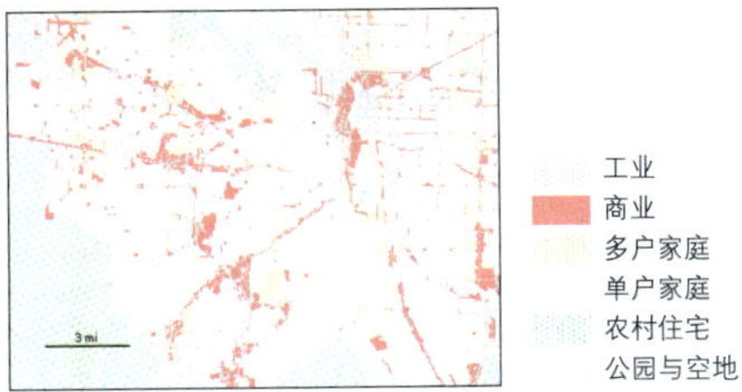

显示所有分区类型，并高亮显示商业区域。

类别制图分析

使用不同的符号来绘制每个类别要素，可以实现要素的类别制图。要素的类别制图可以帮助理解某地区是如何进行功能运营的。例如，使用黑色线条绘制所有主要道路，只能显示道路的位置。如果按照道路类型进行绘制，则可以显示道路的层次等级，以及区域的交通格局；并可以观察到干线和普通公路是如何汇入到中央高速公路网的。

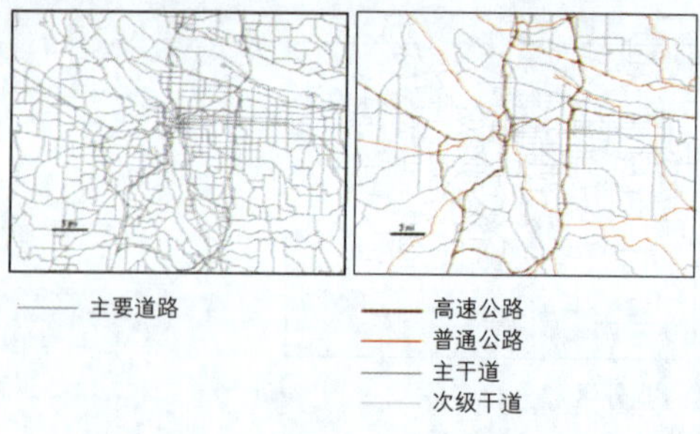

与使用同一种符号绘制所有道路相比，基于类别属性绘制主要道路可以更好地揭示区域交通状况。

同样道理，基于类型属性绘制犯罪行为可以掌握哪种犯罪行为主要发生在何处。它也显示了在给定时间和地点内，哪些犯罪行为类型会在邻近区域接连发生。

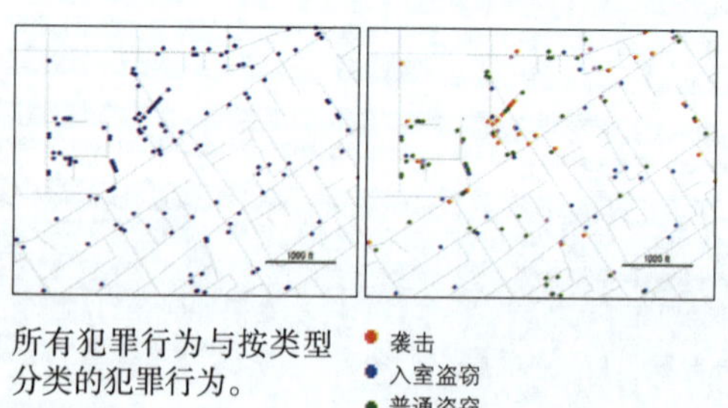

所有犯罪行为与按类型分类的犯罪行为。

GIS的用途

在图层的数据表中，GIS给每个要素存储了类别值，同时也分别存储了绘制每个值的指定符号特征。当显示要素的时候，GIS基于类别值为每个要素寻找相对应的符号，并使用该符号在地图上绘制该要素。例如，可以使用GIS绘制粗线条代表四车道马路，绘制细线条代表双车道马路。

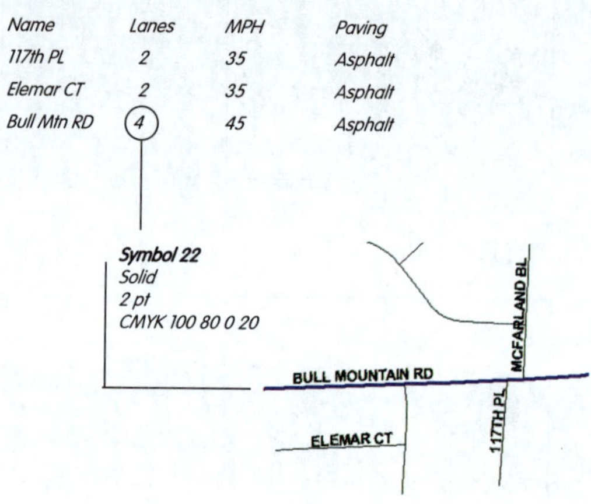

根据类型显示要素

要素可以属于一个或多个类别。使用不同类别可以揭示不同的格局。例如，使用所进入的建筑物类型（住宅或商业），或者进入类型（强行或非强行）来反映入室盗窃的情况。

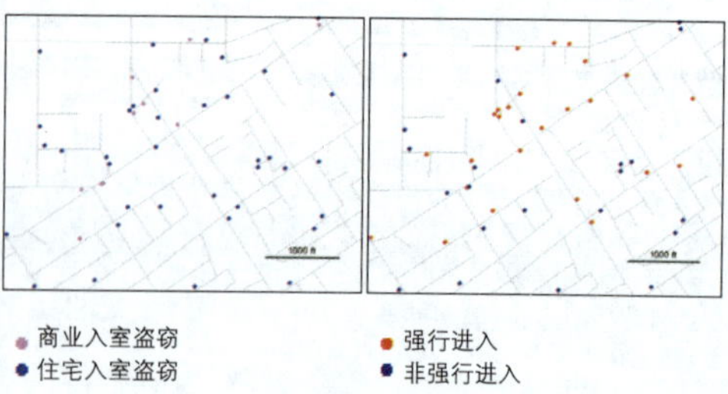

通常，在同一幅地图上会显示多种类型。但是，如果格局过于复杂或者要素之间靠得很近，可以给每个类别创建单独的地图，这样就会更方便地观察特定要素内部甚至是要素之间的格局。在绘制诸如商业网点或者犯罪行为发生地点等单独空间位置的时候尤其有用。

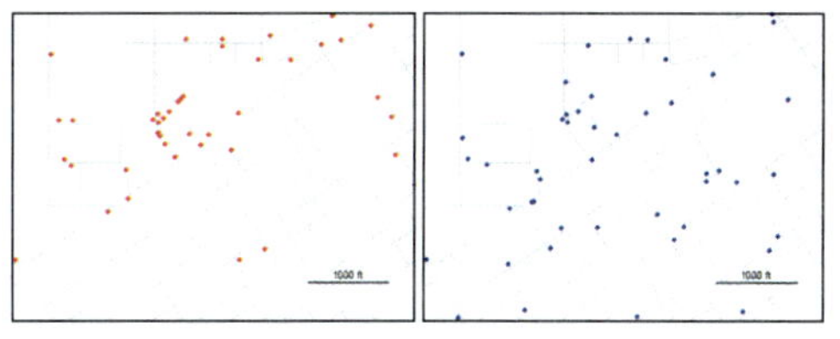

袭击。 入室盗窃。

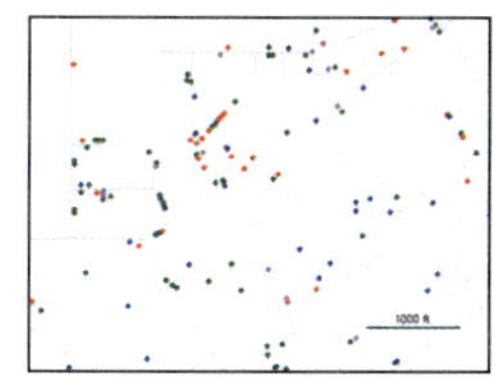

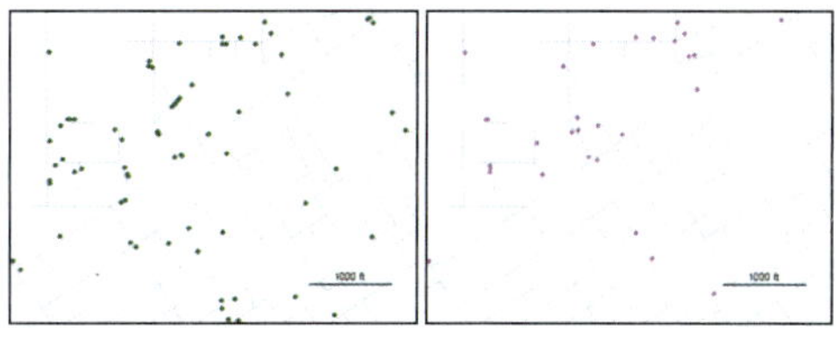

普通盗窃。 汽车盗窃。

显示类别的子集可以更容易地观察不同类别之间是否具有相关性。例如，当只显示商业和多户家庭的土地利用类型的时候，就可以很容易地观察到这两种用地类型在某区域是相伴出现的。

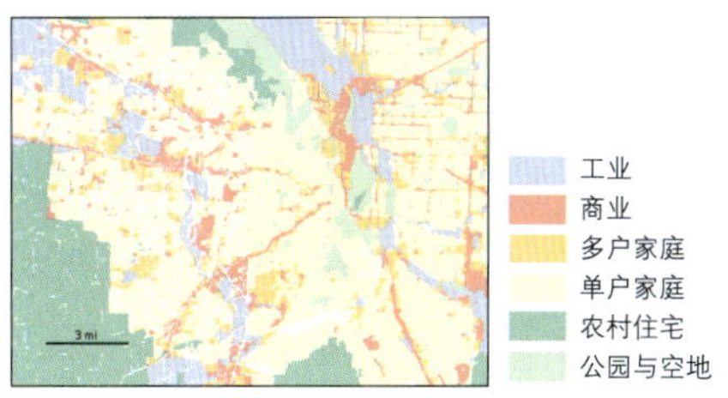

类别数量

如果在单幅地图上显示多个类别，以最多显示6~7个为最佳。因为绝大多数人在地图上最多能区分七种颜色或纹理，超过则增加格局判别的难度。

制图要素

如果地图上包含的不是大范围、连续的要素，而是小范围、分散的要素，读者就会发现难以区分各种类别。如果要素呈稀疏分布而非密集分布，就能显示更多类别。

植被图的左半部分与右半部分相比，分布了很多小范围区域；因此难以区分地图上的各种类别及格局。

地图比例尺

当制图区域相对于要素尺寸较大的时候，使用超过七种类别会增加格局判别的难度。在分区地图的顶集合中，使用少量类别会使得格局清晰可辨。

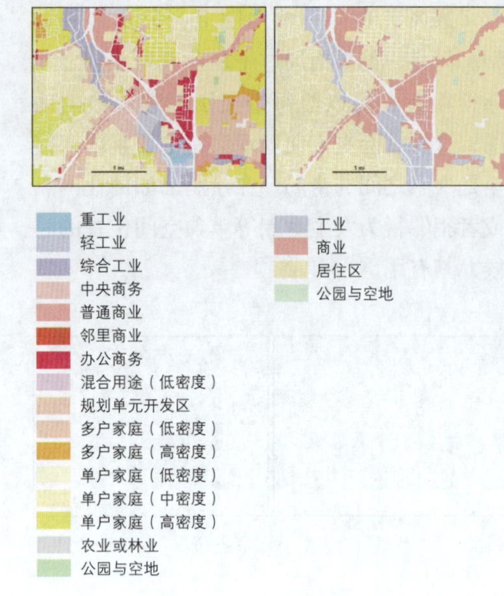

当绘制小范围区域时，单个要素更易于区分，因此可以区分更多的类别。实际上，类别太少会导致重要信息损失。下面的右图显示了工业、商业和居住区分区的总体格局。但是，它没有区分不同类型的商业和居住区分区，而这些信息可能对于开发或规划人员比较重要。左图则显示这些信息。

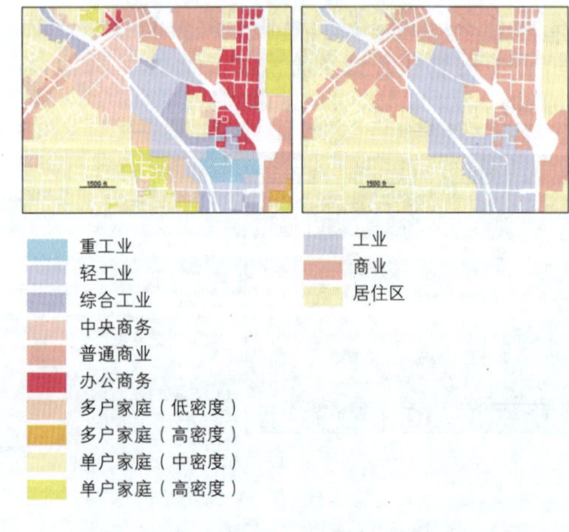

类别分组

如果地理要素的类别超过6～7个，可以通过对它们进行分组来提高格局的辨识度。相同数据集可用于生成不同的地图。左下方的地图使用了18个分区类别。对于如此众多的类别，很难将每种类别都明显地区分开来，例如“中央商务区”和“规划单元开发区”。而在第二幅地图中，18个类别被分为5组，该区域的分区格局就显而易见了。当然，要达到该效果也需付出相应的代价，就是一些重要信息可能会因此丢失（例如，作为办公区的地块）。使用较少类别会方便广大读者的阅读和理解，但是会减少地图所表达的细节信息量。

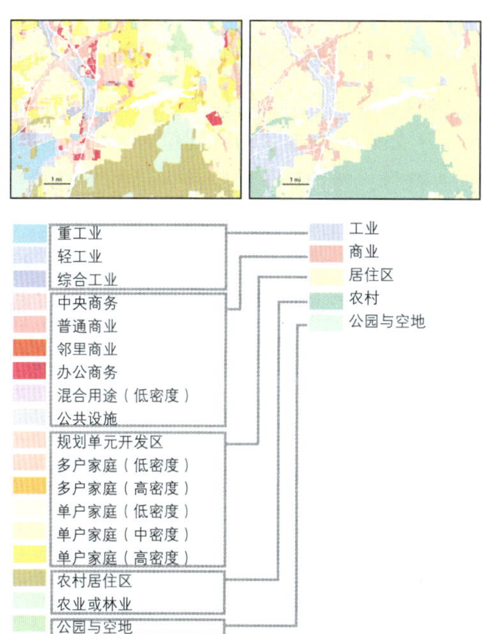

将众多类别综合为较少类别，格局则清晰可见。

类别的分组方式可以改变读者观察信息的途径。简单地重新赋予要素新的类别即可生成不同的地图。在左边的地图中，“农村居住区”的代码从“农村”替代为“居住区”，而“农业或林业”变为一个单独类型。在右图中，“农村居住区”与“农业或林业”相合并，城市与乡村之间的显著界限已经消失，新地图着重显示了城镇化区域和小块的农业、林业和公园用地。

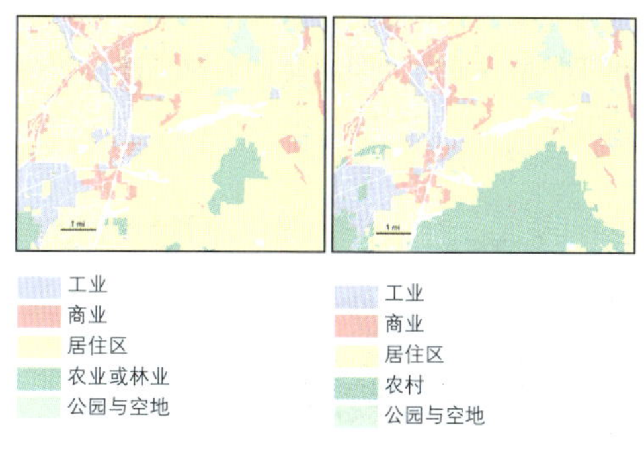

以不同途径给要素赋予类型属性会影响地图的格局。

在确定如何对数据进行分组和显示之前，需要理解数据所表达的内容。例如，“农村居住区”包含了未来的城市发展用地。如果想显示现状，可以将“农村居住区”和农业和林业用地都归为“乡村”类型。如果想显示未来可能的发展格局，可以将它与“居住区”或其他城市用地类型归为一组。无论是在地图还是报告中，都需要明确阐述所包括的类别信息，这样读者就可以理解地图所要表达的内容。

类别分组有多种途径。一种是给数据库中的每条记录赋予两个代码：一个表示其详细类别，一个表示普通类别。选择具有相应详细代码值的要素，然后给这些要素一次性赋予普通代码即可完成。以下的数据表包含了一些来自于分区数据库的记录，它们都具有详细代码和普通代码。可以看到，不同的居住类型都具有相同的普通代码“RES”。使用该方法可以将所有代码都存储在同一个数据表中，从而简化数据库。但是，如果要改变类型的分组，则需要重新执行选择和赋值的流程。

Description	Detailed Code	General Code
Urban Low Density Residential (30000 sq. ft.)	SFR1	RES
Residential - 7500 sq. ft. area per unit	SFR3	RES
Medium Density Residential	MFR1	RES
Low Density Residential	SFR2	RES
Rural Residential/Farm Forest (5 Acres)	RRFU	RUR
Rural Residential/Farm Forest (5 Acres)	RRFU	RUR
Exclusive Farm Use	FF	RUR

途径一：给数据库中的每条记录赋予通用代码。

另一种类别分组的途径是创建一个数据表，它包含一个记录来存储每个详细代码及其相对应的通用代码。在显示地图的时候，可以将要素的数据库表与新的表相关联，然后使用通用代码来显示要素。尽管该方法需要进行一些数据输入，但却易于改变类别分组。当重新进行表关联的时候，所添加的新要素会自动被赋予通用代码。

Description	Detailed Code
Urban Low Density Residential (30000 sq. ft.)	SFR1
Residential - 7500 sq. ft. area per unit	SFR3
Medium Density Residential	MFR1
Low Density Residential	SFR2
Rural Residential/Farm Forest (5 Acres)	RRFU
Rural Residential/Farm Forest (5 Acres)	RRFU
Exclusive Farm Use	FF

Detailed Code	General Code
FF	RUR
RRFU	RUR
SFR1	RES
SFR2	RES
SFR3	RES

途径二：创建关联数据表来匹配详细代码和通用代码。

类别分组的第三种途径是在制作地图时，对于包含同一个通用代码的各种详细类别赋予相同符号。GIS可以在文件中存储符号设置信息，以便在需要重新创建地图的时候可以重复使用。该方法避免了修改数据库或创建新数据表的工作，但是通用代码没有存储在数据库，因此在进行其他分析工作的时候会受到制约。

	CC, CG, CN, CO	Commercial
	FF	Agricultural or Forest
	IH, IL, IMU	Industrial
	MFR1, MFR2	Multi Family

途径三：通过指定符号实时赋予类别值。

选择颜色和符号

用于显示类别的颜色和符号可以帮助更好地揭示数据中蕴含的格局。

• 如果绘制单独的空间位置，可以使用同一符号，然后用不同颜色表示每个类别，或者使用不同符号形态表示，或者两种方式同时采用。单独使用符号会增加格局辨识难度，因为对于点符号而言，形态比颜色更难于区分。

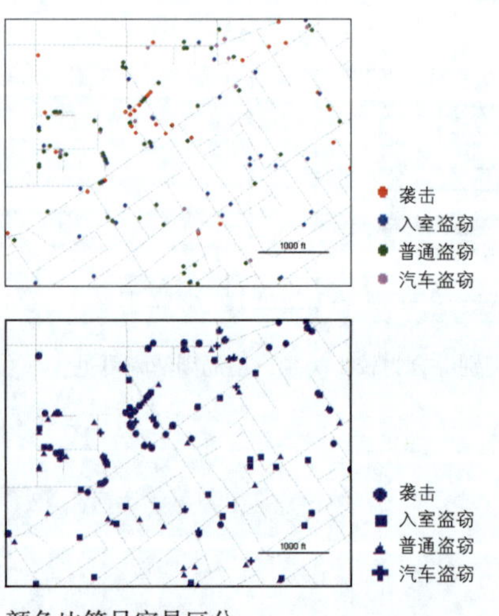

颜色比符号容易区分。

• 如果需要打印地图，则需要进行测试，以确保在使用的比例尺中点符号尺寸足够清晰可辨，同时又不会大到引起其他要素的模糊。如果在屏幕上显示地图，例如在互联网上，则需要使用比打印地图更大更简单的符号，因为打印机比显示屏具有更高的分辨率。

• 在绘制线状要素的时候，可以使用不同的宽度或符号（例如双线或虚线）来区分类别。由于绝大多数线状要素是狭窄的，仅用颜色尚不足以让读者区分类别。当然，如果使用的线条足够宽，也可以使用颜色来区分类别。如果在类别中蕴含等级信息，则可以使用不同的宽度和符号。例如，高速公路通常用比普通公路粗的线性符号表示，而表示普通公路的线性符号要比表示地方街道的线性符号宽。颜色和符号的结合应用可以为类别区分提供很好的帮助。公路地图就经常结合使用线宽和颜色来区分道路类型。

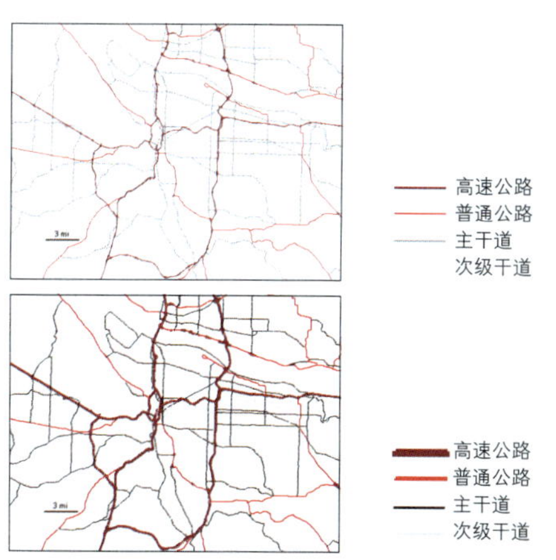

颜色和纹理的结合应用可以提高格局辨识度。

• 对于分层设色区域或栅格图层，使用相同颜色的不同色调来显示相似类别可以使得总体格局清晰可见，但是增加了区分这些类别的难度。

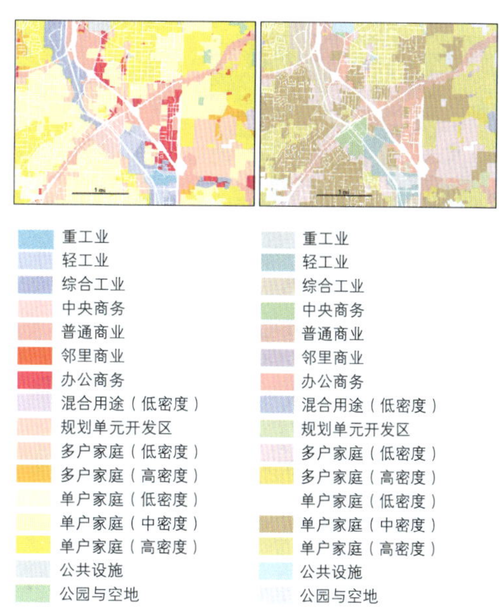

对于相关类别使用相似颜色而不是随机赋予的颜色，有助于揭示格局。

• 文字标记也可以帮助识别格局。土壤和地质图经常使用两三个字母组成的代码来标记地图上的每个要素，并且在图例中包括土壤或地质类型的全名。

绘制参考要素

对于多数读者而言，在地图上显示可识别的地标会大大增加地图的可读性，例如主要道路或公路、行政或政治界线、城镇的位置、主要的河流，等等。

如果针对特定的分析任务来绘制参考要素，则可以辅助识别地理关系。例如，如果进行客户位置的制图分析，同时显示商店的位置就可以观察两者之间的空间关系。

使用浅灰色或者其他浅颜色，例如浅绿或浅蓝，来绘制参考要素，则不会使得它们在地图上喧宾夺主。如果是绘制单个要素位置（例如学校、商店、公园管理站等）作为参考要素，则需要使用大型符号或者更加醒目的颜色，使它们更加清晰可见。

分析地理格局

如果地图非常清晰地表达信息，则可以判别数据中蕴含的一些格局特征。对于绘制单一类别而言，可以观察到哪些要素聚集在一起，哪些要素呈规则排列，或者哪些要素呈随机分布。格局特征的展示在一定程度上取决于地图比例尺。通过放大或缩小，可以发现原先的格局特征会变得不那么清晰了。

聚集分布——表示要素在其他要素附近发现的可能性更大。

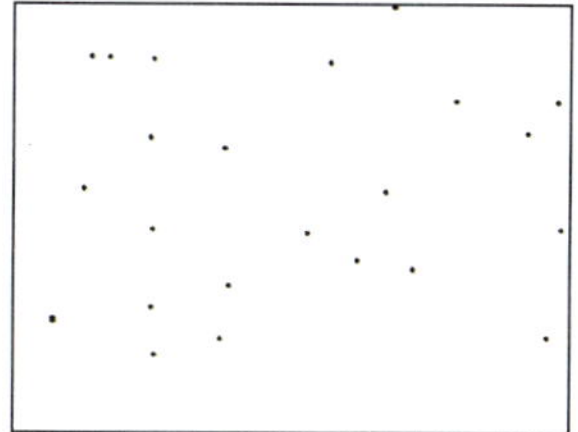

规则分布——表示要素不太可能在其他要素附近发现。

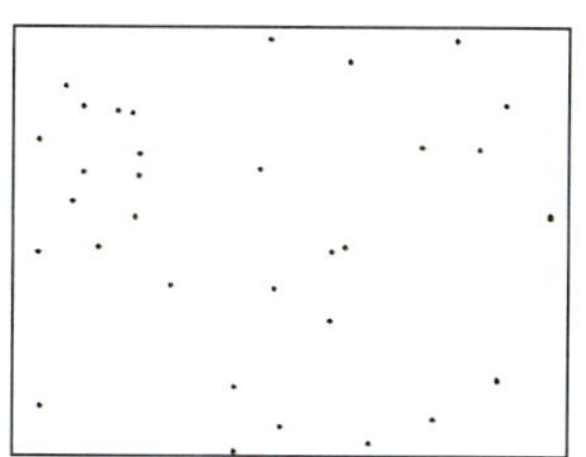

随机分布——表示要素在任意位置发现的可能性均等。

某特定类别的要素可能呈聚集分布，或者说可以在其他要素附近被发现。在下图中，零售、金融和服务网点均沿着主要街道和十字路口聚集分布。该信息可能会给需要访问这些类型企业的销售人员提供帮助。

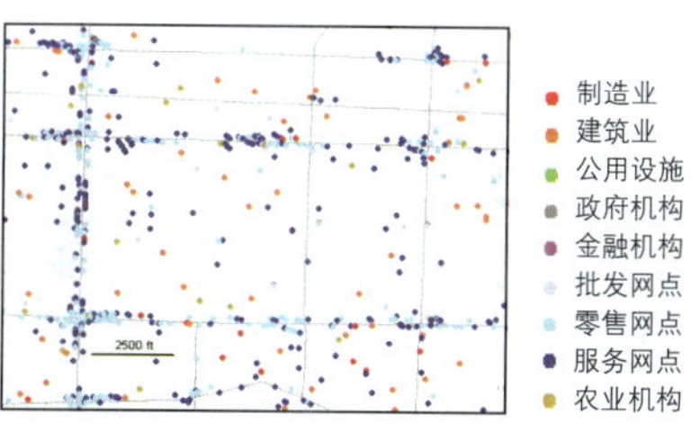

该地区的零售和服务业网点沿主要街道和十字路口聚集。

基于对某地或相似地区的了解，你可以发现对格局进行判别认知是非常有意义的。下面的地块分布图揭示了许多城镇共同的发展模式：中央商业地带与制造业企业和多户住房比邻，单户住房围绕其边缘分布，再往外就是农业地区。根据该分布格局特征，就可以进一步研究城镇是如何发展的，以及它将发展至何处。

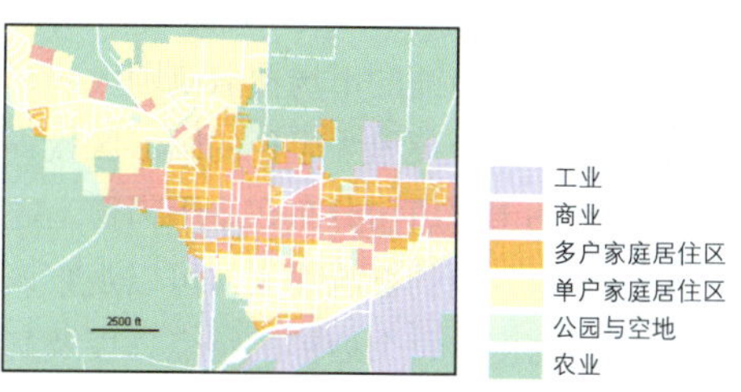

许多小城镇的典型发展模式。

地图所表达的格局特征可能蕴含了事物为什么会在某处的原因。在左图中，植物类型呈南北向带状分布的格局非常清晰。由于高程会影响到不同种类植物的生长地域，因此可以通过观察相应地区的地形特征来判别它是否与南北向带状分布格局相匹配。

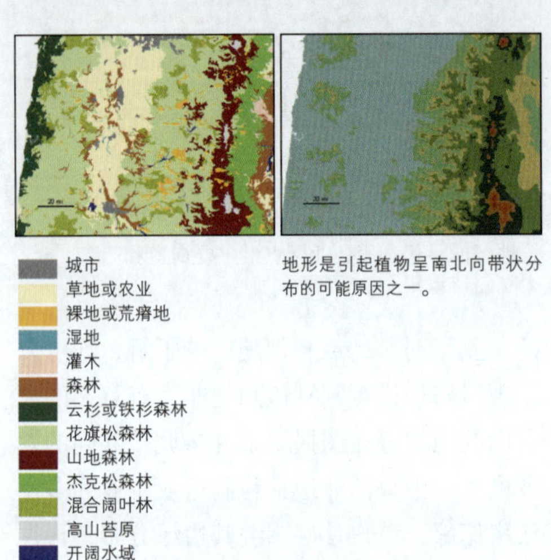

地形是引起植物呈南北向带状分布的可能原因之一。

格局的形成是多种因素综合作用的结果。在下图中，每个干洗店之间彼此间隔都在1英里左右（除了地图下部的两个店铺），表明每个店铺的市场覆盖范围大约是以该店为中心，半英里为半径的圆形区域。同时，所有的干洗店均分布在主干街道上。如果需要知道其他的影响因素，可以观察该地区的人口密度、每个店铺的特点，以及其他相关因素，等等。

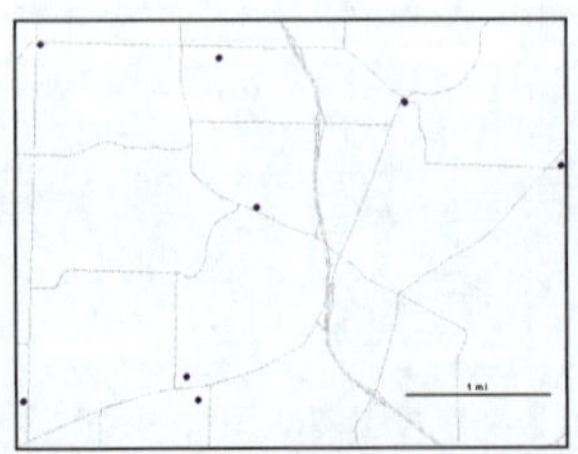

该地区的干洗店沿着主要街道相隔约1英里分布。

特例情况也可以揭示更深层次的原因，例如彼此相邻的那两个干洗店。要么有足够多的客源来支持他们的经营（也许店铺附近是大型的综合办公区）或者是他们提供不同的服务。

总而言之，通过浏览地图可以观察到许多格局和模式。但是，如果要发现数据中是否蕴含有格局特征或者观察到的格局是否具有意义，就需要使用统计方法来测量和量化要素之间的关系。如果正在从事科学研究，或者分析其中蕴含的法律含义，就可以着手该项工作。在参考书目中所列举的参考资料介绍了许多标准的地理分析统计方法。

3 最大值与最小值制图分析

最大值与最小值制图分析提供了基于数量关系对相应地域进行比较的途径，因此可以了解哪些地域满足用户标准，或者对地域之间的关系进行理解和认知。

本章的主要内容有：

- 最大值和最小值制图分析的目的
- 制图所需
- 数量概述
- 创建类
- 地图制作
- 格局判别

最大值和最小值制图分析的目的

对地域中的最大值和最小值进行制图，可以从中发现满足条件的区域并采取相应行动，或者观察区域之间的相关性。对于最大值和最小值制图而言，可以根据相关联的数量来绘制要素。例如，一家销售儿童服装的专业公司需要查找相对收入较高的年轻家庭的邮政编码。或者，公共健康官员需要绘制每个人口调查区域中每1 000人所拥有的外科医生的数量，用来判别哪些区域已经配备足够的医疗服务，哪些区域还无法满足医疗需求。

与简单的绘制要素的空间位置相比，基于数量特征绘制要素增添了附加信息。例如，绘制企业的空间位置可以获得有关员工分布区域的信息，该信息可以为交通规划人员所用。但是，基于每个企业的员工数量进行企业分布制图则可以提供更多有关员工分布状况的信息。

企业的空间分布。

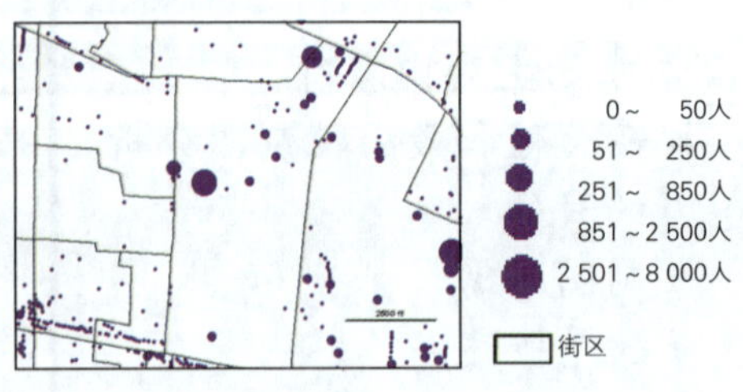

基于员工数量的企业分布。

制图所需

通过绘制具有相似值的要素分布格局，可以观察到最大值和最小值所处的位置。了解制图要素的类型以及制图的目的，有助于确定最佳的数量表达方法来判别地图格局。

制图要素的类型

与数量相关的制图要素类型有离散要素、连续现象和区域汇总数据。

离散要素可以是单独点位置、线状要素或者区域。点位置和线状要素通常都使用等级符号表示，而区域则使用分层设色法来表达数量。

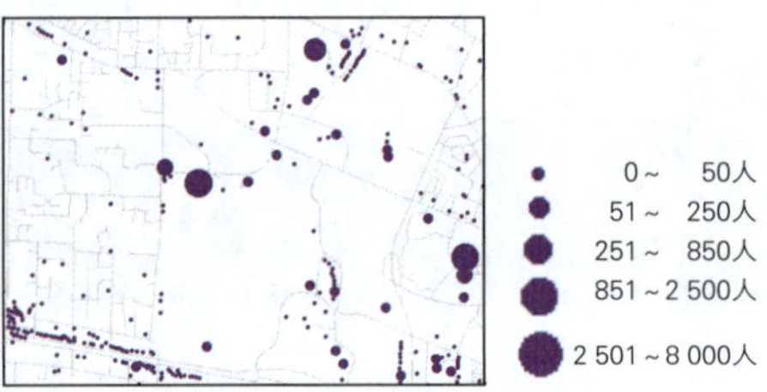

位置——基于员工数量的企业分布格局。

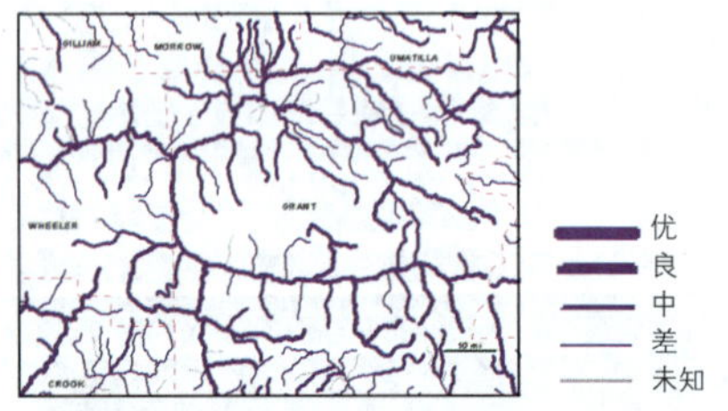

线状要素——基于鱼类栖息地划分等级的河流。

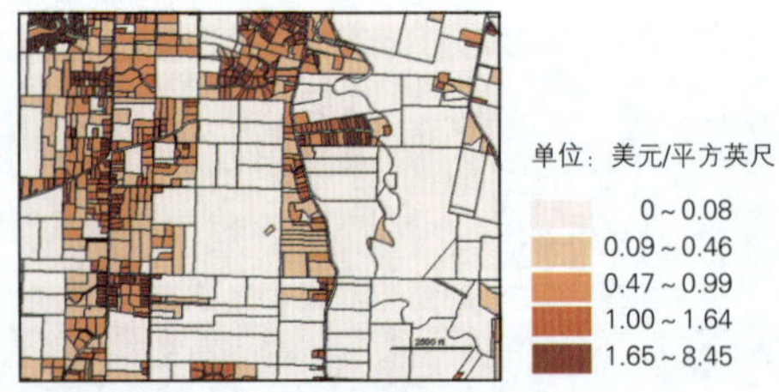

区域——基于土地价值划分等级的地块。

连续现象可以被定义为区域或者连续数值表面。区域使用等级符号显示；表面可以使用等级符号、等值线或者三维视图显示。

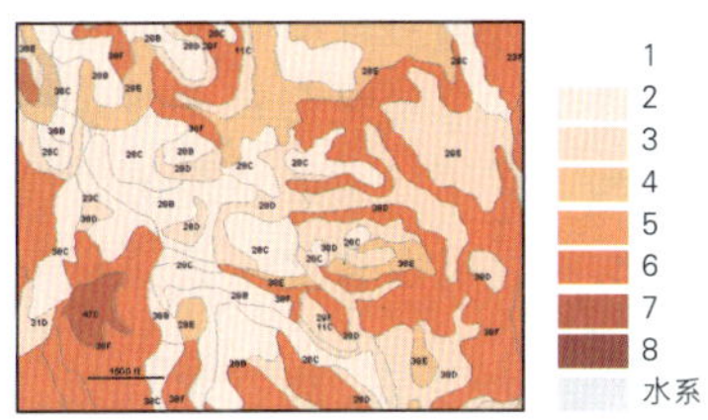

根据种植农作物的适宜性划分等级的土壤要素，等级为1的土壤的适宜性最佳。

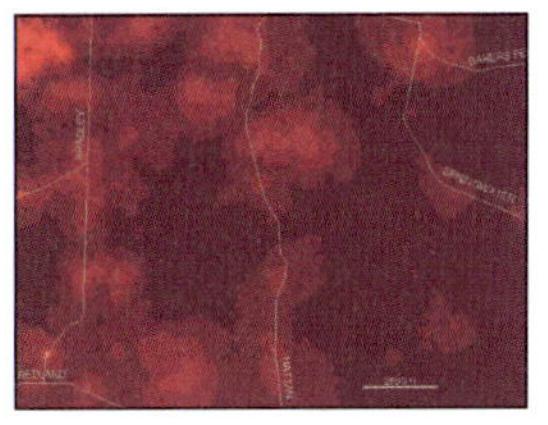

由课税地块中心内插创建得到的土地价值（单位：美元/平方英尺），浅色区域具有较高的土地价值。

区域汇总数据通常根据每个区域的数值进行分层设色来显示，或者使用图表来显示每个区域内每个类别的总量。可以对单独点位置、线状要素或者区域进行汇总。第5章查找区域内部要素将详细讨论区域汇总的主题。

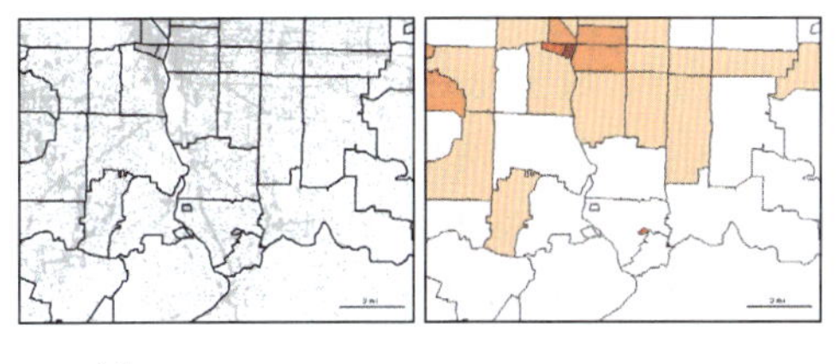

对每个邮政编码区域内的企业数量进行汇总，可以创建根据每平方英里的企业总数进行分层设色的邮政编码区域地图，深颜色表示企业聚集程度高。

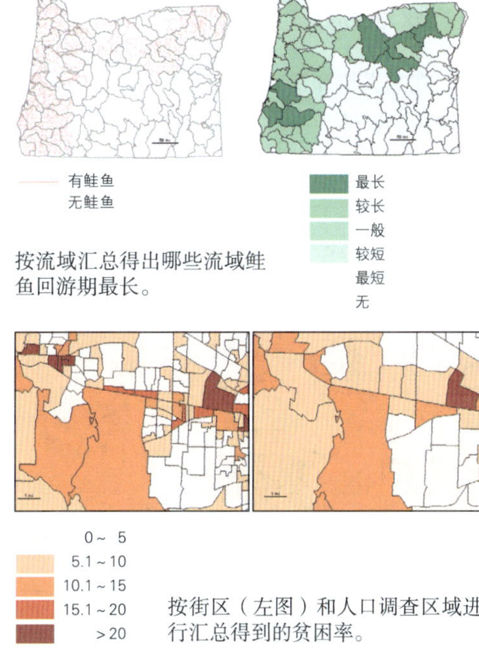

按流域汇总得出哪些流域鲑鱼回游期最长。

按街区（左图）和人口调查区域进行汇总得到的贫困率。

数据探索性分析或地图表达

认真理解地图的使用目的和预期读者，将有助于确定如何在地图上表达信息。

通过数据分析，可以观察到蕴含其中的格局与关系。例如，通过观察某区域的中位收入分布来判别收入范围，以及高收入和低收入家庭都聚集在何处。进行数据探索性分析时，可以尝试不同的途径来显示数据中的细节信息。

通过揭示地图中的特定格局特征，也可以回答某些特定的问题。例如，显示哪些区域至少有35%的家庭生活在贫困线以下，哪些区域达到50%或者更高，政府官员就可以根据贫困家庭的分布状况来确定哪些区域有资格接受政府经济发展贷款。当创建地图用于表达时，可以通过数据综合来揭示格局特征。

在许多案例中，都是从数据探索性分析起步，来观察数据所呈现的格局特征，以及由此引发的问题，随后创建综合地图来揭示特定格局特征。

数量概述

在最大值和最小值制图中，需要根据包含数量的属性为要素赋予符号。数量可以是计数或总量，比率或等级。对制图数量类型的理解将有助于确定最佳的数据表达方法。

Tract	Population	18-29 Years	%18-29
003603	1606	243	15
0074	2765	516	19
003702	2443	407	17
003803	4132	751	18
0076	3176	668	21

3%～13%
14%～17%
18%～22%
23%～32%
33%～51%

每个人口调查区域中18～29岁人群所占的百分比。

计数与总量

计数和总量表示总体数目。计数是地图上要素的确切数目。总量是与每个要素相关联的数值总和。使用计数或总量可以观察到每个要素的值，以及较之于其他要素的量级。

可以为离散要素绘制计数和总量。例如，每个企业的员工数量；或者是连续现象，例如任意位置的年均降水量。

根据员工数量绘制的企业分布格局。

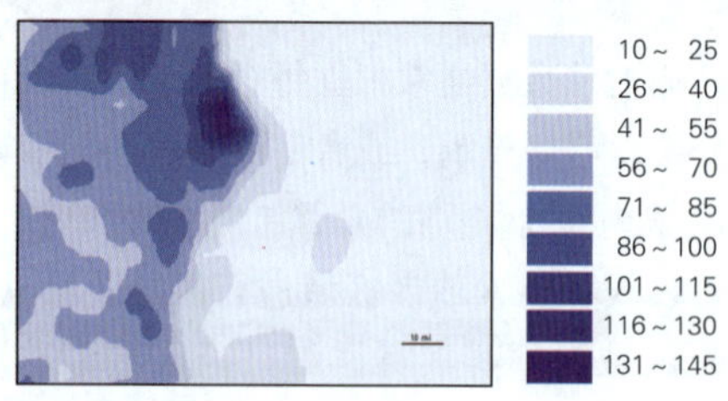

年均降水量（单位：英寸）。

进行区域汇总时如果区域面积差异过大，使用计数或总量会扭曲格局。此时，应该使用比率来精准表达要素的分布格局。但是，如果需要针对每个区域中的数量进行分析，而不是仅仅观察最大值和最小值的分布格局，可以分区计数或汇总进行制图。

例如，可以根据员工数量绘制单个企业分布，但是不需要根据员工数量来绘制街区（基于企业的空间分布位置），因为街区的大小不一致。大型的街区群可能拥有更多员工，但是更加分散。这时候就需要绘制每平方英里的员工数量来观察其分布。

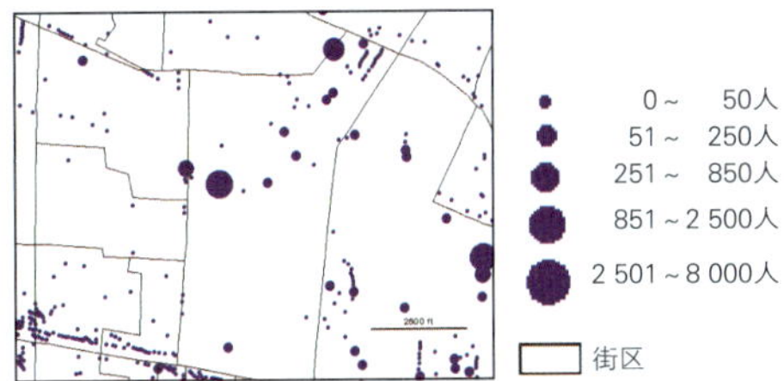

根据员工数量绘制的企业分布格局。

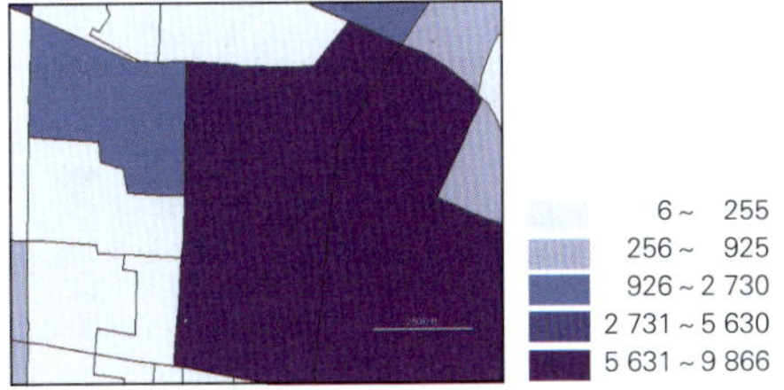

绘制每个街区的员工数量来显示其总和。

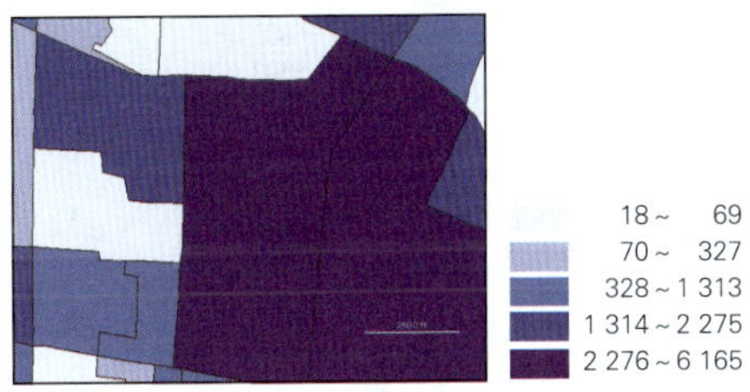

绘制每平方英里的员工数量来显示其分布。

比率

比率显示了两个数量之间的关系。它由每个要素的一个数量除以另一个数量得到。使用比率可以缩减大范围区域和小范围区域，或具有较多要素的区域和具有较少要素的区域之间的差异，这样地图就能更加精确地显示要素的分布格局。正因为如此，比率在区域汇总的时候特别有用。

最常用的比率有平均数、比例和密度。

平均数善于比较具有较少要素和具有较多要素的区域。可以通过除以使用不同度量单位的数量来创建平均数。例如，每个人口调查区域的总人口数除以家庭数目就得到每户家庭的平均人口数。

每户家庭的平均人口数＝

总人口数／家庭数目

Tract	Population	Households	People per HH
003603	1606	643	2.5
0074	2765	1104	2.5
003702	2443	894	2.7
003803	4132	1591	2.6
0076	3176	1256	2.5

每个人口调查区域内的每户家庭的平均人口数。

比例表示每个数量占整体的多少份额。计算比例可以除以使用相同度量单位的数量。例如，每个地块内18～29岁人口数除以总人口数可以得到每个地块内18～29岁人群所占的比例。

18～29岁人群所占比例=

18～29岁人群人口数 / 总人口数

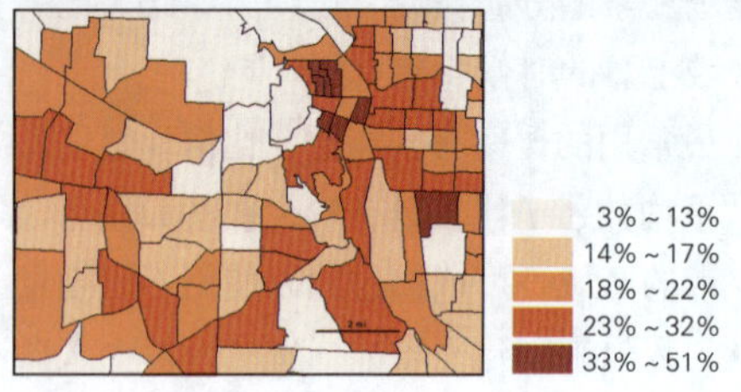

Tract	Population	18-29 Years	%18-29
003603	1606	243	15
0074	2765	516	19
003702	2443	407	17
003803	4132	751	18
0076	3176	668	21

基于人口调查区域统计得到的18～29岁人群所占百分比。

比例通常可以简写为百分比的形式（即比例乘以100）。人们通常使用百分比而不是比率进行思考和交谈，例如，“22个百分点”而不是“一百分之二十二”。

Tract	Population	18-29 Years	18-29 (Ratio)	18-29 (%)
031501	1853	241	0.13	13
003601	4439	799	0.18	18
003902	3072	461	0.15	15
003602	6578	1118	0.17	17

密度显示了要素在何处聚集。计算密度可以除以要素的区域值，得到每单位区域的值。例如，县人口数量除以其土地面积（平方英里），可以得到每平方英里的人口数量。密度擅长于显示范围大小相差很大的汇总区域的要素分布格局。例如，居住同样数量人群的人口调查区域，有的范围很小（居住人口较为拥挤），而有的范围很大（居住人口较为分散）。密度是第4章密度制图分析的主题。

每平方英里的人口数=

区域人口数 / 区域土地面积

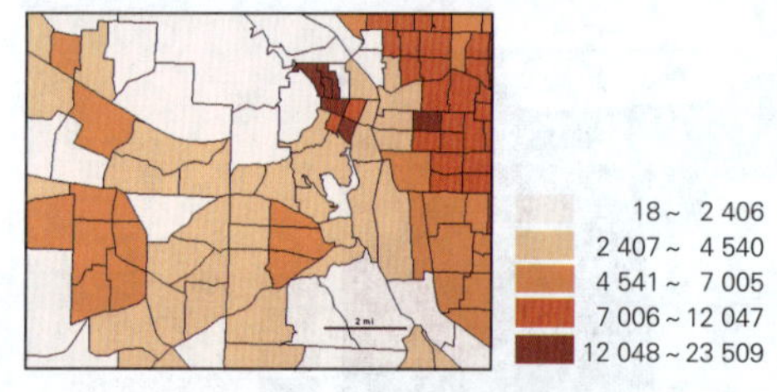

Tract	Population	Square Miles	People per Sq Mi
003603	1606	0.35	4589
0074	2765	0.58	4767
003702	2443	0.37	6603
003803	4132	0.48	8608
0076	3176	0.53	5992

基于人口调查区域统计得到的每平方英里的人口数。

在图层的数据表中添加一个新字段可以创建比率属性，并且通过包含计数或总量的两个字段相除可以计算新的数值。诸如ArcGIS之类的GIS软件可以在创建地图的时候通过计算实时创建比率数值——只需要说明哪些字段需要相除即可。需要注意的是不能基于其他比率数值来创建新的比率，因为这些数值没有任何意义。例如，每个地块内的18～30岁人群所占的百分比除以地块的面积，得到的是每平方英里的百分比，没有任何意义。

等级

等级使得要素从高到低按顺序排列。它们显示的是相对数值而非实测数值。当直接测量比较困难，或用数量表示多种要素组合的时候，等级就能发挥其作用。例如，对河流的景观值进行量化是非常困难的，但是可以说明的是，流经高山峡谷的河段比流经奶牛场的河段具有更高的景观值。

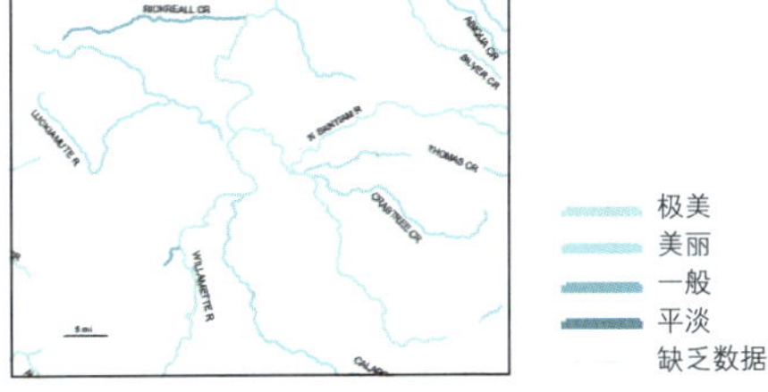

根据景观值高低划分的河流等级。

确定等级可以使用文字（例如高、中、低）或者数字（例如1～10）。因为等级是相对的，只需要知道要素归于哪个等级即可，而无需知道一个值比另一个值高多少或低多少。例如，等级为3的要素要高于等级为2的要素，并且低于等级为4的要素，但是无需知道这些要素彼此之间高多少或者低多少。

通常，基于另一个要素的属性为等级赋值，例如一个种类或类别，或者多种要素的组合。例如，为某一类型的所有土壤要素赋予相同的种植某农作物的适宜性等级值。

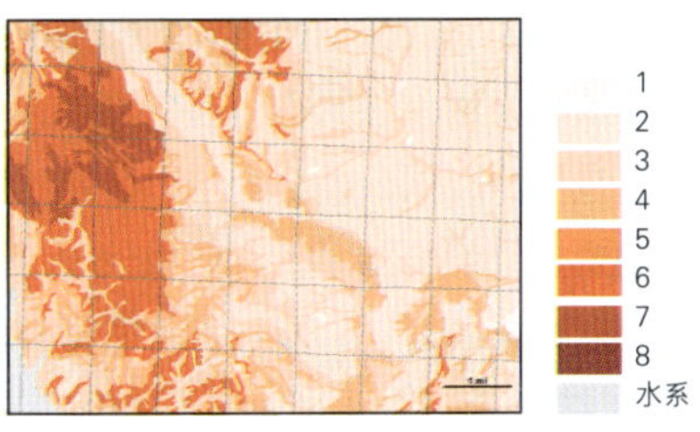

每种土壤类型按种植农作物的能力分级，最高能力等级为1，最低能力等级为8。

创建类

在确定了数量类型之后，需要考虑如何在地图上表达它们，是为每个单独数值赋予各自的符号，还是将数值进行分组，形成类。

数量制图需要在准确表达数据值和将数据进行综合以揭示地图要素分布格局这两者之间做出取舍。

通常情况下，计数、总量和比率都可以进行分组并形成类，因为每个要素都可以具有不同的数值，尤其是在数值范围较大的情况下。如果每个值都使用单独的符号进行绘制，地图可以精确地反映数据，但是会难以区别具有相似数值的要素，除非制图要素数量较少。当地图用于公众讨论的时候，使用类就非常有必要，它可以帮助读图者快速地比较区域。

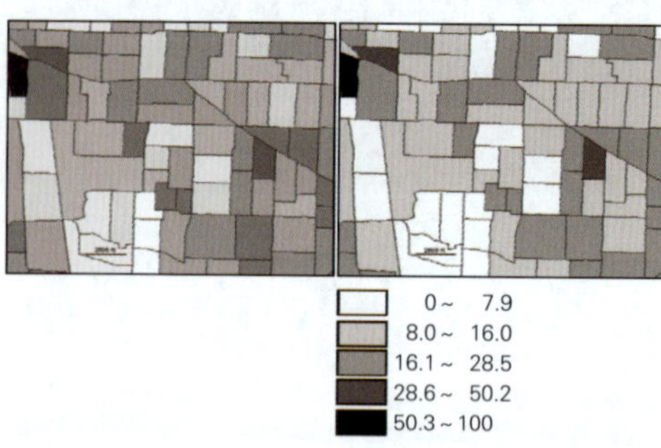

这些地图基于街区来显示贫困率（生活在贫困线以下人群的百分比）。在左图，每个街区根据其数据值使用唯一的灰度分层设色进行绘制。浅色的街区具有较低的数值。将数值进行分组形成类（右图）使得要素格局更加清晰易辨。

等级是作为单独数值进行绘制的，因为这些数值是不连续的。它们都是固定的数值，并且可以是多个要素具有同样的数值。

在这里，土壤要素根据种植农作物的适宜程度进行等级划分。每个等级都使用不同的颜色进行绘制。

绘制独立数值

绘制独立数值可以精确表达数据信息，因为无需将要素进行分组。但是，该方法可能需要读图者付出更多的精力来理解制图信息，特别是地图包含许多数值的情况下。

绘制独立数值可以在原始数据中探寻格局特征。如果对分析的数据或制图区域不太熟悉，或是需要寻找数据中蕴含的细节格局信息，则最好选用该方法。此外，使用该方法也有助于确定如何将数值进行分组并形成类。

如果是等级制图，可以为每个等级赋予相对应的符号。但是如果等级超过8或9个，最好还是先进行分组形成类，因为地图上太多不同的符号会使得读图者难以区分不同的等级。在这种情况下，可以简单地将邻近等级赋予相同的符号。

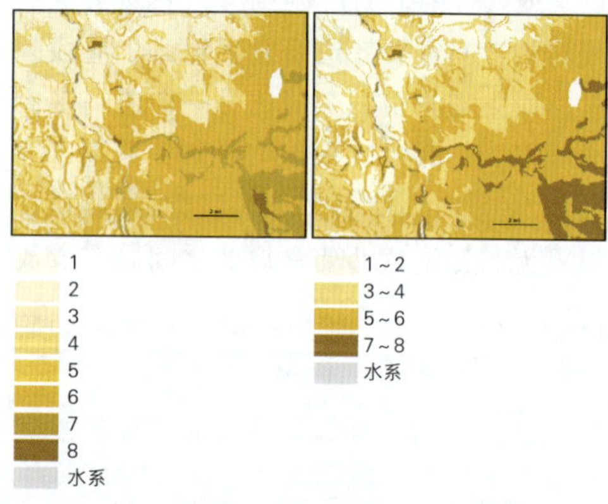

两幅地图均显示了根据种植农作物的适宜程度进行等级划分的土壤要素。将原始的8个等级组合为4个等级，可以使要素格局更加清晰易懂。

如果不超过11或12个独立数值，或少于20个要素，也可以使用独立数值绘制比率、计数或总量。

使用类

类为具有相似数值的要素赋予相同符号，将这些要素进行分组，使得读者可以清晰地观察到具有相似数值的要素。如何定义类的范围将决定每个类包含哪些要素，以及地图的视觉效果。通过改变类的形式，可以创建不同形式的地图。通常情况下，需要确保具有相似数值的要素归为同一类，并且使类与类之间的数值差异尽可能的大。

可以人工分类，也可以使用标准的分类方法。

人工分类

如果需要寻找满足特定条件的要素，或者将要素与某特定意义的数值进行比较，则需要人工分类。可以为每个类指定上限和下限，并赋予相应的符号。

类可以基于指定一个高于或低于某行为发生的阈值的规则设置。例如，如果需要查找被指定为城市开发区的地块，可以绘制至少有35%的居民处于贫困线以下的地块。该类的一个分隔点就是35%。另一个逻辑分隔点可以是50%，表示至少一半居民生活在贫困线以下的地块。

基于街区显示的生活在贫困线以下的居民百分比。

类也可以基于标准或某特定学科或行业的研究成果设置。例如，生态保护学家创建野生动物走廊将不考虑森林覆盖率低于50%的流域，并且尽量包括森林覆盖率高于85%的流域。在该案例中，类可以是“低于50%”、“51%～85%”和“大于85%”。

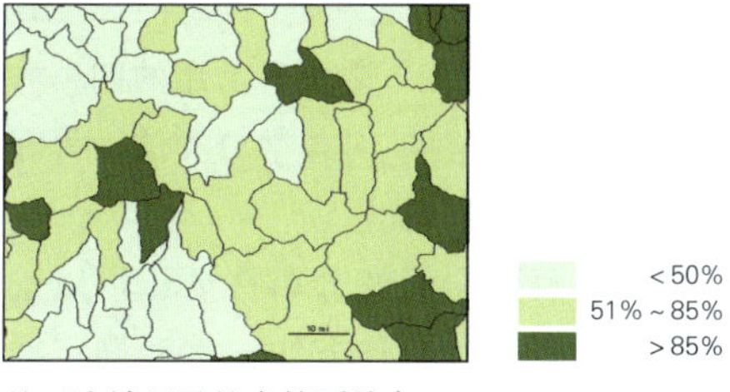

基于流域显示的森林覆盖率。

类也可以使用基于更大型的要素集合的数值设置。例如，如果根据每户家庭平均人口数量给某县绘制人口调查地块，就可以设置其中一个类分隔点为国家统计平均值（在美国是2.6）。地图读者就能很快地观察到该县的地块与全国平均值相比处于哪个档次。

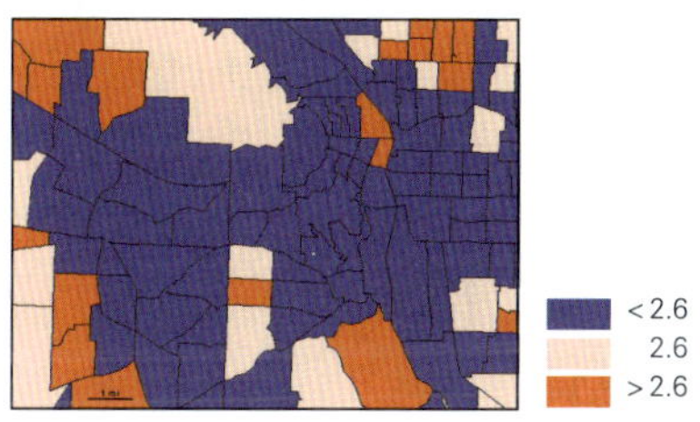

根据人口调查地块显示的每户家庭平均人口数量，美国国家平均值为2.6。

总而言之，必须明确阐述地图上的类所表达的涵义或内容。

使用标准分类方法

如果需要对相似数值进行分组来探究蕴含在数据中的格局，可以使用标准分类方法。根据数据值的空间分布特征，可以从众多方法中进行选择，用于数据值的分组并形成类。在指定分类方法和类的数目后，GIS计算每个类的上限和下限。最常用的四个方法是自然间隔分类法、分位数分类法、等间距分类法和标准差分类法。

通过观察数据值的分布特征，可以确定创建类分隔点的最佳方法。然后确定类的数量。

观察数据值分布特征的最佳途径是将它们绘制在图表上。在本例中，图表和地图都使用同一组数据：基于人口调查街区和以美元为计量单位的平均家庭收入。下页上的图表显示了地图所示区域的数据值分布情况。横轴表示平均收入，纵轴表示街区数量。长方形柱的高度表示某平均收入数值所对应的街区数量。分层设色区域（与地图上的分层设色区域相对应）显示了每种方法的范围，类分隔点的值表示在横轴上。每个区域的宽度显示了每个类的街区数量。

自然间隔分类法

根据数据值的自然分组特征来设置类。在图表上，类分隔点设置在数据值的跳跃之处，即长方形柱之间的大型台阶，这样具有相似数值的街区就被归于同一类。其制图结果强调了位于图幅左下方的最高收入街区和位于图幅中部的次高收入街区的差异。

分位数分类法

每个类包含数量相等的要素。在图表中，分层设色的区域显示了哪些街区属于同一类，并在横轴上标明了类之间的分隔点。在地图中，具有相似数值的街区被归到邻近类，位于高端收入的街区（数值范围在32 000 ~ 100 000美元之间）被归为一类。

等间距分类法

高和低数值之间的差距对每个类均相同，在本例中为20 000美元。在地图上，几乎所有的街区都包含在收入最低的两个类中。该图强调了具有最高平均收入的极少数街区。

标准差分类法

根据要素的值距离平均数的差异来给要素分类。在GIS中计算均值（在本例中大约为26 000美元）和标准差（约为12 900美元）。通过给均值连续加上或减去标准差的方式来设置类的分隔点。该图显示了每个街区的标准差。

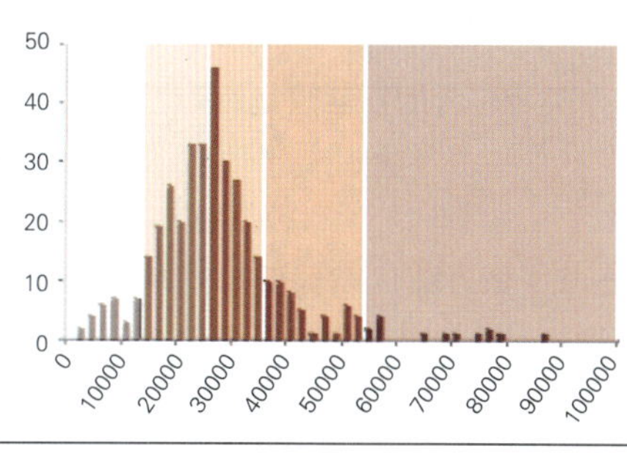
50
40
30
20
10
0
0
10000
20000
30000
40000
50000
60000
70000
80000
90000
100000

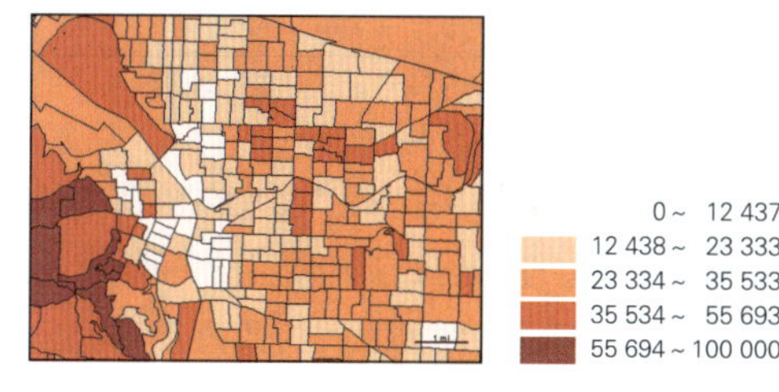
0 ~ 12 437
12 438 ~ 23 333
23 334 ~ 35 533
35 534 ~ 55 693
55 694 ~ 100 000

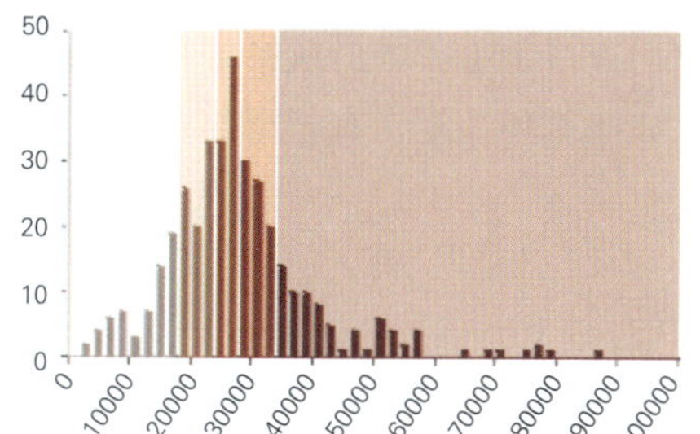
50
40
30
20
10
0
0
10000
20000
30000
40000
50000
60000
70000
80000
90000
100000

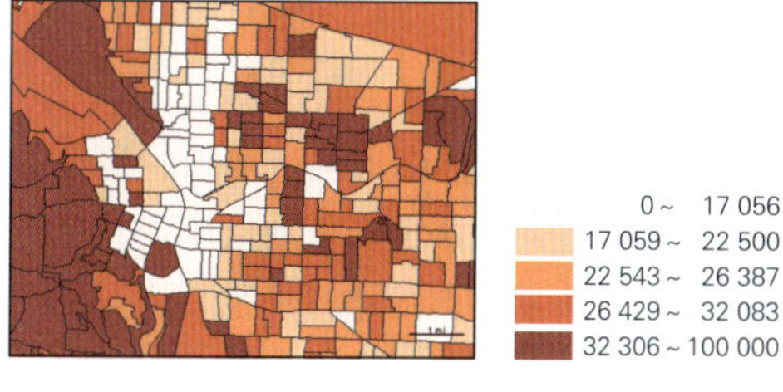
0 ~ 17 056
17 059 ~ 22 500
22 543 ~ 26 387
26 429 ~ 32 083
32 306 ~ 100 000

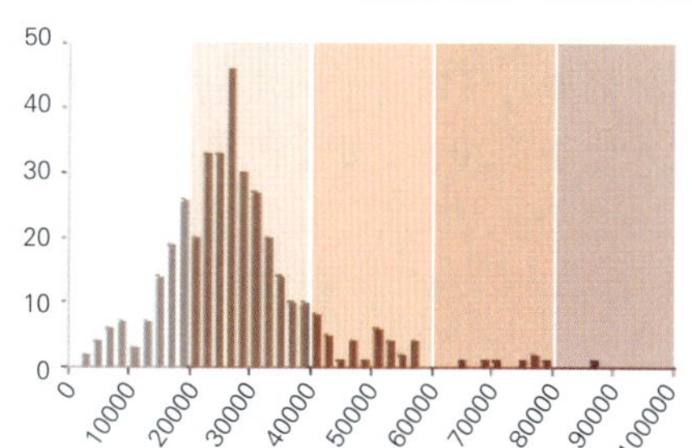
50
40
30
20
10
0
0
10000
20000
30000
40000
50000
60000
70000
80000
90000
100000

0 ~ 20 000
20 001 ~ 40 000
40 001 ~ 60 000
60 001 ~ 80 000
80 001 ~ 100 000

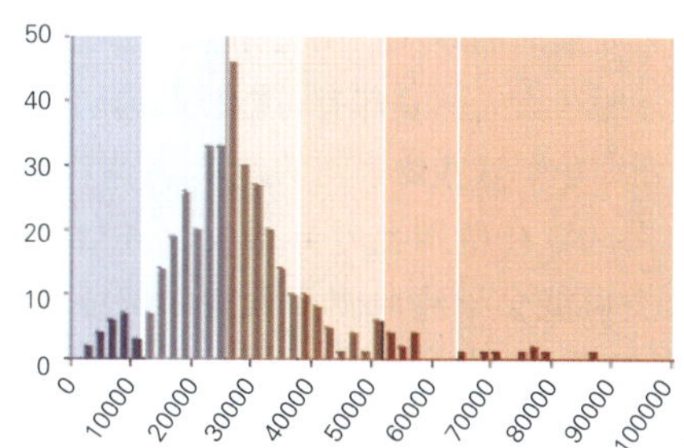
50
40
30
20
10
0
0
10000
20000
30000
40000
50000
60000
70000
80000
90000
100000

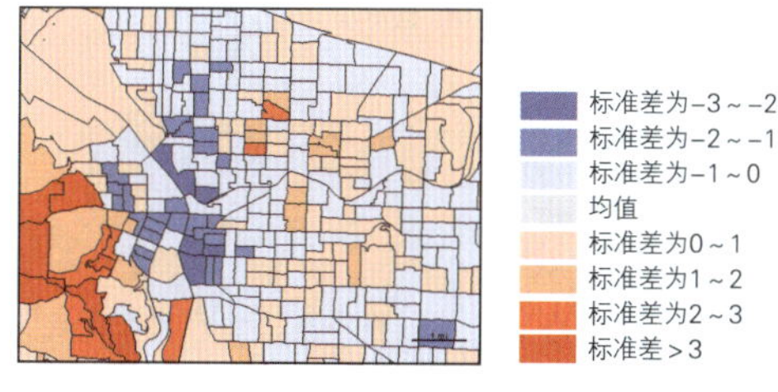
标准差为-3 ~ -2
标准差为-2 ~ -1
标准差为-1 ~ 0
均值
标准差为0 ~ 1
标准差为1 ~ 2
标准差为2 ~ 3
标准差 > 3

分类方法比较

自然间隔分类法

自然间隔分类法揭示了蕴含在数据中的分组和格局特征，因此某个类内部的数值基本上都是相似的，而类之间的数值具有明显差异。呈聚集分布的数据值都归为同一类。在数值群之间的空隙处定义类的分隔点。

原理

GIS使用数学程序来测试不同的类分隔点，自动确定每个类的高值和低值。它选择能够最有效的对相似值进行分组并使类之间的差异最大化的类分隔点。

优点

擅长于绘制分布不均匀的数据值，将呈聚集分布的数据值归为同一类。

缺点

• 因为类的范围都针对某单独数据集设置，因此难以与其他地图进行比较分析。

• 难以选择类的最佳数量，尤其是在数据分布不均匀的情况下。

分位数分类法

每个类所包含的要素数量相等。

原理

GIS基于属性值从高到低对要素进行排序，并将要素数量进行累加。要素总和除以设定的类的数量，得到每个类所包含的要素数量。按顺序将位于低值的要素赋予最低级的类，直至填满；然后赋予下一个类并填满，如此循环往复，直至全部要素分配完毕。

优点

• 可以对大致相同范围的区域进行比较。

• 绘制数值分布不均匀的数据。

• 突出显示某要素与其他要素之间的相对位置。例如，可以显示某州中哪些县的平均收入位于前20%（处于五类中最高的要素）。

缺点

具有相似数值的要素可能会被归为不同的类，尤其是在数据聚集的情况下。这样可能会夸大要素间的差异。反之亦然，一些相邻数值差距很大，但是却有可能被归为同一类，从而缩小了这些要素间的差异。

如果区域在范围上差异很大，进行分位数分类可能会导致地图要素格局特征的扭曲。

等间距分类法

每个类的数值范围相等——即每个类的高值和低值之间的差距相同。

原理

GIS将数据集中的最高值和最低值相减。然后除以设定的类的数量。将该数目与最低的数据值相加，得到第一类的最大值。然后加上每个最大值来设置剩余的类的分隔点。

优点

• 面向非技术型的读者表达信息。由于每个类的范围相等，因此易于解释分析，尤其是在读者对数据值比较熟悉的情况下，例如百分比。

• 绘制连续型数据，例如降水量和温度。

缺点

如果数据值呈聚集分布而非均匀分布，则有可能出现一或两个类包含许多要素，而有些类较少或没有包含要素。

标准差分类法

每个类由偏离所有要素的平均值的距离所定义。

原理

GIS首先将所有数据值相加并除以要素的数量，得到平均值。然后计算标准差，即每个数值与平均值相减并取其平方（确保数值为正数），然后进行累加并除以要素的数量。最后取计算值的平方根得到最终结果。标准差的数学公式为

$$s=\sqrt{\frac{\Sigma(x-\bar{x})^2}{n}}$$

这里s表示标准差，x是要素的值，$\bar{x}$是平均值，n是要素的数量。

标准差可以理解为数据值偏离平均值的平均总量。GIS根据设定的标准差数量来创建高于和低于平均值的类分隔点，例如1/2或1个标准差。

优点

• 便于观察哪些要素位于平均值以上或以下。

• 便于显示多数数值分布在平均值周围、少数数值偏离平均值较远的数据集（如钟型曲线或正态分布）。

缺点

• 地图不显示要素的确切数值，只是显示这些值距离平均值多远。

• 极高或极低值（异常值）会扭曲平均值，因此绝大多数要素有可能被归于同一类。

选择分类方案

在确定使用方案之前，需要了解数据值在其范围区间是如何分布的。可以创建柱状图表并将属性值设置为横轴，纵轴表示具有特定数值的要素数量。绝大多数电子制表软件以及统计软件和GIS软件都可以创建图表，例如ArcGIS。以下是选择分类方案的指导流程。

• 如果数据呈不均匀分布（许多要素具有相同或相似数值，并且数值群之间具有相当的间隙），使用自然间隔分类法。

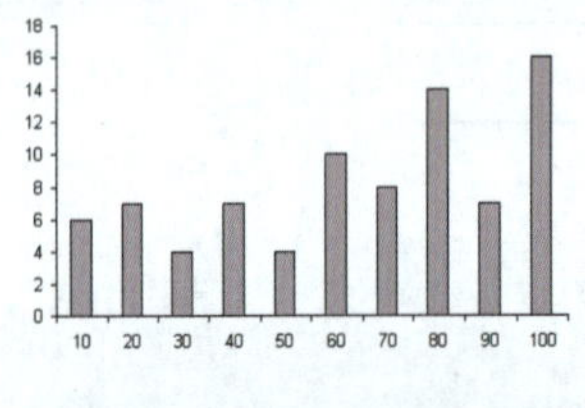

根据森林覆盖百分比绘制的流域图。图表显示了数值群之间的间隙（如图表中的短柱所示）。

• 如果数据呈均匀分布，并需要突出显示要素之间的差异，使用等间距或标准差分类法。

• 如果数据呈均匀分布，并需要突出显示要素间的相对差异，使用分位数分类法。

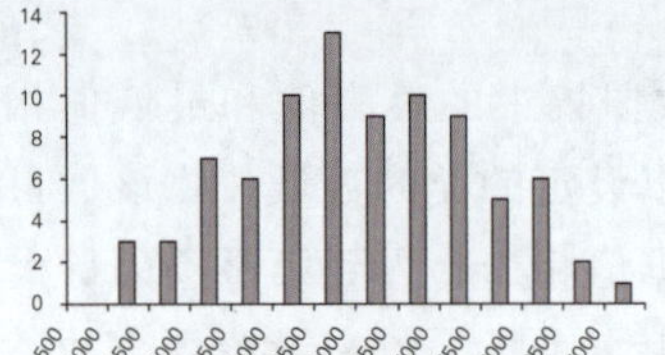

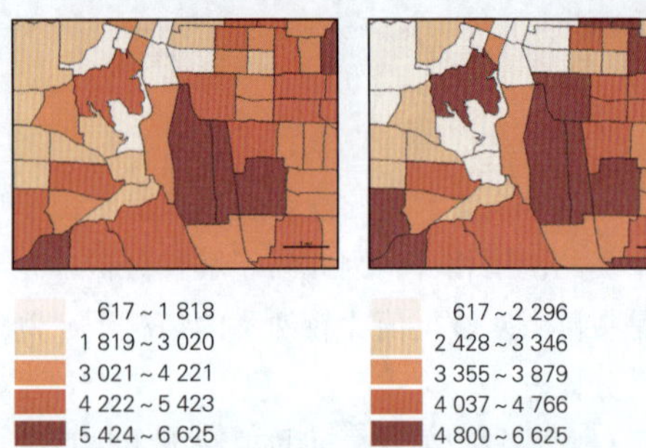

基于人口调查地块绘制的人口分布图。图表显示了数据值基本上呈均匀分布，数据值之间没有大的间隙。在本例中，尽管等间距和分位数法都产生相似的结果，但是在等间距法中，归于最低和最高类的要素较少，因而突出显示了极值部分。

GIS可以快速改变类的范围、类的数量以及用于表达要素的符号，因此可以尝试多种途径来观察哪个更能有效的表达信息，在进行数据探索性分析和格局判别时尤为有用。

处理异常值

在绘制数据的时候，可能会发现一些极高或极低的数值。这些异常值会扭曲类的数值范围乃至地图要素的格局特征。尤其是在使用等间距或标准差法的时候，可能会出现除异常值以外的所有要素都被归于同一类的情况。使用自然间隔分类法可以在最高或最低类中孤立这些异常值，并能将其他数值分配到其余的类之中。

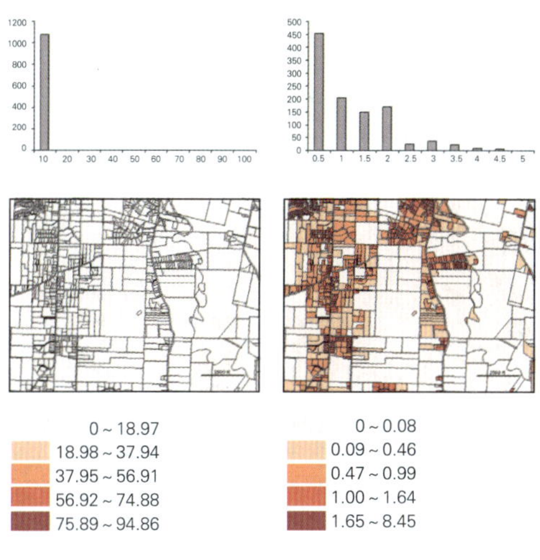

每平方英尺的土地价值（以美元计算）。在本例中，数据库中的一个错误导致一个极高数据值，每平方英尺94.86美元（见左图）。如果使用等间距法分类，所有要素都被归于最低类，异常值归于最高类，而其他的类为空。在改正错误之后，柱状图表和地图显示了较为均匀的数值分布。

异常值的出现，可能是数据库中的错误导致，或者是小数据样本中的异常现象。当然，也有可能是真实有效的。如果它们不能在数据库中进行改正，可以采取其他多种途径进行处理，具体方法取决于它们与其他数值异常的程度大小，以及它们对地图要素格局特征的影响程度如何：

- 如果异常值分布的面比较宽泛，则需要将每个异常值各自归于一类。
- 如果异常值呈聚集分布，可以将它们组合为同一类。
- 如果异常值距离其他类中的数值不远，可以将它们归到最近的类中。
- 如果认为异常值并非有效，不应在格局中体现，可以使用特殊符号绘制它们。例如，可以将它们用灰色表示，并在图例中标记为“数据不充分”。

比率计算可能会导致异常值的出现。尽管每个原始数值均为有效，但是进行相除计算之后，可能会得出误导性的结果。发生该问题可能是由于要素在数据库中的存储方式，或者是制图数值之间的关系所致。例如，绘制每个人口调查地块，即每1000个居民所拥有的零售商店数量，如果某商店位于地块中的居民较少区域（可能由于该区域为办公用地，居民住宅很少），计算该地块中每1000个居民所拥有的商店会导致非常高的数值，扭曲了该类并掩盖了地图格局。

1000个居民所拥有的商店 =

商店数/ (人口数/ 1000)

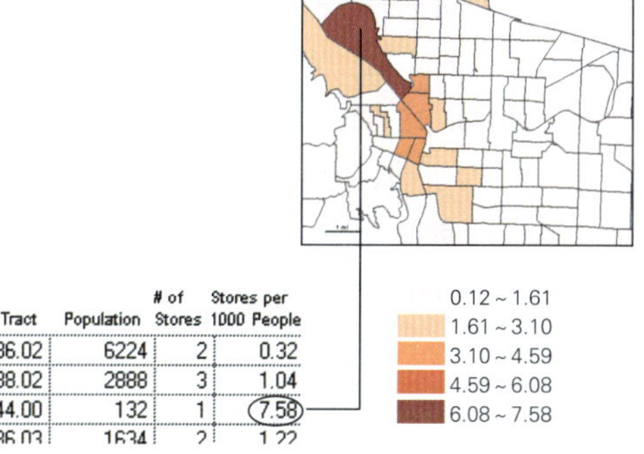

Tract	Population	# of Stores	Stores per 1000 People
36.02	6224	2	0.32
38.02	2888	3	1.04
44.00	132	1	7.58
36.03	1634	2	1.22

基于人口调查地块的每1000个居民所拥有的零售商店数量。在计算每1000个居民所拥有商店数量的时候，第44号地块的小人口数量导致了异常值的出现。

确定类的数量

在选择适宜的分类方案之后，需要确定将要创建的类的数量。基于该数量和分类方案，GIS计算类的数值范围和节点。如果已经确定了适宜的分类方案，改变类的数量将不会对数据的视觉外观产生大的影响，只会使格局的清晰程度发生变化。

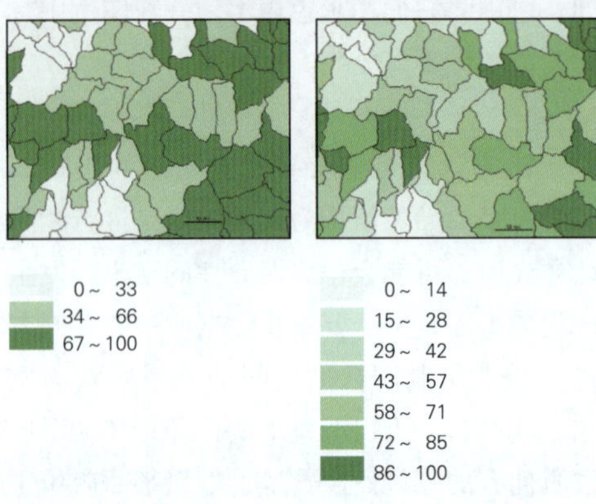

根据森林覆盖百分比绘制的流域图。使用三个类可以清晰显示格局；使用更多的类则可以揭示格局的细部特征。

- 绝大多数地图读者可以区分多达7种的地图颜色，因此使用7个以上的类将会难以区分具有相似数值的要素。通常4 ~ 5个类可以揭示数据格局并且不会使读者产生混淆。使用3 ~ 4个以下的类则显示不出要素之间的差异，因此无法清晰显示格局。

- 如果是探究数据中蕴含何种类型的要素分组及其格局，可以在一开始使用较多的类。每个要素都将处于较小的范围中，其值更加接近于其确切数值。

使类更加清晰易读

在GIS中定义类的范围之后，可以对它们进行调整，旨在使创建的类更加易于理解。

如果无需显示确切的数据值，对每个类的最大值和最小值进行取整可以使得图例更加易读，并且无需改变地图格局。

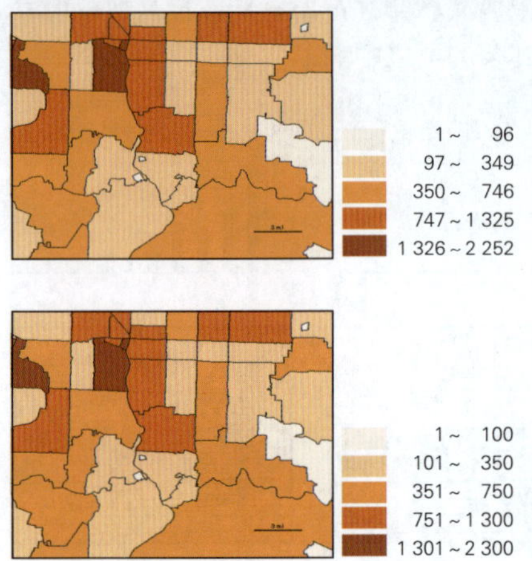

每个邮政编码区域的企业数量。对数值进行取整使得数量更加易读。

某些GIS软件通过默认值来创建连续的类的范围，将每个类的最大值自动设定为高一级的类的最小值。实际上，高一级的类的实际最低数据值也可以高于该类在图例中显示的最低值。使用GIS定义类，然后给每个类更改最低值来匹配该类要素的最低值，这样就可以不改变地图格局，并使得图例更好地反映确切的数值范围，尤其是在使用自然间隔分类法的情况下。但是，如果是使用等间距分类法，最好避免这种做法，因为这些范围在定义中都是连续的。

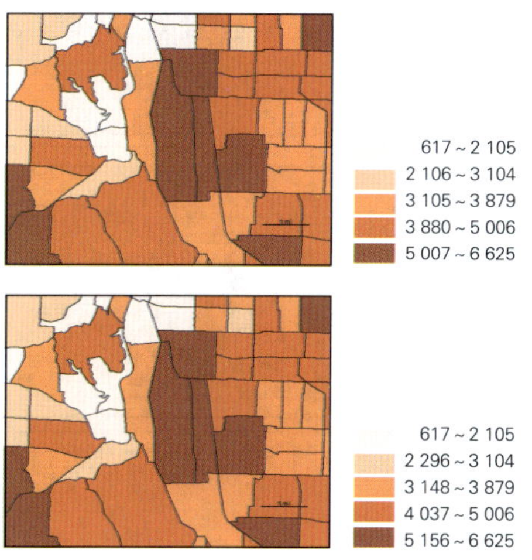

基于人口调查地块的人口分布图。使用非连续范围表达更加细致的数据格局特征。

此外，也可以在图例中对类进行重命名来模仿等级型数值，例如“很高”、“高”、“中”、“低”或者“无”。该做法有助于对地图的快速理解，特别是在相对数值要比绝对数值重要的情况下，例如使用比率或大型数量的案例。例如，当计算每个人口调查地块中每1000个居民所拥有的零售商店数量的时候，带小数点的数值结果其实并没有意义，有意义的是与其他数值之间的相对重要程度。为了使读者更容易的理解地图内容，可以将数值型的值改为文字标记，例如“高”、“中”和“低”。

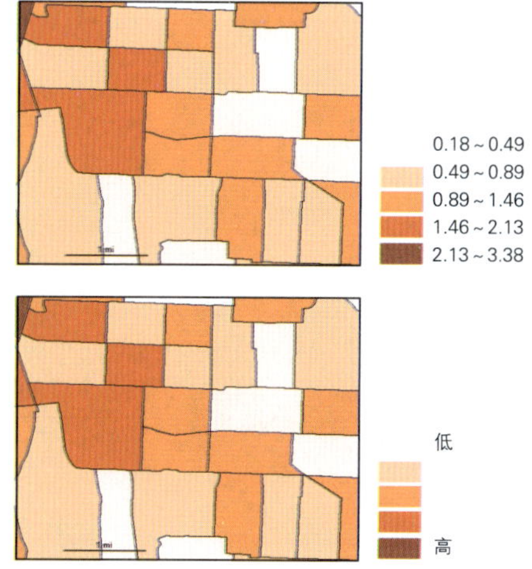

地图制作

在确定如何分类数据值之后，接下来就可以创建地图了，旨在为读者尽可能清晰地表达信息。这时候就需要保持地图内容的简洁，只表达揭示数据格局所必需的信息。由于使用GIS可以很便捷地创建地图，并且数据库可提供的信息也非常丰富，因此有时候会出现地图所表达的信息量已经超越了读者可以理解的范畴。

GIS为创建地图和显示数量提供了众多方法，主要有：

- 等级符号
- 等级颜色
- 图表
- 等值线
- 三维视图

等级符号

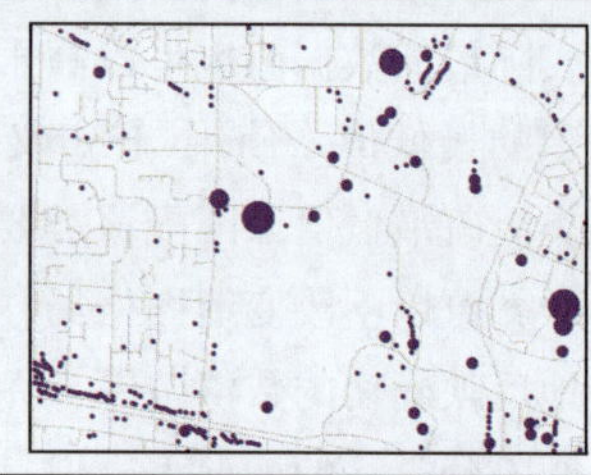

等级颜色

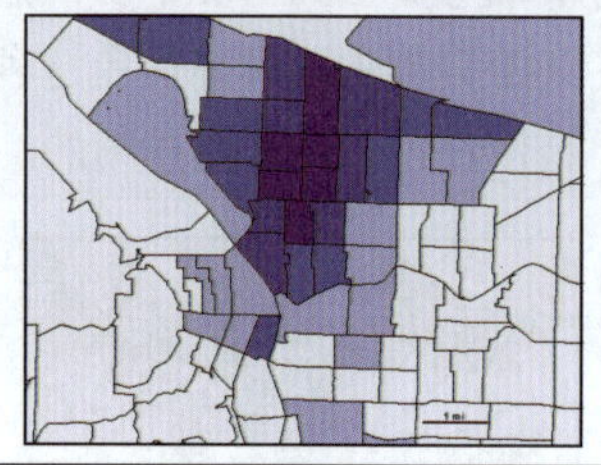

图表

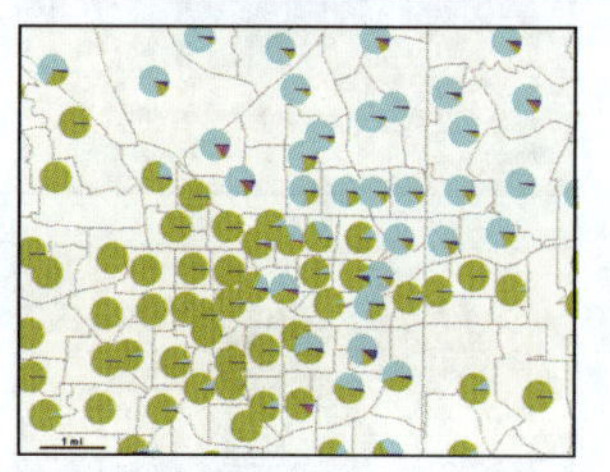

等值线

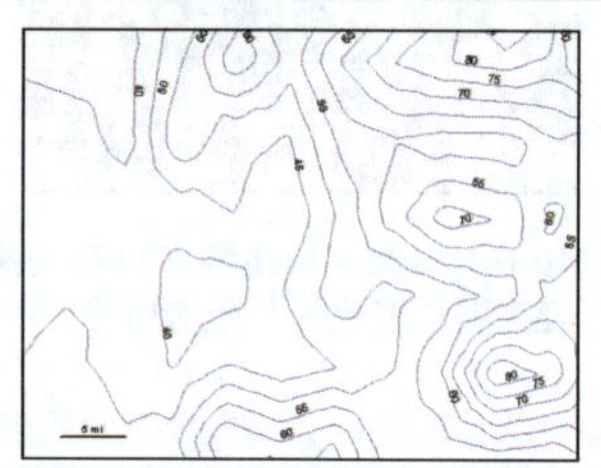

三维视图

要素	数值	优点	缺点
点位置 线状要素 区域	计数和总量 比率 等级	直观——符号尺寸与量级相关联	如果地图上的要素众多则难以阅读
区域 连续现象	计数和总量 比率 等级	易于识别格局和要素数值	颜色与量级之间的关联性不够直观
点位置 区域	计数和总量 比率	同时显示类别和数量	可能会表达过多信息，从而掩盖了格局
连续现象	总量 比率	易于观察整个区域的变化速率	难以识别格局和要素数值
连续现象 点位置 区域	计数和总量 比率	视觉效果极佳	难以识别单独要素数值

选择地图类型

地图类型的选择需要考虑制图要素类型和数据值。

如果要素类型为离散点或线，可以使用

- 等级符号来显示数值范围
- 图表来显示类别和数量
- 三维视图来显示相对量级

如果要素类型为离散区域或区域汇总数据，可以使用

- 等级颜色来显示数值范围
- 图表来显示类别和数量
- 三维视图来显示相对量级

如果要素类型为空间连续现象，可以使用

- 等级颜色来显示数值范围
- 等值线来显示变化速率
- 三维视图来显示相对量级

使用等级符号

等级符号用于绘制离散点或线。等级点符号标注单独要素的位置，以显示数据值的量级。等级线符号用于显示线状网络的容量或等级，例如公路、公用事业管线或河流等。

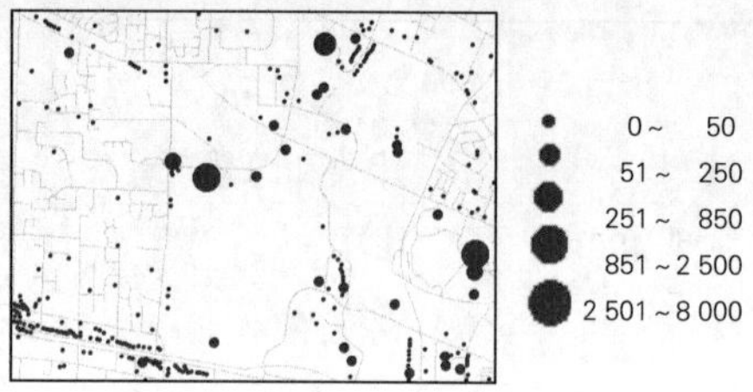

点位置——每个企业的员工数量。

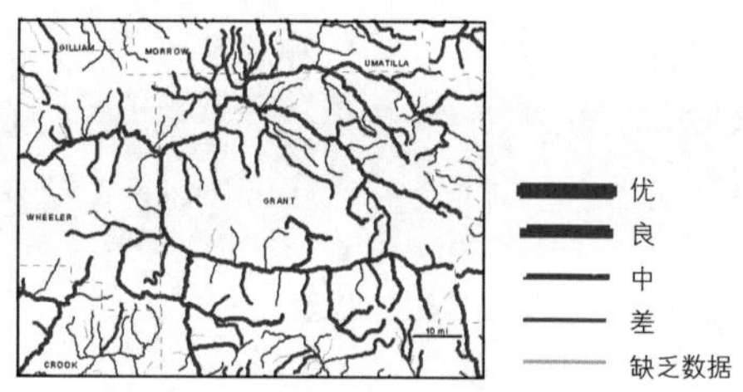

根据鱼类栖息地条件划分的河流等级。

如果使用分类的等级符号，需要指定符号的最小和最大尺寸，以及类的数量；GIS计算中间符号的尺寸。

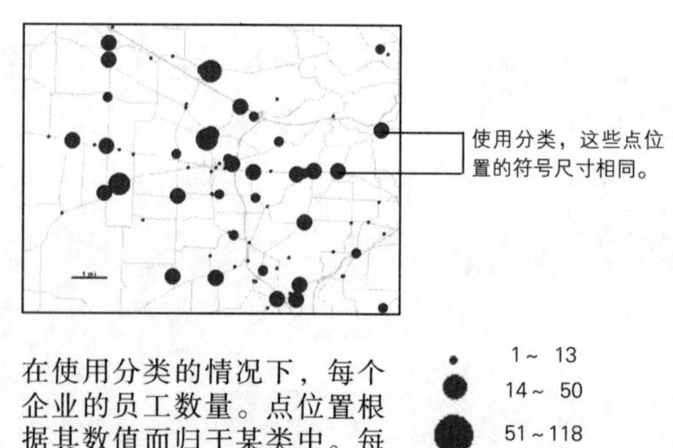

在使用分类的情况下，每个企业的员工数量。点位置根据其数值而归于某类中。每个类中的所有要素都使用相同尺寸的符号进行绘制。

如果对单独数值使用等级符号，需要指定数据值、相应的符号尺寸，以及与其他符号相同的GIS比例尺。图例显示符号和数值的子集来表示单个要素的相对数值。例如，在绘制每个企业的员工数量的时候，图例显示的四个圆圈分别表示拥有1、10、50和100位员工的企业。通过与这些圆圈相比较，可以判断某企业大概拥有多少员工。

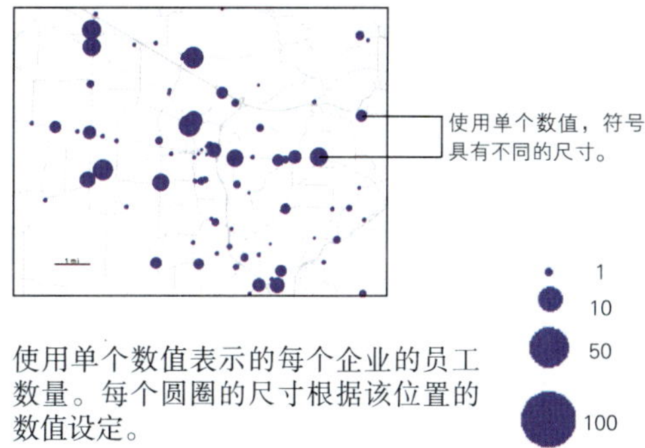

使用单个数值表示的每个企业的员工数量。每个圆圈的尺寸根据该位置的数值设定。

• 尽管可以指定任意符号，但是绝大多数情况下使用圆圈表示单个位置。对于大多数读者而言，圆圈比其他符号更易于理解相对量级。

• 所有的符号都应使用同一种颜色，并且确保它们都足够显眼。如果在内部区域绘制它们，则需要使用浅色来表示该区域。

• 最大和最小符号之间的差距应该足够大，以便更清晰地显示数据值之间的差异。

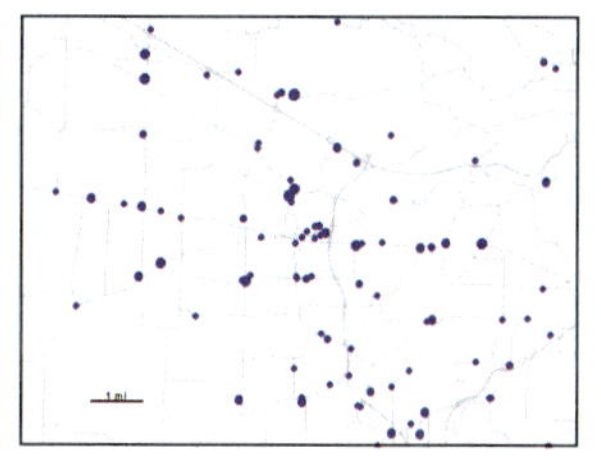

符号尺寸过于接近，以至于无法清晰显示地图要素格局。

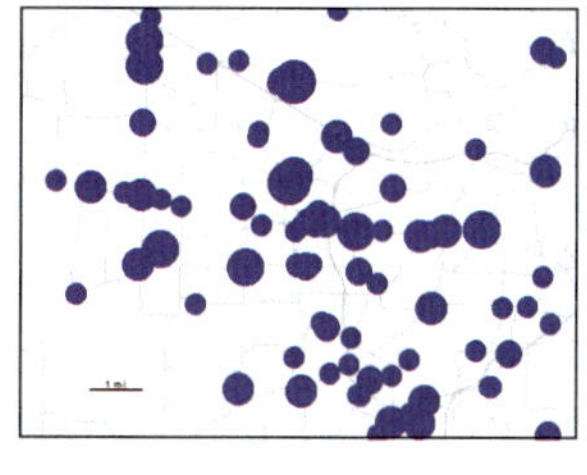

符号之间的差异足以显示格局，但是掩盖了单个要素的位置。

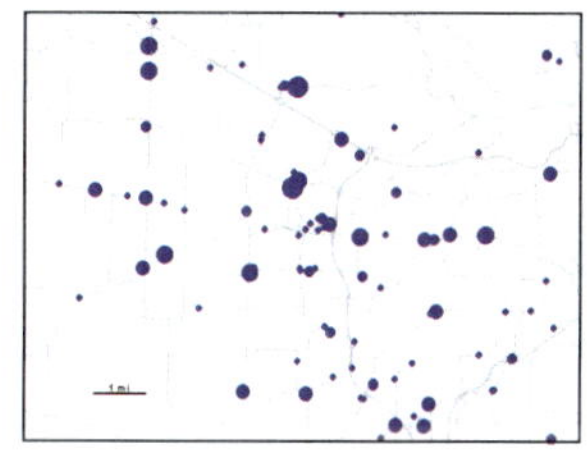

符号清晰显示要素格局，并且没有掩盖要素位置。

• 确保最小的符号在地图比例尺下清晰可见，同时最大的符号不会过于重叠，以至于掩盖地图要素格局。

使用等级颜色

等级颜色可以用于绘制离散区域、区域汇总数据，或者连续现象。通常可以给类赋予一两种颜色进行分层设色。首先选择表示最低级和最高级的类的颜色，然后选择中间颜色，或者让GIS自动进行选择。

如果分类少于5～6个，使用一种颜色，然后改变颜色深浅。切记，绝大多数人最多只能区分7种颜色。很多人也习惯于将深颜色理解为“更多”或“更大”，因此需要将最深的颜色赋予最高级别的类。

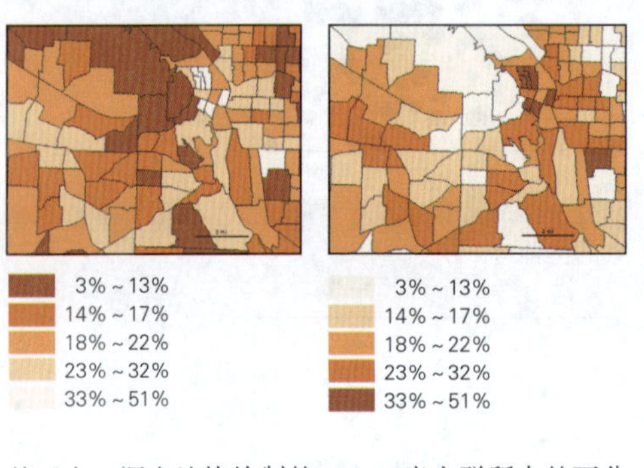

基于人口调查地块绘制的18～29岁人群所占的百分比图。人们通常将深颜色与高数值联系起来，因此左图第一眼很有可能被误读。

不同的颜色具有不同的视觉效果。红色和橘红色最能吸引眼球，而蓝色和绿色的效果则欠佳。

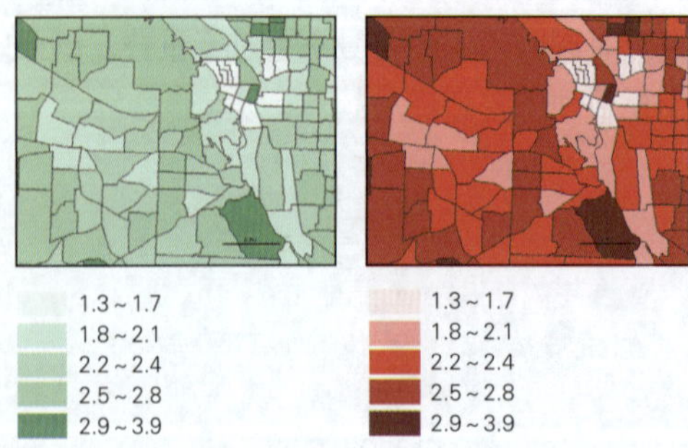

基于人口调查地块绘制的每户家庭的人口数量图。红色调之间的对比度更强烈，突出显示了高值与低值。

紫色系和蓝色系要比其他色系更容易区分，因此如果分类超过4～5个，可以使用它们。切记，特定颜色对于某些人来说具有特殊意义。例如，红色经常用于表示热点（hot spot），例如犯罪行为发生率最高的区域，或者不适宜作某种用途的区域，例如坡度太陡不宜盖楼的地区。

如果分类超过7～8个，可以使用颜色和色调相结合的形式，使用2～3种颜色（蓝色到橘红色，或者蓝色到绿色再到黄色）来辅助区分这些类。暖色调（红色、橘红色或黄色）可以很好地突出显示高端数值，而冷色调（绿色、蓝色或紫色）可以用于表示低端数值。

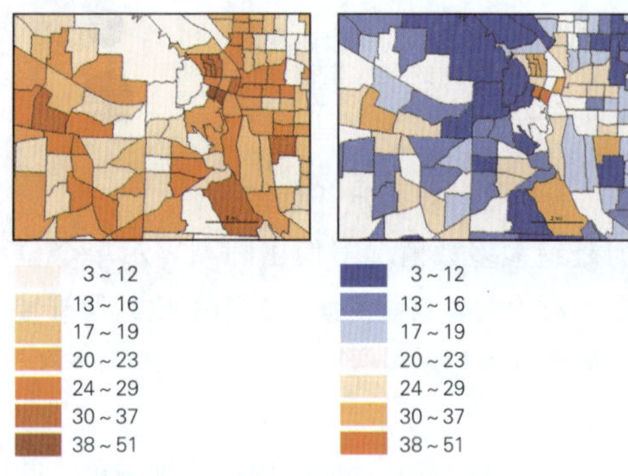

基于人口调查地块绘制的18～29岁人群所占的百分比图。使用两种以上颜色及其色调可以帮助区分数量较多的类。

使用两种颜色也可以很好地显示具有正值和负值的数据，例如高于或低于一个平均值的百分比：一种颜色（例如红色）显示高于平均值的百分比，另一种颜色（例如蓝色）显示低于平均值的百分比，使用中间色显示平均值。该方法非常适用于绘制基于标准差的类。

跨越多个相邻类的狭窄数值范围需要使用差异较大的色调进行表示，尤其是在数据分布不均匀的情况下。由此可见，创建可以反映数据值确切分布的类及其符号的重要性。

使用图表

图表通常用于绘制区域汇总数据、离散点位置或者区域。使用图表可以同时观察数量和类别的分布格局（详情参见第2章地理要素空间位置制图分析），因此可以在一幅地图中显示更多的信息，而不是将每个类别分幅显示。例如，如果以县为单位绘制人口分布图，可以使用饼图来显示每个县中各种族人口所占的百分比。

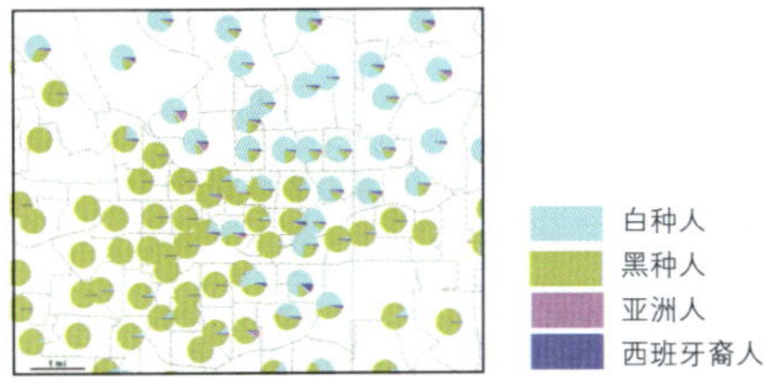

基于人口调查地块绘制的种族人口分布图。图表显示了自右上角到左下角的明显趋势。

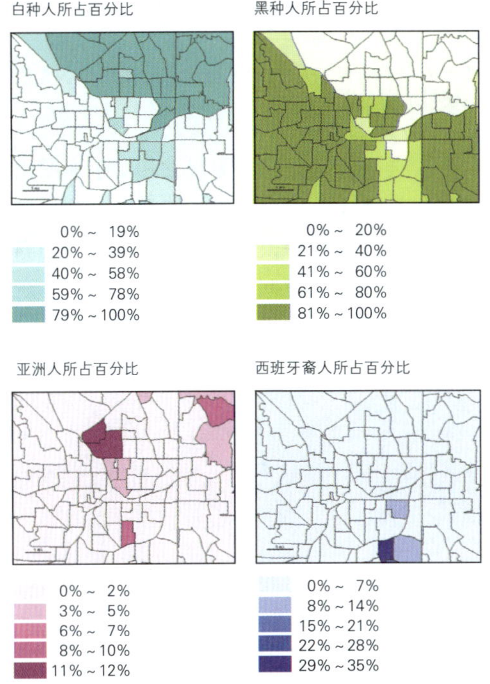

与使用饼图表示的地图相比，这四幅使用等级颜色表示的地图显示了更多的格局细部信息。

图表对于快速进行格局分析非常有用。但是，有些格局并非如表达在分幅地图上那样清晰易读。带有图表的地图也需要更多的精力进行解析，因为需要同时观察数量和类别。

图表主要有饼图和柱状图两种。

- 如果需要显示每个类别所占总量的多少，可以使用饼图。创建饼图需要设置类别和用于“总”值的属性。GIS为每个类别计算百分比，并给图表填充相应的色调。

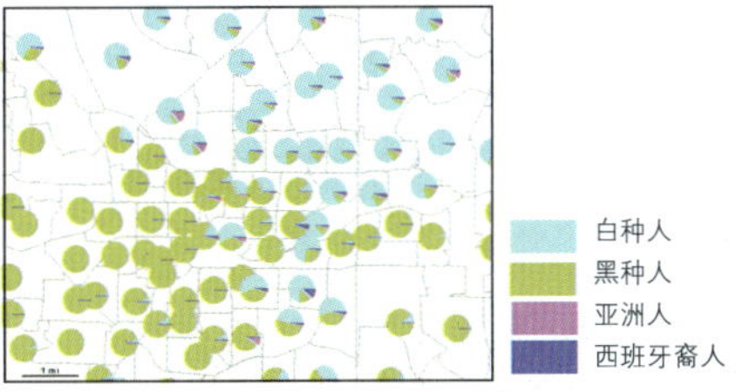

饼图适用于显示百分比。

柱状图用于显示相对数量，而不是所占总数的比例。创建柱状图需要设置最小和最大柱高，每个类别根据其值进行绘制。

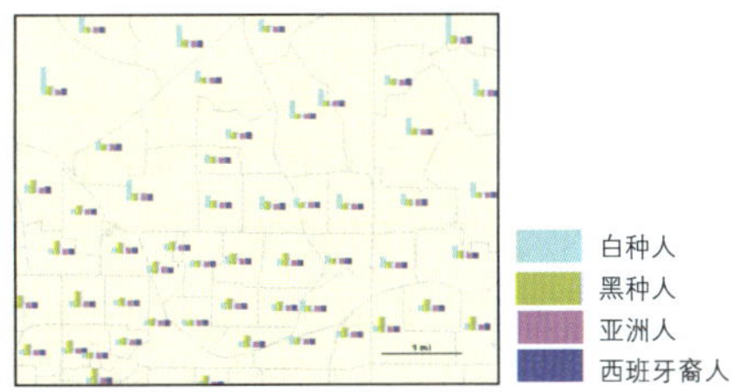

柱状图适用于显示总量。

制作饼图可以使用同一尺寸，也可以根据属性的总数对尺寸进行调整。例如，可以根据每个人口调查地块的总人口数绘制或大或小的图表。

如果是专门针对每个类别相对于总数的份额，则需要保持图表的尺寸统一。

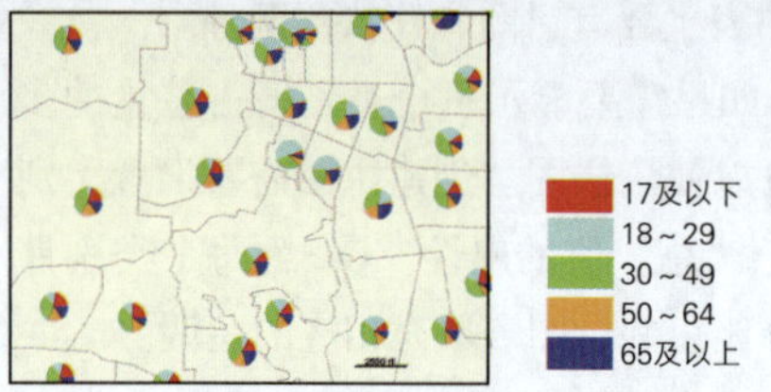

基于人口调查地块绘制的各年龄段人口分布图。

等级图表用于显示每个要素的相对尺寸。

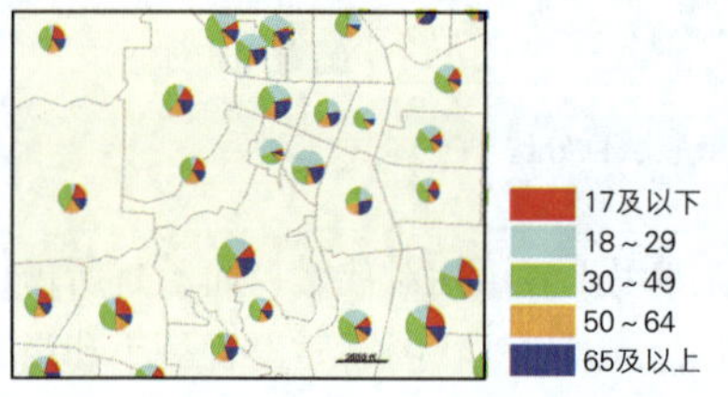

每个圆圈大小表示每个地块的相对人口数量。

图表表示类别，而不是相对数量，所以需要使用不同颜色来绘制柱状或楔形图案，而不是使用一种颜色的不同色调。

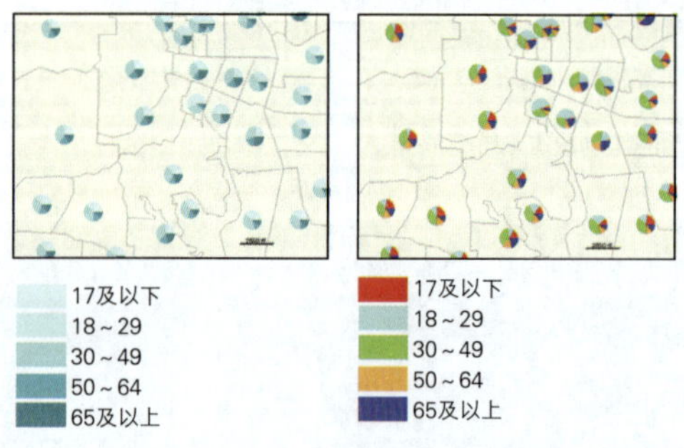

使用不同颜色，而非同一种颜色的不同色调更容易区分类别。

当绘制不超过30个要素的时候，使用图表最为有效。否则，地图格局将难以识别。

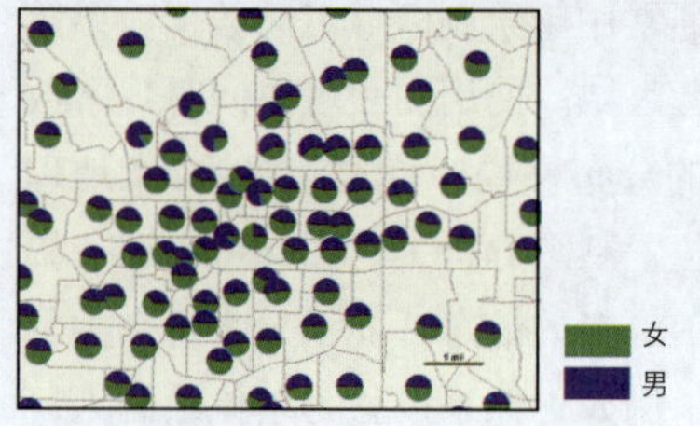

绘制过多要素会降低图表的表示效果，格局也难以识别。

在一幅图表上的类别个数不要超过五个；如果需要显示更多类别，使用一系列分层设色地图来显示每个类别的效果更佳。

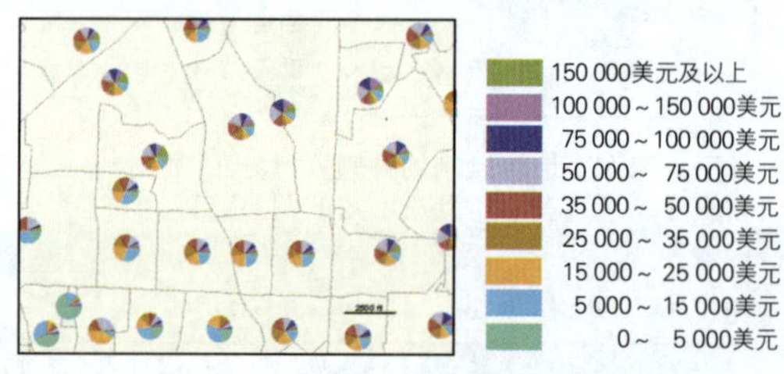

基于人口调查地块绘制的平均收入。使用过多类别会使得地图难以解读。

需要注意的是，图表尺寸相对于地图比例尺要足够大。如果使用等级图表，确保最小尺寸的图表易于识别，同时最大尺寸的图表不会掩盖区域边界或相互重叠。

使用等值线

等值线用于显示空间连续现象在区域内数值的变化速率。线条密集区域表示变化迅速。高程和气压通常使用等值线进行绘制。

等值线根据设置的间隔进行绘制。例如，等值线间距为10英寸的降水量等值线图在10、20和30等数值处分布有等值线。一条线上的各点均具有相同的值，而两线之间点的值在两线数值之间。

间隔决定了线的数量以及它们之间的距离。当使用小间隔时，所创建的地图具有更多的线。

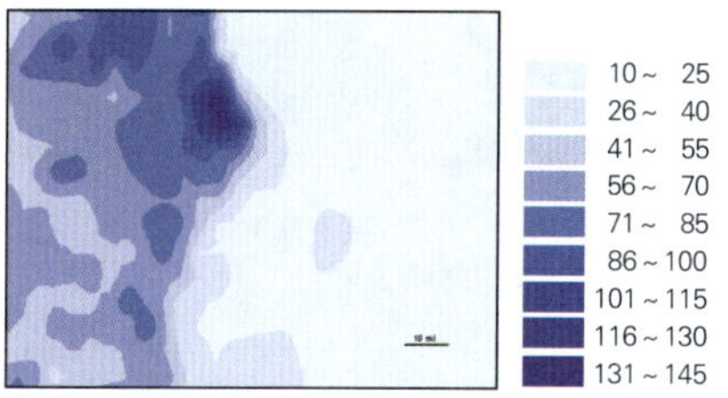

用表面表示的年均降水量，单位为英寸。

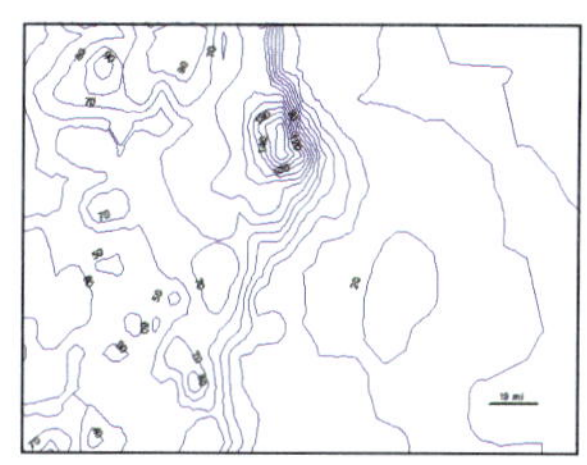

用等值线表示的年均降水量，单位为英寸。

• 等值线的间隔设置应使得图面具有相当的清晰度，但是不能使线条过于密集而降低地图的可读性。

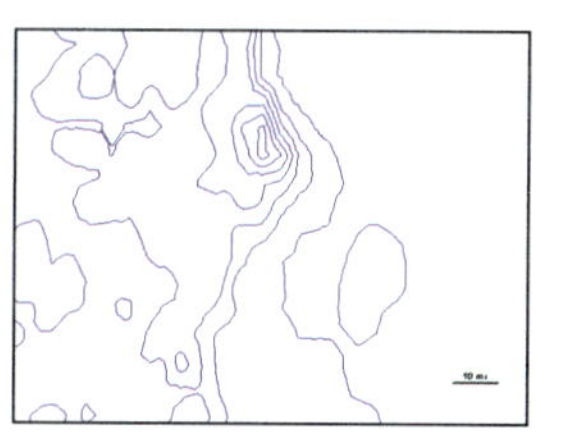

等值线间距过大而无法清晰地显示表面的轮廓。

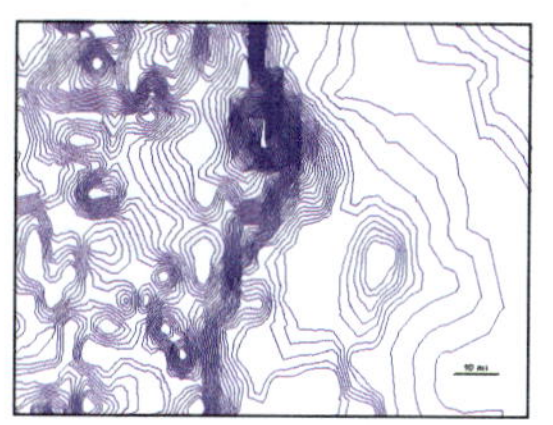

等值线间距过小而无法清晰地识别线条。

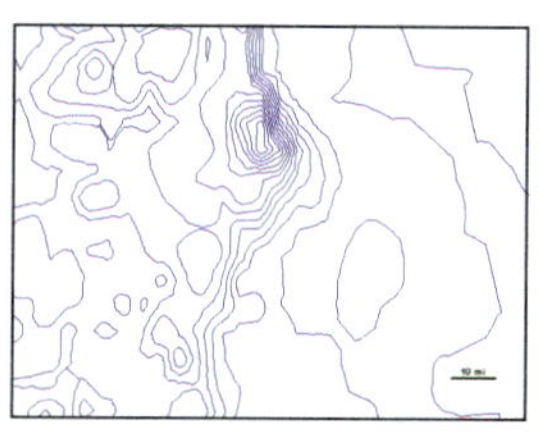

等值线间距清晰地显示表面的轮廓，同时单个线条也易于辨认。

• 等值线应标记相对应的数值，便于在识别格局的同时观察其确切值。

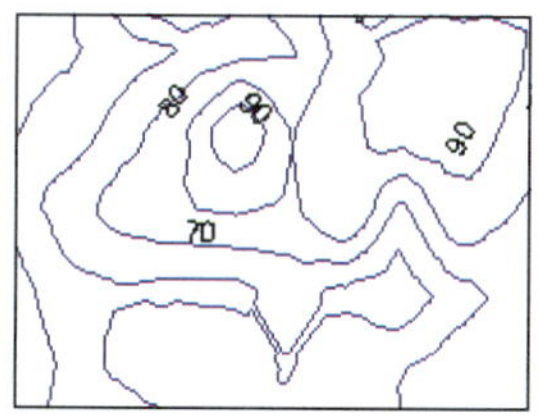

• 每五个间隔处使用粗线条可以使得数值更加易读。例如，如果间隔为10英寸，可以在50、100和150英寸处使用粗线条。

创建三维视图

三维视图通常用于表示连续现象，即对表面进行可视化处理。也可以创建区域或点位置的三维视图，要素高度表示点位置或区域的量级。

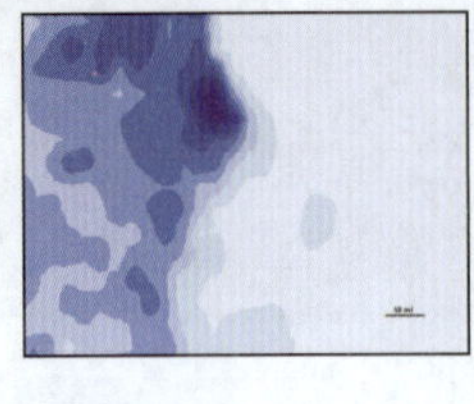

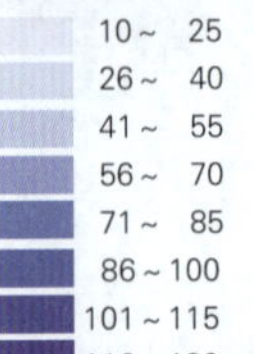

用表面显示的年均降水量（左图）及其三维视图（右图）。

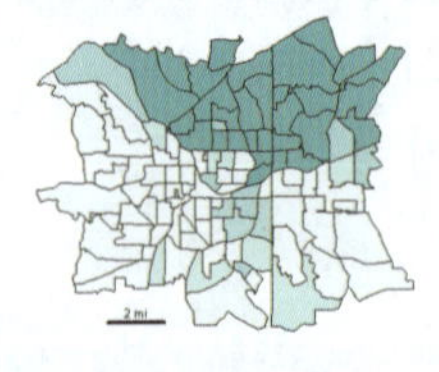

1%～ 19%
20%～ 39%
40%～ 58%
59%～ 78%
79%～100%

使用等级颜色，基于人口调查地块绘制的白种人数量所占百分比图（左图）及其三维视图显示。

在使用三维视图的时候，尽管可以观察到哪里值高，哪里值低，但是难以确定特定位置的数值。

创建三维视图需要设置三个参数来确定视图效果：观察者位置，垂直放大程度（z-factor）以及光源位置。

观察者位置

观察者位置确定了有哪些要素进入观察者的视野，因为较高的要素可能会阻挡住位于其后的要素。可以通过旋转视角来设定位置，直至调整到所需角度为止。或者，也可以设定观察者和视角范围内的一个目标位置（通常是所显示要素的中心）的坐标，以及观察者在表面之上的角度。

如果要将视图进行旋转，偏离南北轴来突出显示数据中蕴含的格局，则需要提供指北针来定位视图，或者在视图上绘制易辨认的要素（例如边界或主要道路）。

旋转180° 后（右图），人口调查地块的三维视图无法显示白种人口数量的急剧下降。

垂直放大程度

在创建视图时，可以设定名为“z-factor”的数值，用于增加表面的变异程度，旨在更加方便地观察要素之间的差异。每个要素的数据值均与该值相乘。例如，取factor为2，一幅具有40%白种人口数量的地块的相应值为80，一幅具有10%白种人口数量的地块的相应值为20。两值之间的原始差异（30）现在变为60，因此在视图中的高度差异也随之变大。使用z-factor的目的在于增加表面变异的可辨认程度，而不是对数值之间的差异进行过分夸大。

垂直放大程度过低（右图），视图则无法清晰地显示表面的变异状况。

光源

光源的位置与z-factor相结合，可以确定阴影在表面上的呈现形式，以及表面上要素的清晰程度。需要设置的光源参数主要有两个，即方位和角度。

光的方位通常使用度数来表示（从0到359，0表示正北方）。方位的设置一般满足突出显示视图中的要素即可，除非阴影的位置很重要（例如，绘制地形并需要观察某特定时间哪些区域位于阴影中）。该操作需要进行一些实验来确定适宜的参数值。

角度是指位于水平面之上的光源高度，也使用度数来表示。角度越低，阴影越长。

源自西北方位的光源。

源自东南方位的光源。

显示透视图

如果需要绘制连续型数据，通常使用一系列颜色和阴影来创建透视图。也可以在视图上添加等值线并进行标注，以增加表面的清晰度并显示数据值。

使用单一颜色可以显示单个点位置或区域，或者基于类别使用颜色。下面的视图不仅显示了就业中心所处的位置（高柱群集处），而且显示了用工规模最大的企业类型。

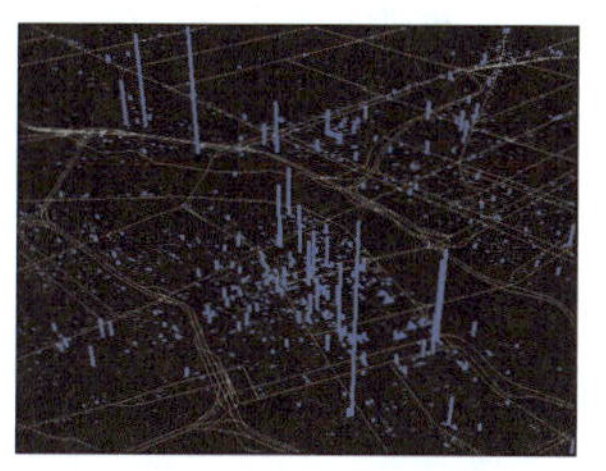

柱子高度代表每个企业的员工数量。

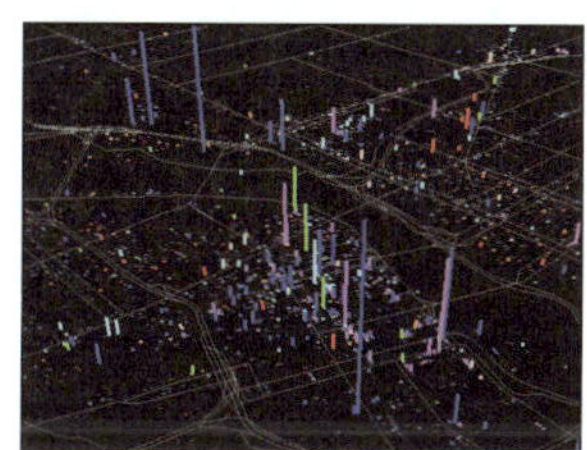

- 制造业
- 建筑业
- 公用设施
- 政府机构
- 金融机构
- 批发网点
- 零售网点
- 服务网点
- 农业机构

基于企业类型对柱子进行编码的颜色显示了用工规模最大的企业类型。

格局判别

在地图清晰表达信息的基础上，可以对地图的不同部分进行比较，来观察最高值和最低值在何处分布。观察最大值和最小值分布区域之间的转换，例如查找变化迅速或缓慢的区域，可以为进一步探究空间位置之间的关系提供帮助。

在格局认知中，通常需要了解数值集中或均匀分布的区域。下图中的亚裔美国人集中居住在三个区域。以该人群为主要客户的零售企业在广告投放方面就需要针对这些区域采取行动。

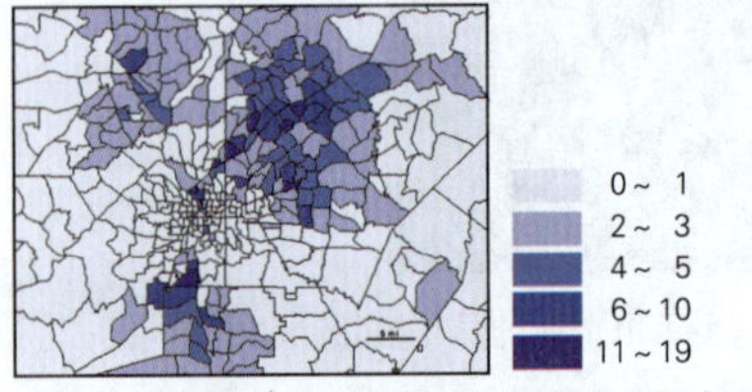

基于人口调查地块绘制的亚裔美国人所占百分比图。

数值可能集中在单个地点，或者散布于整个区域。在下面的上幅地图中，非裔美国人集中在五个人口调查地块，然后向外逐渐减少。相比之下，位于下幅地图中的西班牙裔人口呈均匀分布格局。以这些人群为目标客户的企业则需要相应建立新的商业网点。

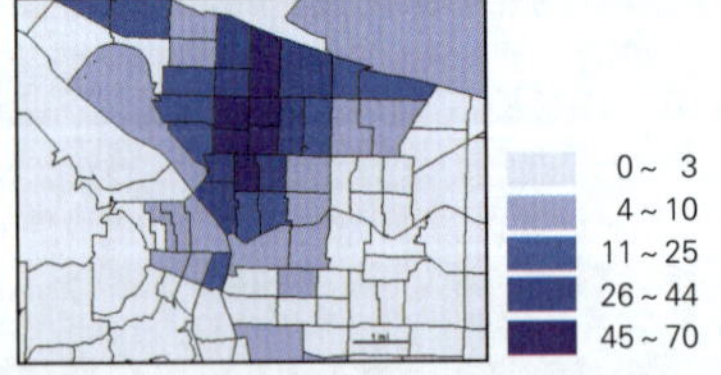

基于人口调查地块绘制的非裔美国人所占百分比图。

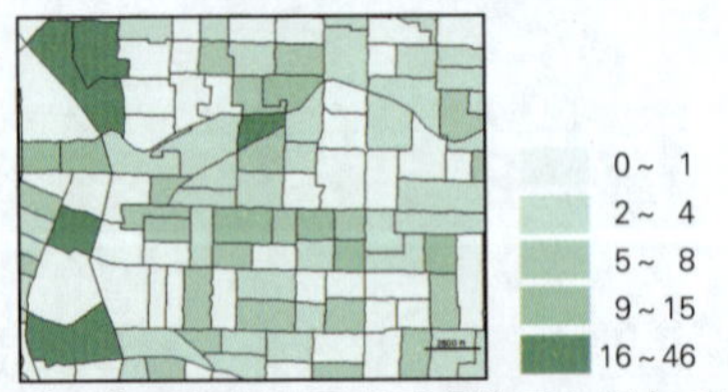

基于街区绘制的西班牙裔美国人所占百分比图。

掌握高值要素和低值要素分布位置的关系有助于理解人们或现象是如何活动的。如下面的上图所示（美洲原住民所占百分比），整个区域显现出由低到高的渐变趋势，或者在高值区域和低值区域之间存在明显界线将两者分开，如下图所示（白种人所占百分比）。社会学家可以从这些地图中得到有关这些区域中种族混居的不同类型的知识。

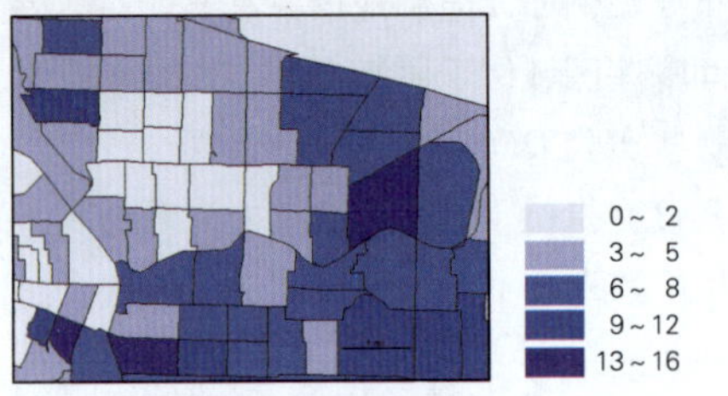

基于人口调查地块绘制的美洲原住民所占百分比图。

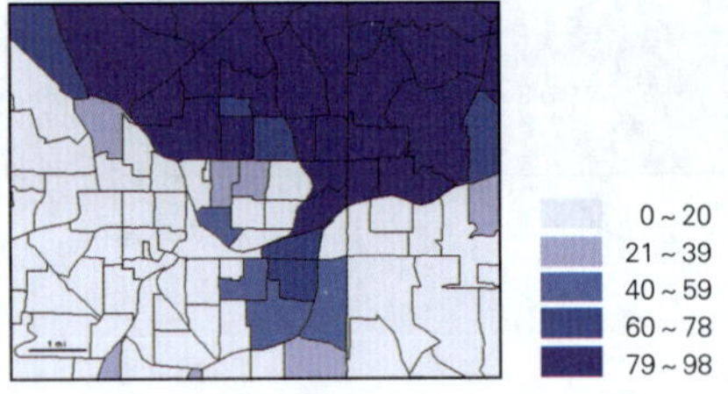

基于人口调查地块绘制的白种人所占百分比图。

整个区域内的数值变化可能在某些地方为突变，在其他地方为渐变。以下的家庭收入表面图可以为营销公司划定目标广告投放区域提供帮助。

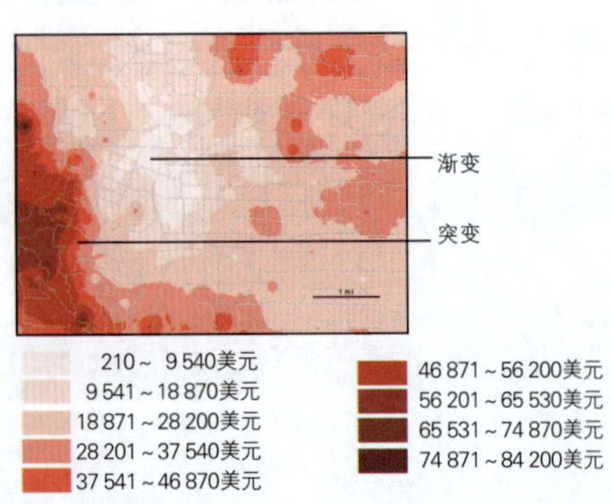

平均家庭收入。

一些要素可能和周围要素相脱离。在下图中，绝大多数企业的员工数量很少，只有一个例外。交通规划人员也许就需要了解员工格局的例外情况都分布于何处。

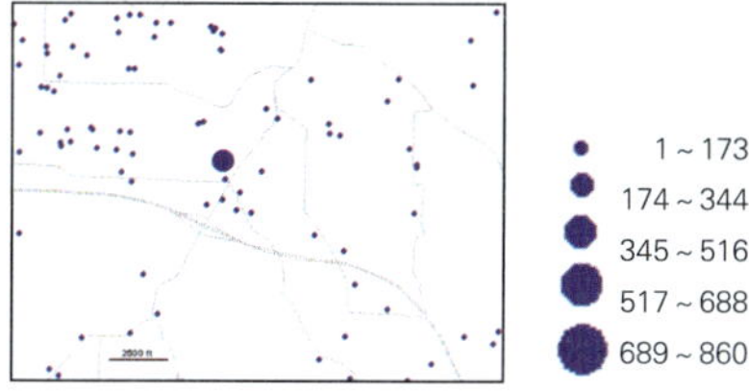

基于员工数量绘制的企业分布图。

如果进行区域汇总，则使用到的区域会影响在地图上观察所见的格局。使用一些大范围区域会掩盖细部格局特征。反之亦然，使用过多的小范围区域会导致出现过多的局部变异，从而掩盖整体格局。

通常情况下，数据汇总可以分为多个层次。使用其中一个就会影响所观察到的格局。在这些地图中，基于街区显示的位于左上角的高贫困程度（左图）在基于人口调查地块进行绘制后得到了平均化，如右图所示。

基于街区（左图）和基于人口调查地块绘制的贫困率分布图。请注意位于左上角的具有高贫困率的街区在进行数据累计和基于人口调查地块绘制后被合并了。

请注意，对小范围区域收集得到的数据可以进行汇总而应用于大范围区域，反之则不成立。例如，如果掌握了每个街区的学生数量，可以将某地块内每个街区的学生数量相加得到该地块的总数。但是如果只有每个地块的学生数量，则无法将它们分配到该地块的每个街区。

为了加深理解，可以显示包含相关信息的多幅地图。例如，如果需要了解一个区域内的美洲原住民的分布状况，可以创建显示基于人口调查地块绘制的总人口数量分布图，以及美洲原住民的人口数量、百分比和密度图。

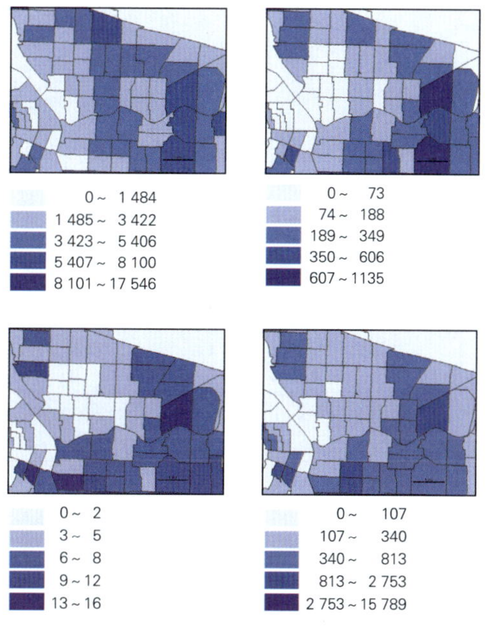

总人口数量分布图和美洲原住民的人口数量分布图（左上和右上图）显示人口数量。美洲原住民所占百分比图（左下图）显示总人口数量的比例，而密度图（右下图）则显示该区域内美洲原住民人口的分布状况。

4 密度制图分析

绘制要素的密度可以观察事物聚集的分布格局，有助于查找需要采取行动或满足特定标准的区域，或者监测变化条件。

本章的主要内容包括：

- 密度制图分析的目的
- 确定制图要素
- 密度制图分析的两种途径
- 指定区域的密度制图
- 创建密度表面

密度制图分析的目的

密度制图可以显示要素高度集中的区域。密度地图特别适用于格局判别，而非查找单个要素的空间位置。密度地图同样也适用于不同范围的制图区域。

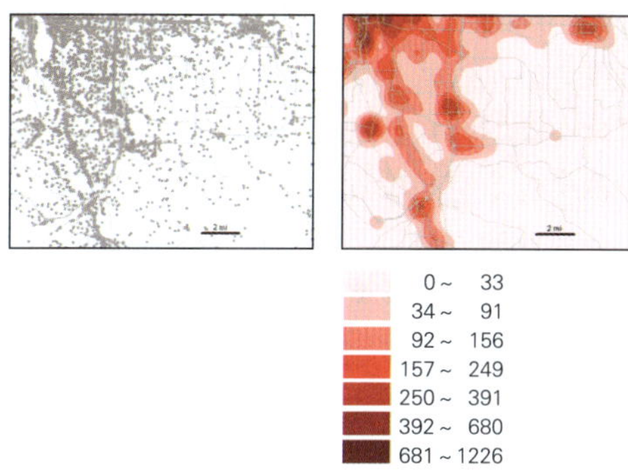

左图显示了企业的空间位置分布状况。密度表面（右图）则揭示了企业的聚集程度，而不是它们的单个空间位置。

虽然通过简单的要素空间位置制图也可以观察聚集情况，但是在布满众多要素的区域内，难以判别哪些地方比其他地方具有更高的聚集程度。密度制图使用统一的面积单位（例如公顷或平方英里等）来测算要素数量，因此可以清晰地观察其分布状况。例如，犯罪行为分析人员可以以平方英里为单位，绘制一年内的入室盗窃的密度分布图，用于比较城市的不同部分。交通规划人员可以绘制员工密度分布图来确定在何处设置交通站点，以便尽可能地靠近大多数目标人群。

密度制图尤其适用于范围大小各异的区域，例如人口调查地块或行政县。在显示每个人口调查地块的人口数量的地图上，范围较大的地块通常具有数量更多的人群。但是一些小范围地块在每平方英里面积上也可能居住更多的人口，即密度更高。

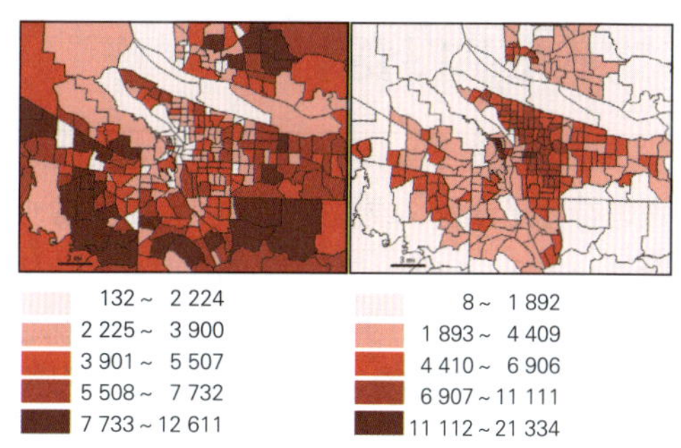

如果需要了解每个人口调查地块大约拥有多少人口，可以绘制总人口分布图（左图）。如果需要知道大部分人口都聚居在何处，则需要绘制人口密度分布图（右图，显示每平方英里的人口数量）。

确定制图要素

密度制图可以根据密度值对所定义的区域进行分层设色，或者创建密度表面。在地图制作之前，应该认真思考制图要素，以及需要从地图上获取的信息。这将有助于确定使用何种密度制图分析方法。

制图数据的类型

GIS可以用于绘制点或线密度分布图。通常，使用密度表面绘制这些要素。

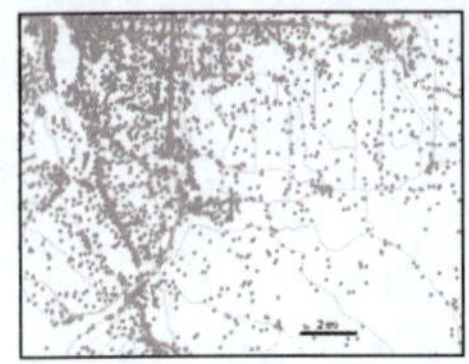
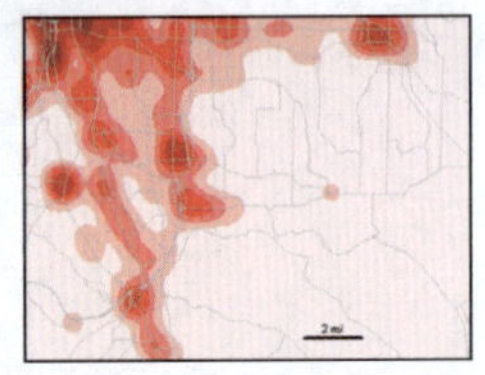

企业的空间位置，以及每平方英里的企业密度。

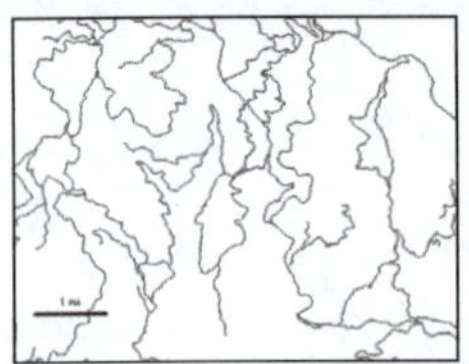
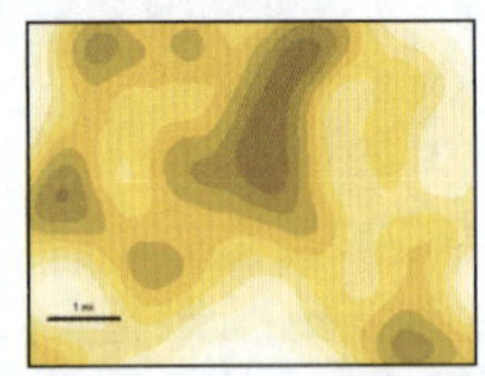

伐木道路，以及道路长度密度（单位：英尺 / 平方英里）。

或者，可以绘制已经在所定义区域进行汇总的数据，例如人口调查地块、行政县、林区或其他行政界线。

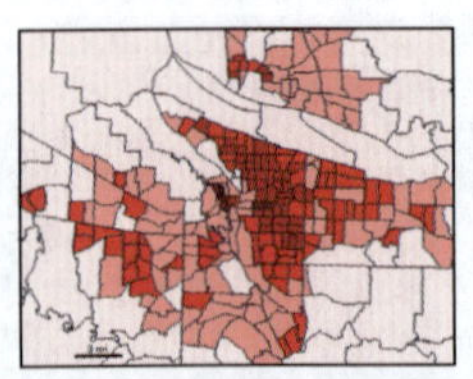

基于人口调查地块绘制的每平方英里的人口分布图。

要素或要素属性值的密度制图

密度制图可以绘制要素的密度（例如企业的空间位置），或要素属性值的密度（例如每个企业的员工数量）。这两者呈现的格局是不同的。下图显示了一个区域内企业的密度，以及这些企业的员工密度。在绘制员工分布图的时候，密度中心转移至右方，位于两个企业空间位置聚集区之间。左方则是单个企业的大量员工，由此形成了另一个密度中心。观察企业密度有助于销售人员制定走访路线，而员工密度则有助于交通规划人员在尽可能靠近大多数员工的地点设置交通站点。

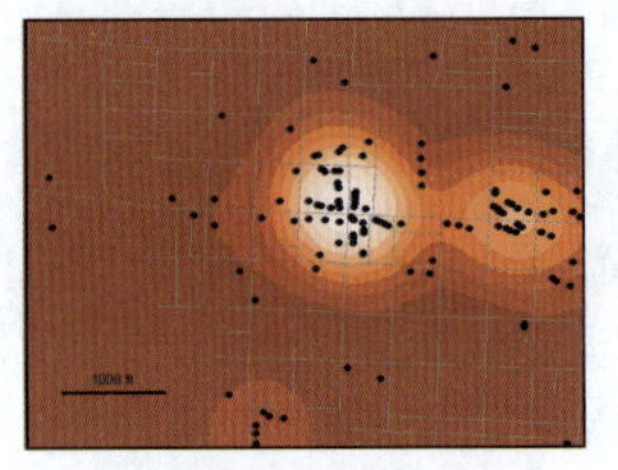

每平方英里的企业密度图。

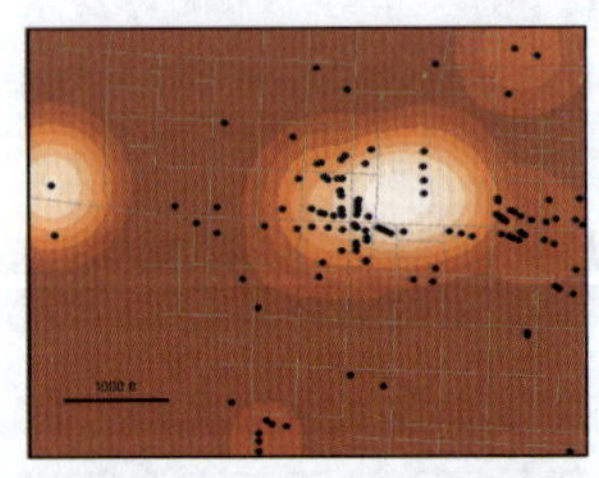

每平方英里的企业员工密度图。

密度制图分析的两种途径

尽管可以简单地绘制要素空间位置来观察它们聚集在何处，但是创建密度地图可以提供面向每个区域的密度测量工具，因此能够更加精确地比较不同的区域，或者了解某区域是否满足特定标准。通常，可以根据由指定区域汇总得到的要素创建密度地图，或者创建密度表面。

指定区域的密度制图

密度制图可以图形化操作，例如使用点图，或者为每个区域计算密度值。

点图可以用于表示由指定区域汇总得到的单个点位置的密度（例如人群、树木、犯罪行为等）。每个点代表要素的一个指定数目，例如1000人或10起入室盗窃案件。点在每个区域内是随机分布的，它们不表示确切的要素位置。点的集中程度越高，则该区域内要素的密度越高。点密度图显示了图形化的密度，而不是显示密度值。由于每个点所表示的要素数目已设定，当具有多个成群要素时，可以使用点密度图来表示密度（而非绘制每个单独的要素）。此外，点分布于整个指定区域，因此地图也易于理解。

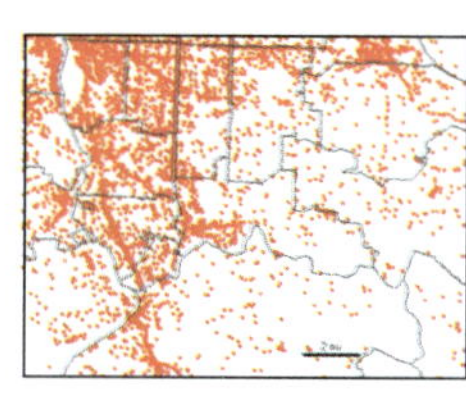

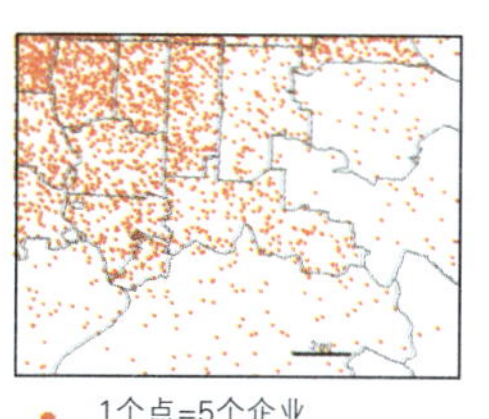

基于邮政编码汇总得到的企业空间位置（左图）以及企业数量。

要素的总数或要素的总值除以区域的面积可以计算得到每个区域的密度值。然后每个区域可以根据其密度值进行分层设色。此时，可以观察哪些区域具有更高的密度，但是无法识别指定的密度中心，尤其是在区域范围较大的情况下。

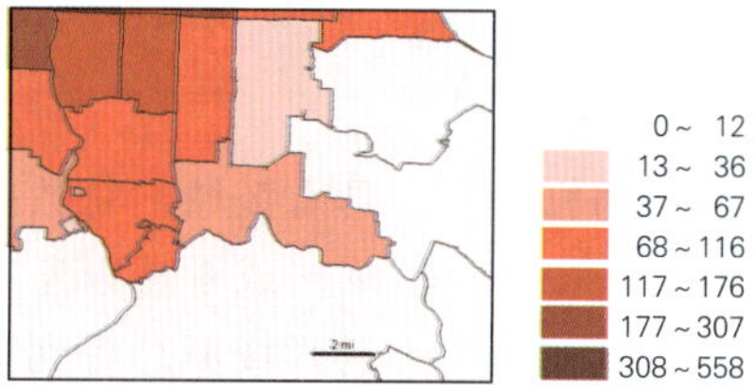

基于每平方英里的企业密度对邮政编码区域进行分层设色。

创建密度表面

密度表面通常在GIS中创建为一个栅格图层。根据单元半径范围内的要素数量，该图层的每个单元都获得一个密度值（如每平方英里的企业数量）。该方法可以提供较为详细的信息，但是需要消耗更多工作量。

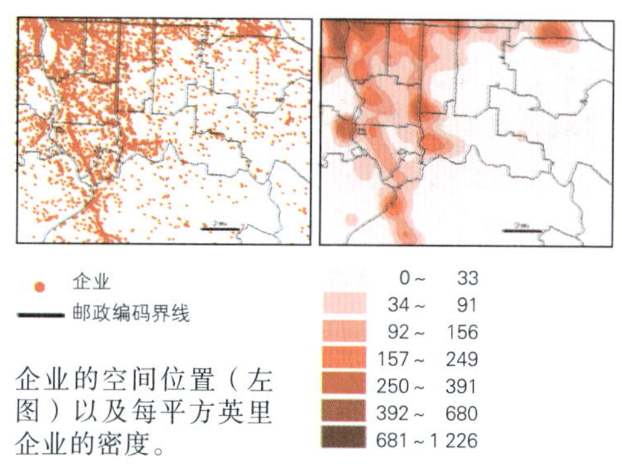

企业的空间位置（左图）以及每平方英里企业的密度。

创建密度表面可以源自单个点位置或者线状要素，如道路或河流。点数据可以是：

- 要素的空间位置，如客户、犯罪行为或者鹰巢。
- 所采集到的数据样点，如在湖泊采集到的水质样。它们通常呈规则分布，可用于绘制连续现象。

对于线状要素而言，密度通常是根据每单位面积长度生成。例如，每公顷伐木道路的总里程。

方法比较

方法	使用条件	输出结果	优缺点
基于区域的密度制图	具有区域汇总数据，或者可以通过区域汇总得到的点或线	分层设色的填充地图或点密度图	相对容易，但是无法精确定位密度中心，尤其是大范围区域；需要一些属性数据处理
创建密度表面	具有单个点位置、样本点或线	分层设色的密度表面或等值线图	确定更精确的密度中心，但是需要更多数据处理

方法选择

如果具有区域汇总数据，可以绘制指定区域，或者比较具有确定边界的行政或自然区域，例如人口调查地块或流域。

如果需要观察点或线要素的集中程度，可以创建密度表面。

在以下章节中将详细讨论这些方法。

指定区域的密度制图

如前所述，指定区域的密度制图有两种方法，可以使用点密度图来图形化显示每个区域的密度，或者计算每个区域的密度值并基于该值为相应区域分层设色。

计算指定区域的密度值

该方法根据每个多边形的面积范围来计算密度。首先，在要素的数据表中添加一个新字段来保存密度值。然后，将制图要素的属性值除以多边形面积得到密度值。如果密度单位与面积单位不同，则需要在计算中使用转换因子来将面积单位转换为密度单位。例如，如果基于每个人口调查地块绘制每平方英里的人口密度，并且每个地块的面积以平方英尺存储，则计算公式如下：

每平方英里的人口密度=
总人口数 / (总面积 / 27 878 400)

因为一平方英里等于27 878 400平方英尺。结果为每个地块的每平方英里的人口数量。

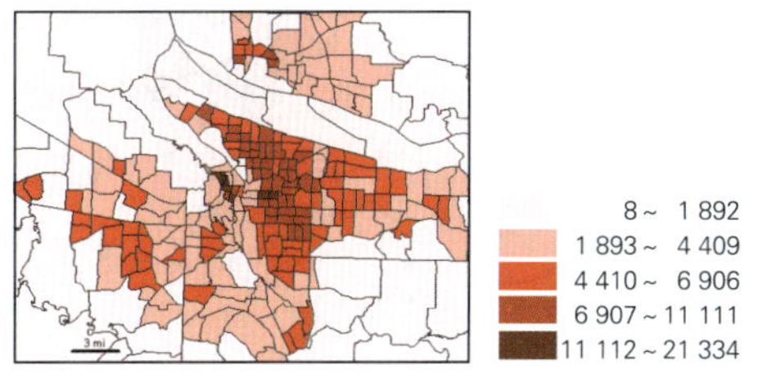

Tract	Area (sq ft)	Population	People per sq mi
406.02	406839193	4791	328
105.00	5345396639	4642	24
427.00	10332982	3442	9287
424.00	18704917	1067	1590
430.00	14282314	1610	3143
333.00	771357260	5974	216

基于人口调查地块绘制的人口密度图（单位：人/平方英里）。

指定区域的密度通常使用一系列色调和一到两种的颜色，以分层设色地图的形式显示。在本例中，密度被作为比率进行绘制。第3章最大值和最小值制图分析包含了有关指定类的范围和比率颜色的讨论。

诸如ArcGIS之类的GIS软件可以实时计算密度。在创建地图的时候，可以设定用于密度制图的值以及包含每个要素面积的属性。GIS计算密度值并相应地为每个区域分层设色。密度值并不存储在数据库中，它们只是临时数据。

请注意，每个多边形的密度值应用于整个多边形，在多边形内部任意位置的实际密度值可能与该值差异很大。在地图上，一些大范围的邮政编码区域具有很低的企业整体密度，但是其中也包含了企业密度非常高的地块。

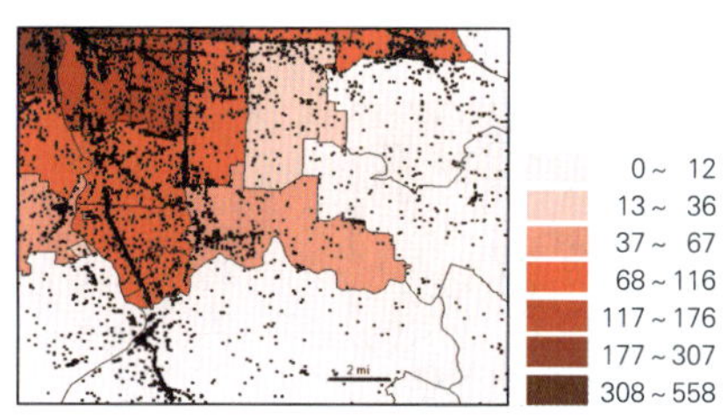

每个邮政编码区域的企业密度，以及企业位置。

创建点密度地图

使用该方法，可以根据总的计数或总量绘制每个区域，并设定每个点代表多少。GIS将多边形的值除以一个点所表示的数量，计算出每个区域需要绘制多少个点。例如，每个点表示200人，一个人口调查地块有6 000人，则GIS在该地块绘制30个点。GIS在区域内随机地放置这些点，这些点位置不表示要素的确切位置。

点图可以使读者较为直观地快速了解某地区密度分布状况。例如，两个不同范围的人口调查地块，但是具有相同数量的总人口，在分层设色图上用相同颜色表示，但是在点密度图上则显示范围较小的地块具有较高的密度，因为它在较小范围内拥有同样数量的点。

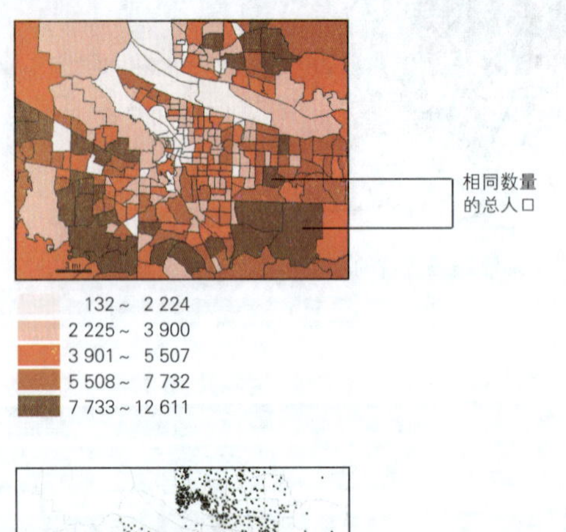

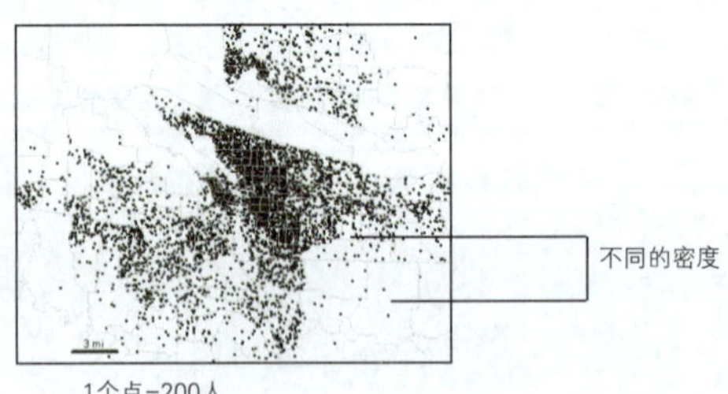

两个地块具有大致相等数量的总人口并使用相同颜色进行分层设色（上图）；点密度图（下图）显示了它们之间不同的密度。

点图可以简单地将密度进行图形化表示。点表示每个区域内的总数或总值，而不是计算过的密度值。

当创建一幅点密度图，需要设定每个点表示多少要素，以及点的尺寸有多大。需要对总量和尺寸的组合进行反复尝试，以便观察哪种组合可以更好地展示格局。

每个点所代表的数量越大，这些点的分散程度越高。因此对于数值的选择，需要确保点与点之间不会靠得太近，防止填满整个区域而掩盖格局，同时也不能分开的太远以至于无法识别密度中的变异。

通过改变点的尺寸可以突出显示格局特征。但是请确保点的尺寸不能过大，以至于在高密度区域内掩盖格局特征。

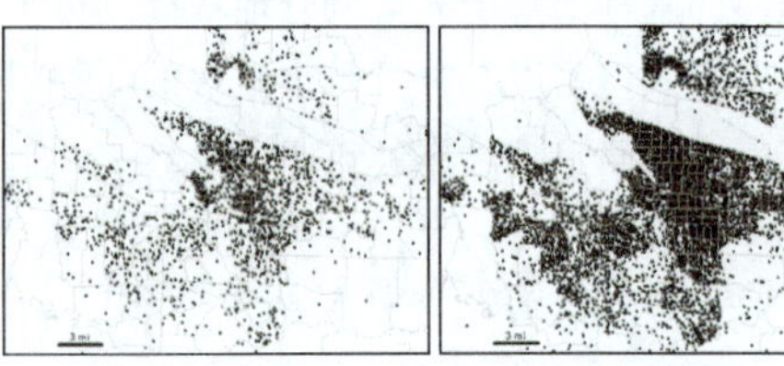

点表示的数量和尺寸均合适，显示了格局。

点表示的数量太小，掩盖了格局。

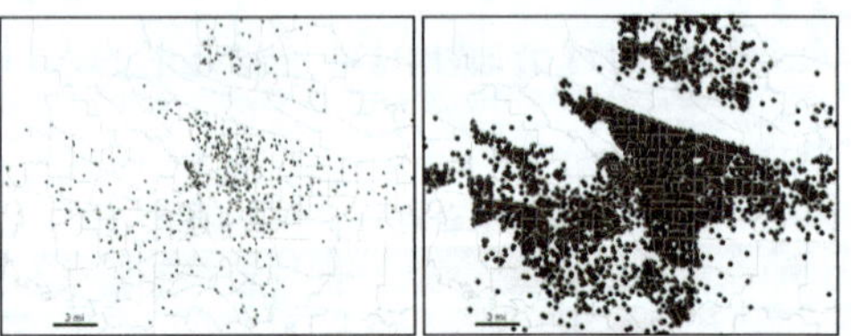

点表示的数量太大，点之间分开太远，无法显示格局。

点的尺寸过大，掩盖了格局特征。

制图区域的选择也会影响到格局。例如，基于人口调查地块绘制的密度从外观上看就与基于行政县绘制的密度有很大差异。

基于行政县绘制的家庭密度图（1个点=500个家庭）。

基于人口调查地块绘制的带有行政县界的家庭密度图（1个点=500个家庭）。

在创建点密度图时，经常根据小范围区域来显示点，同时绘制大范围区域的边界。该方法使得边界不会掩盖点。与基于行政县界使用点绘制的地图相比，该图所表达的密度视图更加真实。另外，应该在地图上阐明用于汇总数据的确切区域。

基于人口调查地块绘制的家庭密度图（1个点=500个家庭）。

基于人口调查地块绘制的带有行政县界的家庭密度图（1个点=500个家庭）。

如果是单个要素，但是需要绘制由指定区域汇总得到的密度

GIS可用于汇总每个多边形的要素或要素属性值。该功能可以比较区域并查找哪些满足特定标准，或者创建该区域的系列地图，例如基于人口调查地块绘制的总人口分布图、18～29岁人口所占百分比图、犯罪行为密度图等。如果犯罪行为基于人口调查地块绘制，而不是按单个点位置绘制，则会更易于观察其空间分布关系。该方法给每个点位置贴上其所处区域的ID号，累计每个区域的要素，以及要素总数除以区域范围（详细内容在第5章查找区域内部要素中介绍）。

创建密度表面

在GIS中，密度表面可创建为栅格图层——GIS计算图层内每个单元的密度值。密度表面适用于显示点或线要素汇聚于何处。

GIS的用途

在创建密度表面时，GIS围绕每个单元中心定义邻域（基于设定的搜索半径）。然后将所有落入邻域范围的要素数量相加，再除以邻域所含单元的数量。将该值赋予相应单元。结束后移至下一个单元重复以上操作。该方法生成每个区域的要素的运行平均数，用于创建平滑表面。

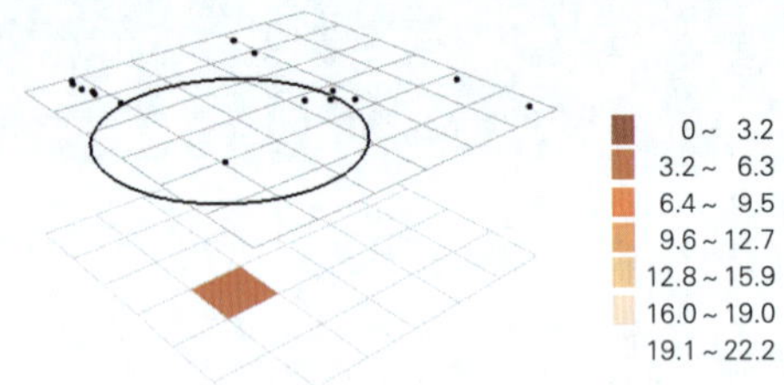

在100英尺搜索半径内，搜索邻域的面积为31 349平方英尺，或0.72英亩。该单元在其搜索邻域内拥有3个企业，因此它的密度值为3 / 0.72，或每英亩4.2个企业。该单元被归于第二级的类中。

如果使用数据值而非要素数量，GIS则将位于邻域内所有要素的值相加，然后除以邻域面积。因此，如果是基于每个企业的员工数量绘制员工密度图，则GIS首先确定位于邻域内的企业，并将这些企业的员工数量相加，然后除以邻域面积。

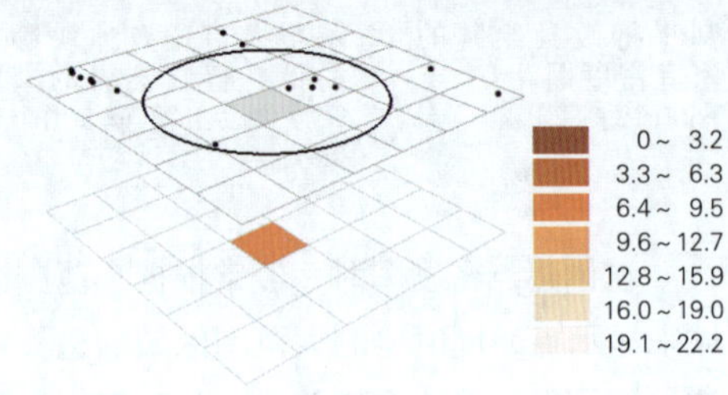

下一个单元在其邻域中拥有5个企业，其中3个是上一个单元所拥有的企业，加上另外两个企业。5 / 0.72 = 6.9，因此该单元被归于第三级的类中。

计算密度值

参数的设定会影响GIS计算密度表面的方法，以及它的格局结果。这些参数包括单元尺寸、搜索半径、计算方法和单位。

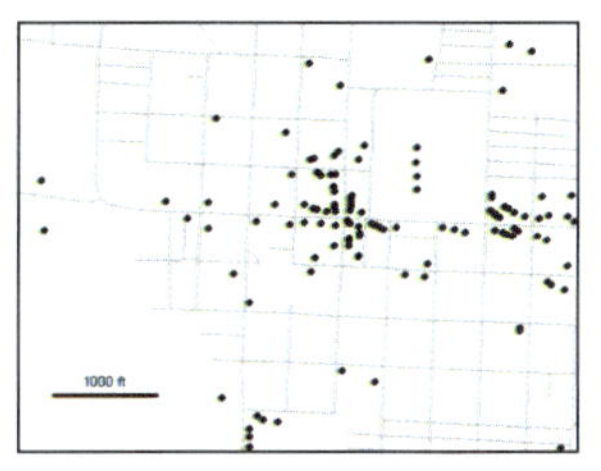

企业位置。

单元尺寸

单元尺寸决定了格局的清晰程度。单元尺寸越小，表面越光滑。但是由于需要的单元数量比大尺寸单元要多，因此生成的图层需要更久时间进行处理，并且需要更多的存储空间。

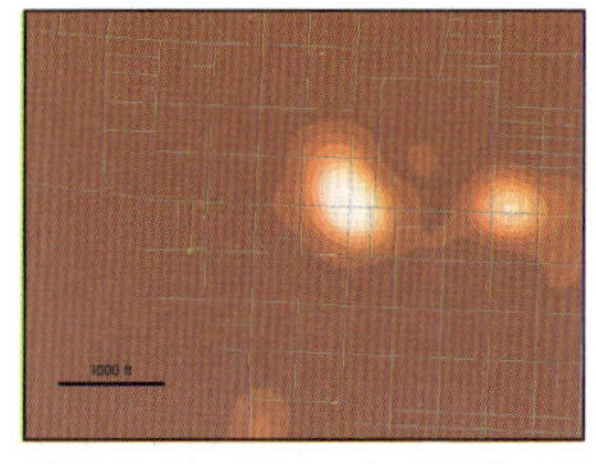

单元尺寸=5英尺；表面平滑，需要更长的处理时间。

单元尺寸较大的图层生成速度更快，但是表面会比较粗糙。如果每个单元包括许多要素，则格局的细部特征会被掩盖。

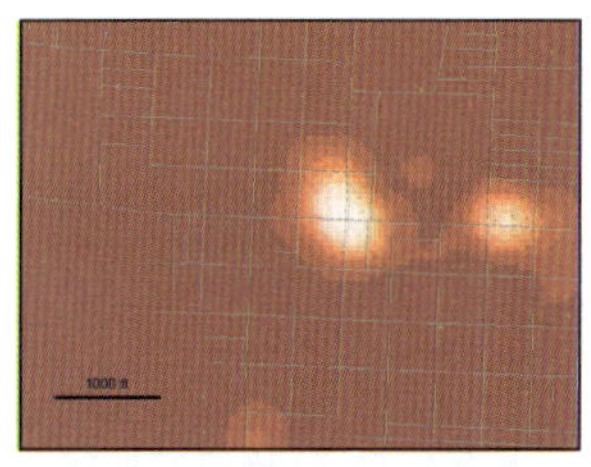

单元尺寸=50英尺；与使用更小单元尺寸得到的格局相同，但是处理时间快，存储空间小。

单元都呈正方形，单元尺寸设定为边长。通常情况下，单元尺寸的设定应使得每个密度单位有10～100个单元。例如，如果绘制每平方千米的人口数量，单元以米为度量单位，则单元尺寸应该在100～300 m。计算单元尺寸，可以先将密度单位（km^2）转换为单元单位（m），然后除以每个密度单位的单元数量，获得每个单元的面积。因为单元尺寸由该单元的边长确定，可以对单元面积开平方得到。例如，使用每个密度单位100个单元：

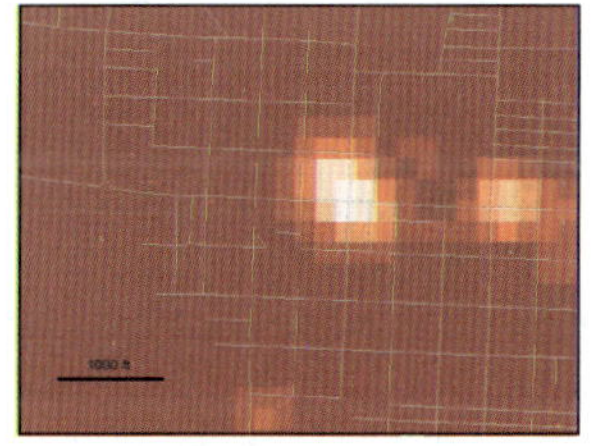

单元尺寸=200英尺；单元尺寸过大，格局细部特征开始消失。

1. 将密度单位转换为单元单位

$1\ km^2 = 1\,000\ m \times 1\,000\ m = 1\,000\,000\ m^2$

2. 除以单元的数量

$1\,000\,000\ m^2 / 100$（单元数）$= 10\,000\ m^2$（每单元）

3. 取平方根得到单元尺寸（边长）

$$\sqrt{10\,000\ m^2} = 100\ m$$

搜索半径

通常，搜索半径越大，密度表面中的格局综合程度越高。搜索半径越大，GIS在计算每个单元值的时候需要考虑的要素越多。要素的数量（或者是要素数据值的总数）也被相应的分配到更大范围的区域中。较小的搜索半径通常显示更多局部变异。但是，如果搜索半径过小，会导致绝大多数单元的密度值很低，因此数据中的大范围格局将无法显示。

搜索半径单位和密度单位不需要一致。可以计算每平方英里的密度，而以英尺为单位设定搜索半径。

每平方英里的企业密度

搜索半径=20英尺，格局难以识别。

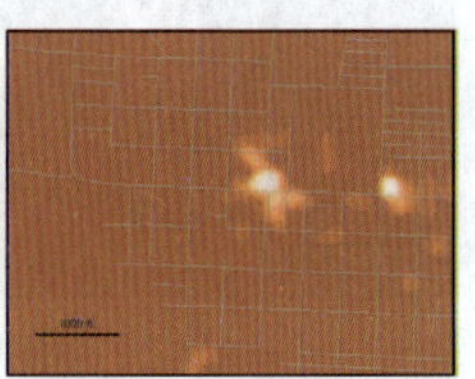

搜索半径=200英尺，显示详细格局。

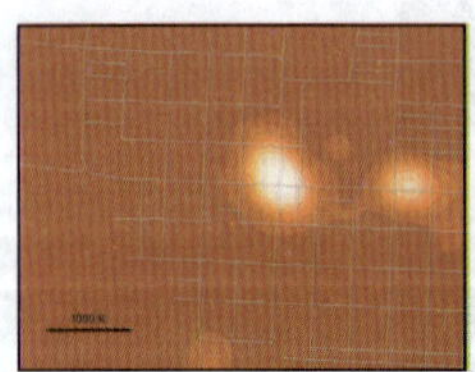

搜索半径=500英尺，格局的综合程度变高。

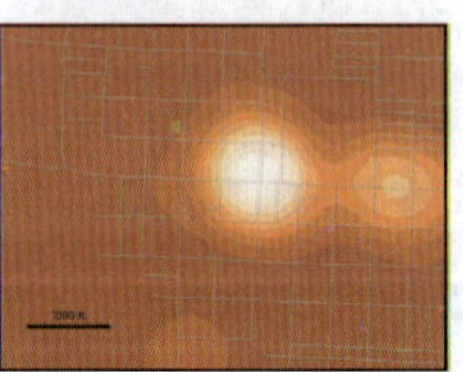

搜索半径=1 000英尺，格局综合程度过高，细节特征消失。

计算方法

GIS计算单元值有两种方法。较简单的方法只计算每个单元搜索半径内的要素。其结果是一系列彼此重叠，围绕在每个单元周围的环。在搜索半径内没有要素的单元不被赋值。

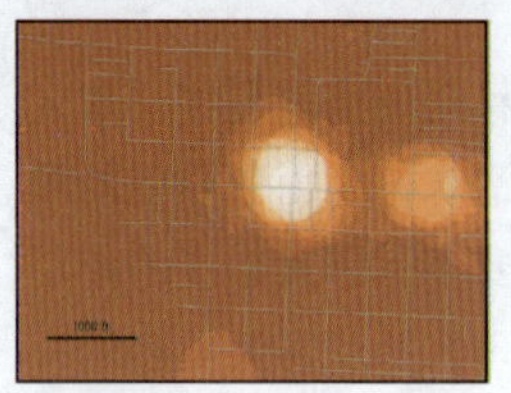

简单计算。

加权方法使用数学函数赋予靠近单元中心的要素更高的权重。而超出搜索半径的要素的权重迅速降低。图层中的每个单元均经过计算和赋值（尽管距离要素过远的单元的值非常小）。其结果是更加平滑，综合程度更高的表面。在实践中，使用加权方法生成的格局图更易于解读。

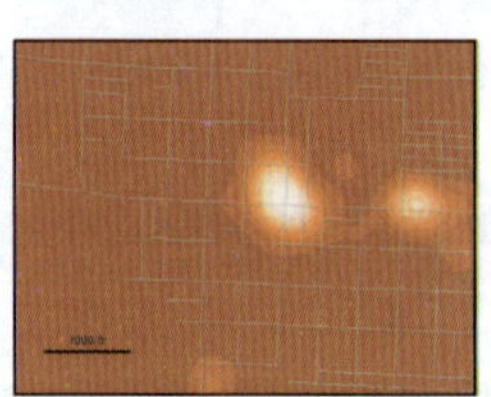

加权计算。

单位

GIS可以设定计算密度值的面积单位，单位的选择应该考虑制图要素的特点。例如，使用平方米比较适合绘制植物或昆虫，因为在每平方米中这些种类的数量较多，而公顷或平方英里则比较适合企业或人群。

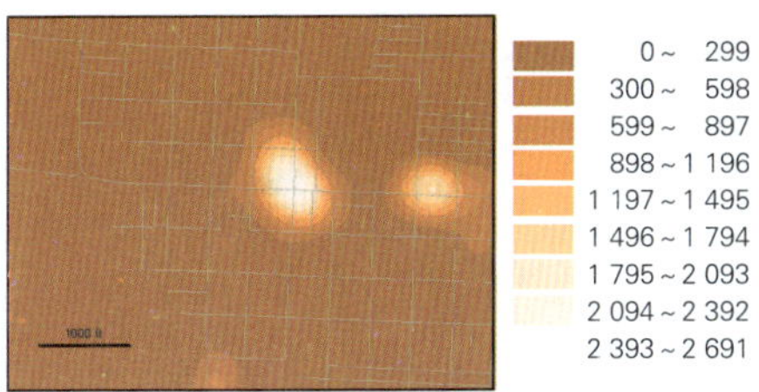

每平方英里的企业数量。

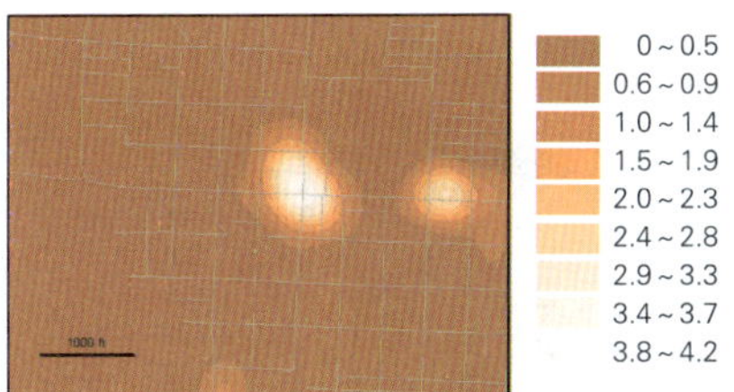

每英亩的企业数量。

如果面积单位和单元单位不同，则图例里的值会被外插——在制图区域内不会有那么多要素。如果面积单位是平方英里，这些值会显示在一平方英里范围内要达到该密度需要多少企业数量。在本例中，大约1平方英里制图区域包含130家企业。地图使用平方英里作为密度测量单位，意味着实际上企业的数量更多。使用英亩为面积单位所获得的值更加接近实际，并且不会改变地图的空间格局。

数据由指定区域汇总得到，但是需要创建密度表面

根据赋予每个区域的值创建密度表面，可以使用指定区域的中心点，或“质心”，例如邮政编码，尤其适用于均匀分布的数量很多的点。例如，可以使用人口调查地块的质心来创建人口的密度表面，从而突出显示地图格局并且将重点从单个多边形转移开。

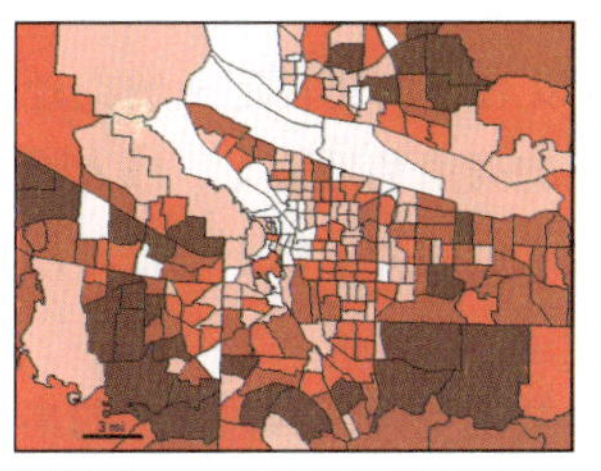

根据总人口分层设色得到的人口调查地块。

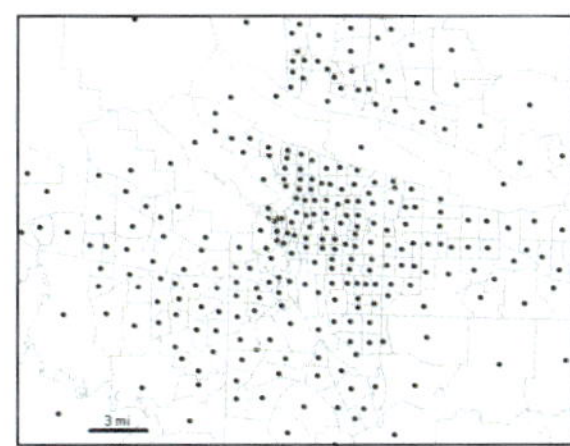

Tract	Population
402.00	8526
403.00	3583
404.01	8251
405.01	8651
404.02	10302
335.00	2577

人口调查地块质心，附上人口数据值。

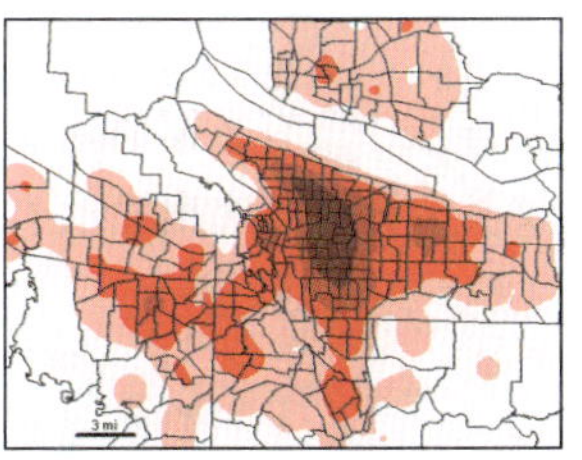

由人口调查地块质心生成的密度表面，为了便于比较，显示了人口调查地块边界。

显示密度表面

密度表面的显示可以是等级颜色或等值线的形式。

使用等级颜色

在有其他表面图层的情况下，由于每个单元只能具有一个密度值，因此需要对这些值进行分类来识别格局。

在GIS中，可以通过创建自定义的类范围（即指定每个类的高值和低值），或者设置标准的分类方法来创建类。以下是最常用的分类方法：

自然间隔法，类的范围根据数据值的集合特征来设定。在右图所示的案例中，该分类结果突出显示了最高密度值的区域，并且揭示了细部格局特征。

分位数法，每个类中具有相同数量的单元。在本例中，大多数单元都被归于高级别的类中，从而掩盖了高级别的密度中心。

等间距法，每个类中的最高值和最低值之间的差距相等。在本例中，高密度区域得以突出显示，但是数据的细部格局特征无法识别。

标准差法，根据图层中所有数据值到平均数的标准差来定义类。该方法突出显示了具有过高或过低值的区域。

每平方英里的员工数量

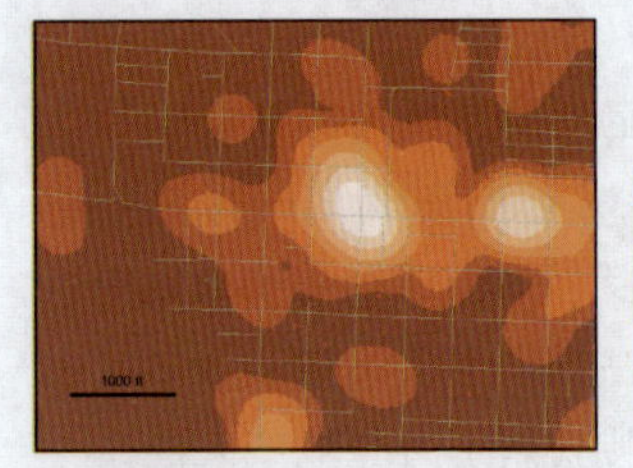
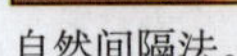
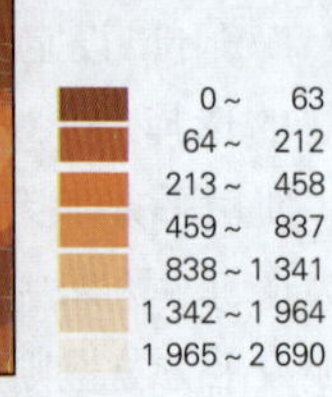

自然间隔法。

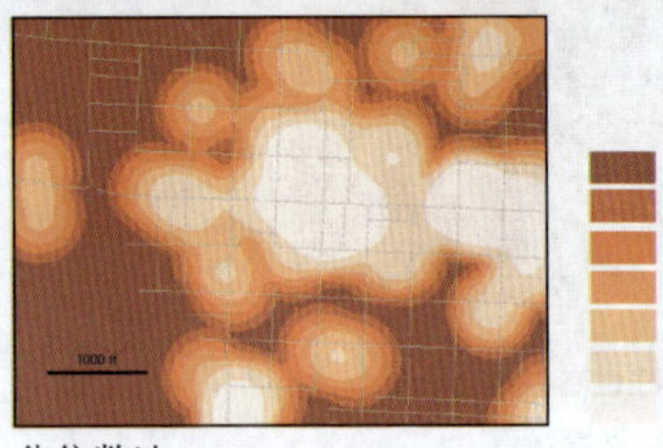
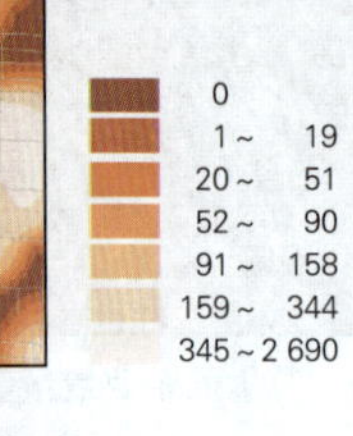

分位数法。

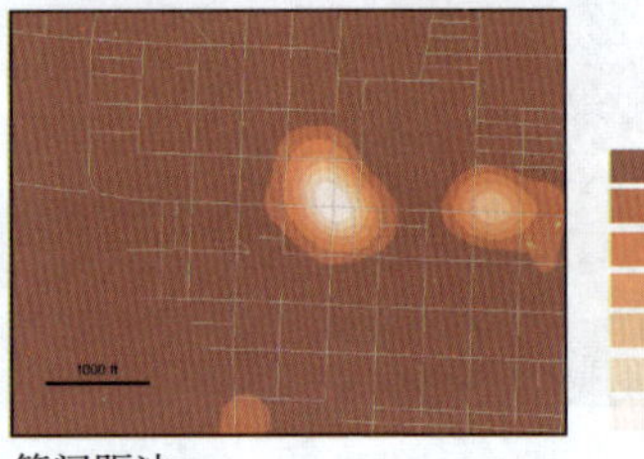
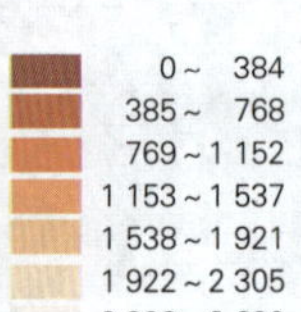

等间距法。

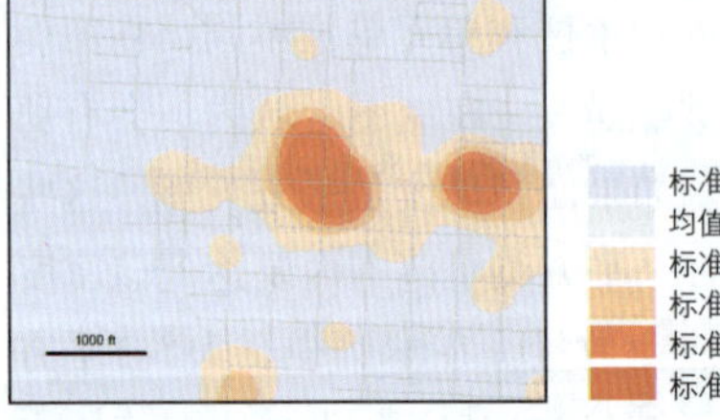

标准差法。

在GIS中可以指定赋予密度值的类的数量。类越多，所创建的地图外观越平滑。但是，使用过多的类，例如超过15个，并不能为地图增加新的信息，因为颜色开始混合在一起，使得类与类之间难以区分。使用过少的类（少于3～4个）会突出显示密度最高的区域，但是无法显示格局细部特征。

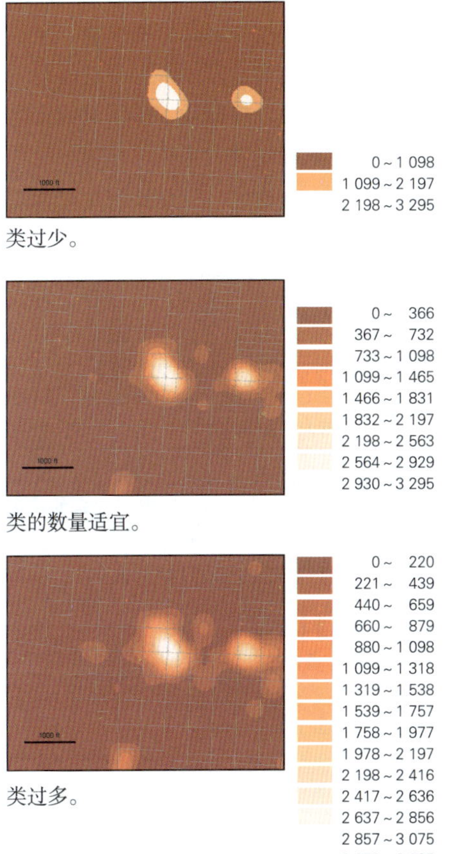

类过少。

类的数量适宜。

类过多。

每平方英里的企业数量。类的数量多可以使得格局细部特征清晰可见。

密度表面通常使用单种颜色的不同色调来显示。如果使用标准差分类法，可以使用一种颜色的色调表示位于平均数以下的值，用另一种颜色的色调表示位于平均数以上的值。

典型情况下，高值区域使用深颜色显示，因为绝大多数人将更深等同于“更多”。但是，对高密度使用浅颜色也可以创建有效的地图，读者的眼球会从低密度区域转移至高密度区域。

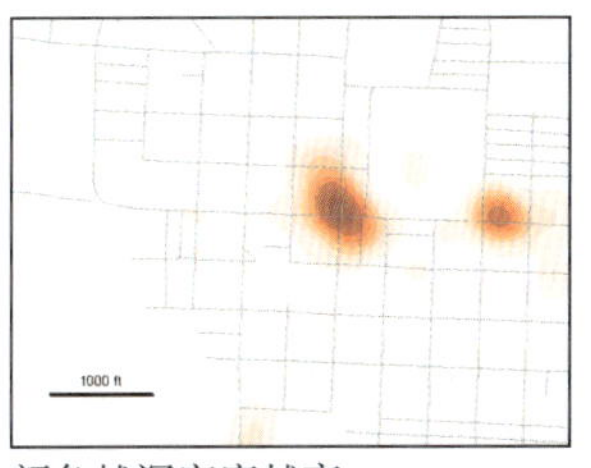

颜色越深密度越高。

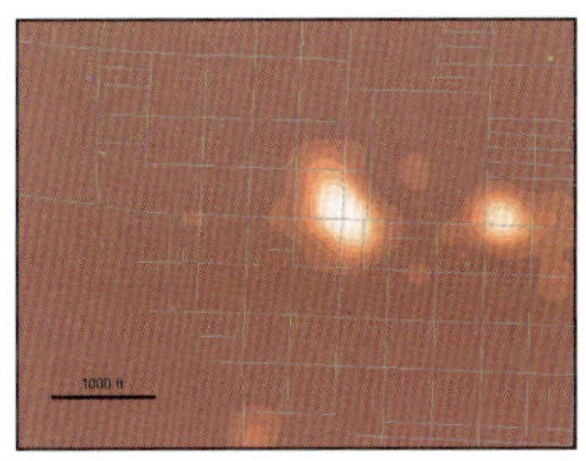

颜色越浅密度越高。

使用等值线

等值线连接表面上具有相同密度值的点。包括ArcGIS和ArcView在内的绝大多数GIS软件都可以由表面自动创建等值线。只需要设定等值线间隔即可，即等值线的值相隔多大。

等值线适用于显示贯穿表面的变化速率，等值线越密集，表示变化越迅速。

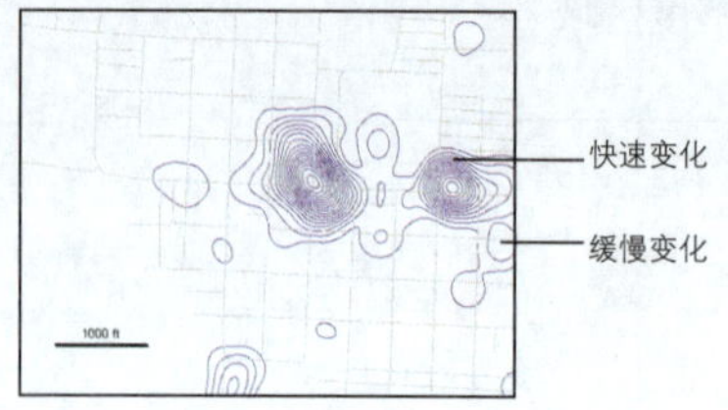

每平方英里的企业数量，等值线间距为200。

所选择的间距需要能够显示变化较小区域的格局，并且使得等值线在变化较大区域不会过于密集。关于这点，没有硬性标准，完全取决于表面值的变化速度和变化大小。

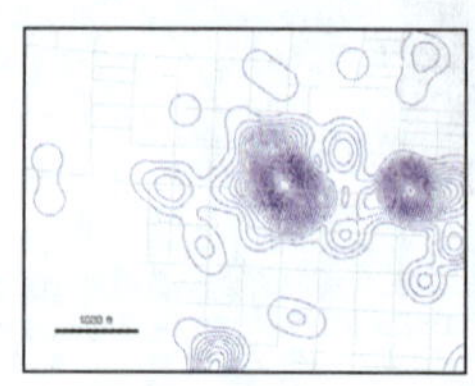

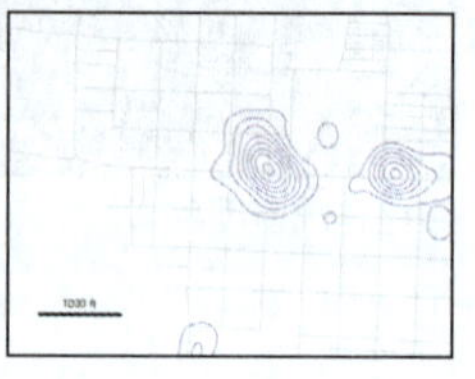

在左图中，细部格局特征很明显，但是等值线在高密度区域难以区分。在右图中，等值线易于区分，但是丢失了细部信息。

等值线与分层设色的密度表面相结合，可以使读者快速观察高密度区域及其变化速率。

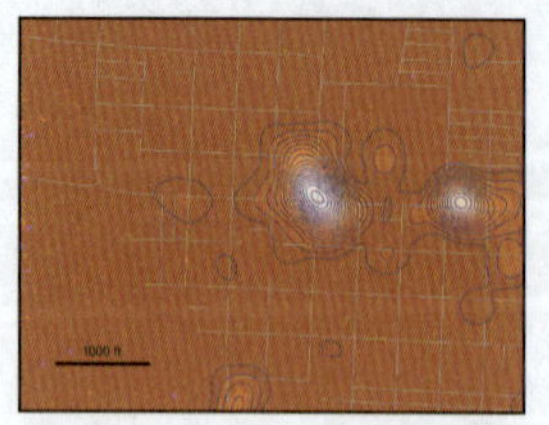

结果分析

呈现于地图上的格局在一定程度上取决于创建密度表面的方式。例如，以下两幅地图显示了林区内伐木道路的密度，即每英亩所含道路长度。左图使用小的搜索半径创建，显示出多个密度中心。右图使用大的搜索半径创建，显示唯一的高密度区域。从事野生动物研究的生物学家如果要寻找保持原始状态的地区，可以根据伐木道路对特定物种影响的假设来设置搜索半径。如果该物种对道路的存在十分敏感，则需要使用更大的搜索半径。

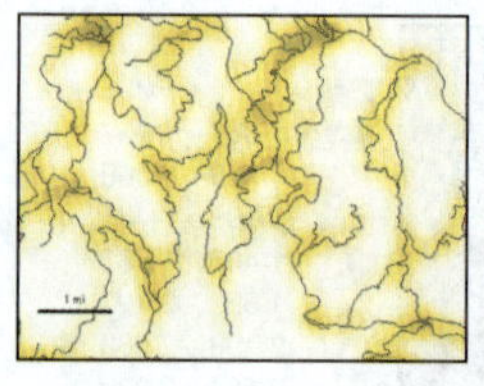

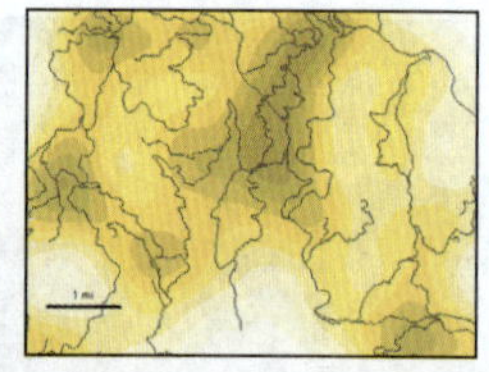

伐木道路密度。左图使用小的搜索半径，显示出更多局部变异；右图使用大的搜索半径，显示概括程度更高的视图。深色表示高密度。

密度表面可以显示一个区域内的值是如何变化的。下图显示了每平方英尺的土地价值。地图的右半部分显示土地价值变化很小，而左半部分显示变化程度增加，说明随着密度变化程度的增加，该区域的土地利用变化也相应增加。

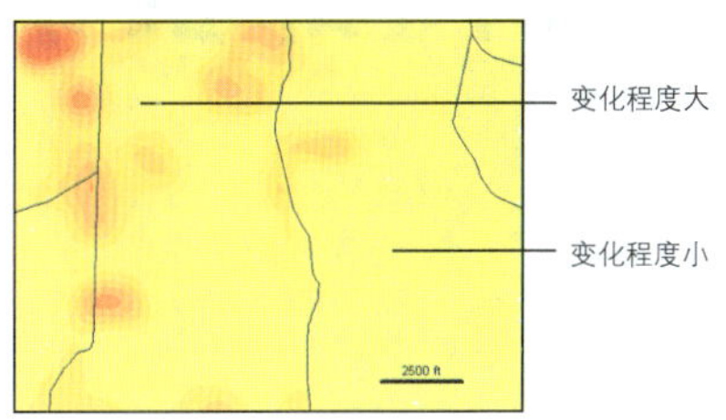

每平方英尺的土地价值密度表面，并显示主要道路。

密度表面的格局也会受到样点分布的影响。样点多且分散可以增强格局的有效性。请注意，样点之间区域的值为估计值。

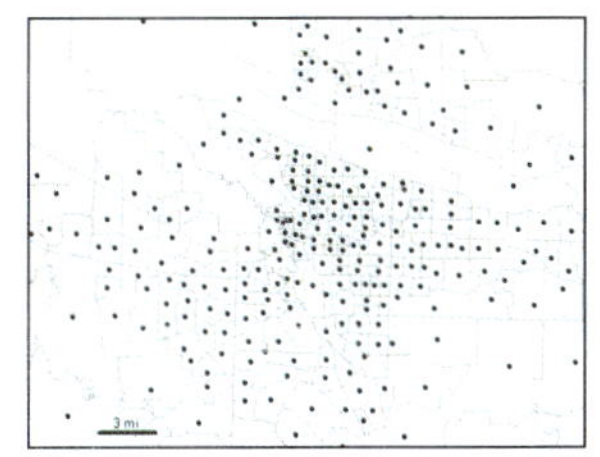

人口样点分布图（人口调查地块质心）。

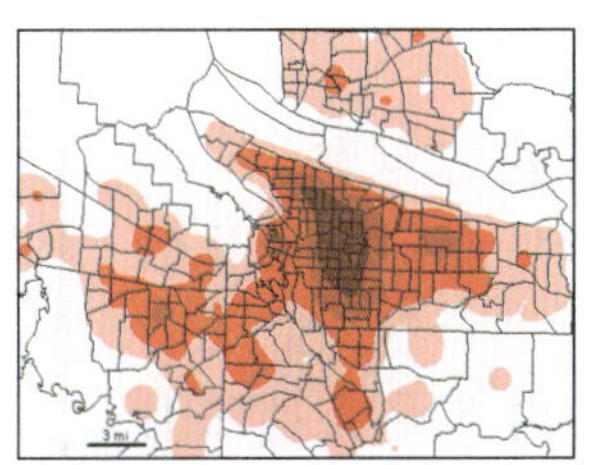

基于人口调查地块质心的人口密度，具有充足的规则分布的输入点的区域内的值要比样点少的区域内的值更精确。

请注意，在高密度区域有可能没有实际的要素，因为GIS是根据每个单元的邻域计算数值。在下面的员工密度图上，位于高密度值的单元上没有企业，因此也没有员工（位于地图右边的浅色区域）。在本例中，高密度区域落在几个主要企业之间。但是，对于左边区域，由于周围没有其他主要企业，因此高密度区域位于该企业上。

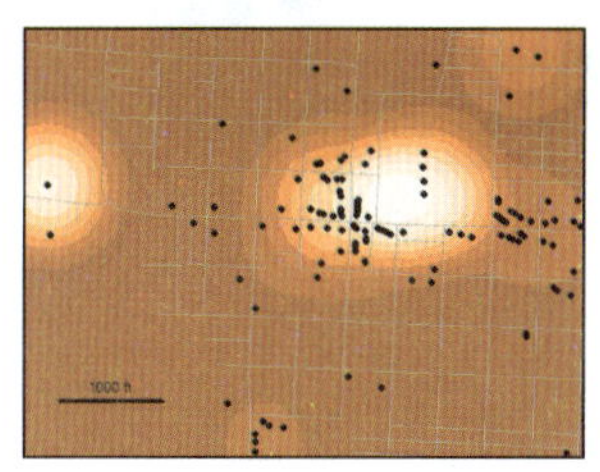

企业位置以及这些企业的员工密度表面（每平方英里的员工数量）。

当创建密度表面时，内插处理可以综合和平滑数据，因此极高值和极低值会消失，便于格局判别。但是如果要进一步深入了解该区域，应该在计算密度表面的同时也绘制要素的位置，在密度表面或单独地图上均可。

5 查找区域内部要素

查找区域内部要素可以判别某个事件是否发生在某区域内部，或者给每个区域汇总信息，以便比较它们。

本章的主要内容包括：

- 区域内部要素制图的目的
- 定义分析
- 查找区域内部要素的三种方法
- 绘制区域和要素
- 在区域内选择要素
- 区域和要素的叠加

区域内部要素制图分析的目的

绘制区域内部要素可以监测区域内部所发生的情况，或者基于多个区域内部要素对这些区域进行比较。

监测区域内部状态有助于决定是否采取行动。例如，地方检察官可以审查与毒品相关的逮捕行动，如果发现逮捕地点在学校周围1 000英尺以内，则判处严厉刑罚。消防队长可以绘制由化学品溢漏产生的有毒烟雾扩散的区域，用于观察哪些疏散地点在烟雾覆盖区域之外，从而了解往何处输送撤离人群。

对于多个区域，汇总各个区域内部要素可以对这些区域进行比较，观察某种事物在各区域内分布的多或少。例如，警察局长可以按月创建每个报告辖区内的入室盗窃的分布图，并观察其中的犯罪行为高发地点。保护组织可以查找原始森林在哪些流域的保存面积较大，以便确定目标保护区。

定义分析

查找区域内部要素，可以通过在要素顶层绘制区域边界来实现，使用区域边界选择位于其内部的要素，并且列出或汇总它们，将区域边界和要素相结合来创建汇总数据。

所采用的方法取决于分析所用的数据，以及需要从分析中获得的信息。

分析数据

需要考虑分析中所涉及的区域数量，以及这些区域内部所包含的要素类型。

查找单个区域内部要素还是多个区域内部要素?

可以查找单个区域的内部要素，或者多个区域中各个区域的内部要素。

单个区域

查找单个区域内部要素可以监测有关该区域的活动或汇总信息。单个区域包括：

• 中央设施所覆盖的服务区，例如图书馆区或消防响应区等。

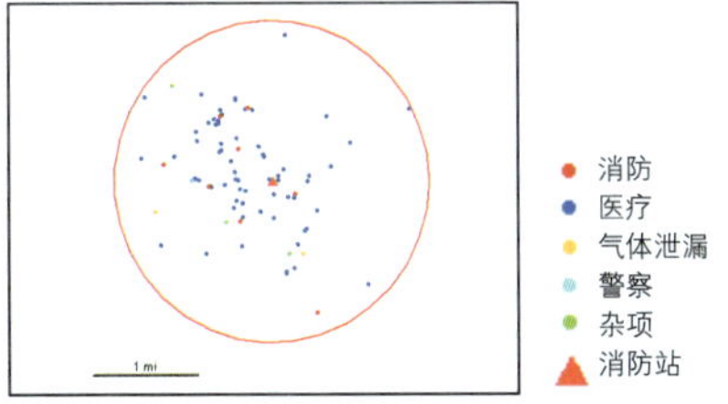

在消防站1.5英里范围内的911应急电话。

• 设置围绕一些要素的一定距离所生成的缓冲区，例如禁止伐木的河流缓冲区。

围绕河流的200英尺缓冲区，显示禁止伐木区域。

• 行政或自然边界，例如警察巡逻区、宗地地块、或流域。

某宗地地块内部的土壤类型。

• 手绘区域，例如建议的销售地区。

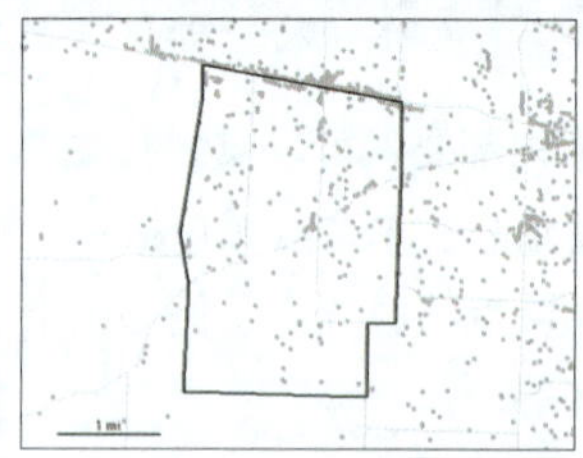
位于建议的销售地区内部的客户。

• 模拟结果，例如在GIS中模拟的冲积平原的边界。

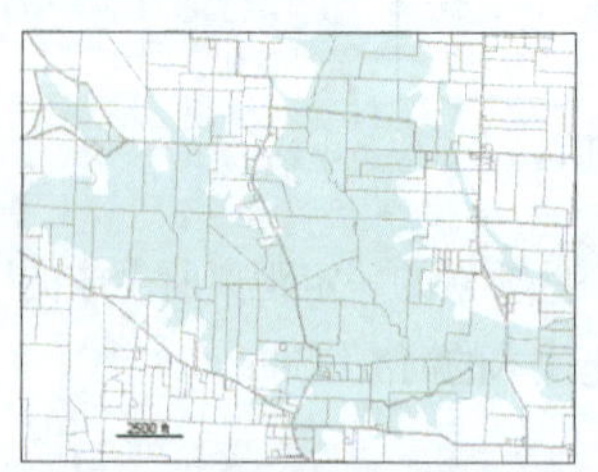
由百年一遇的洪水所形成的冲积平原内部的地块。

也可以查找多个区域内部的要素，这些区域可以看作一个区域，例如，在一组邮政编码区域内部的企业数量。

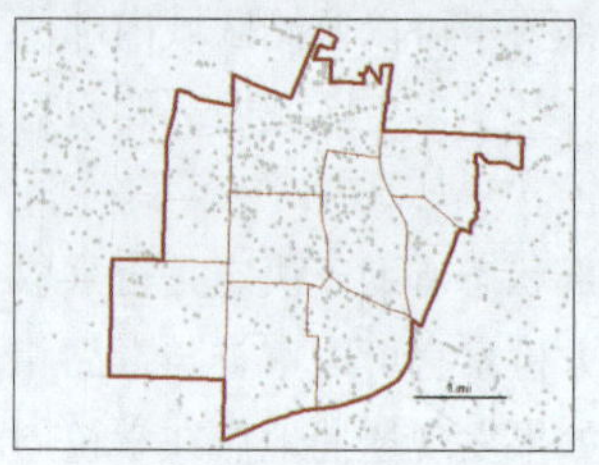
一组邮政编码区域内部的企业。

多个区域

在多个区域中查找各区域所含某要素的多少可以对这些区域进行比较。这些区域可以是：

• 连续型，如邮政编码区域或流域。

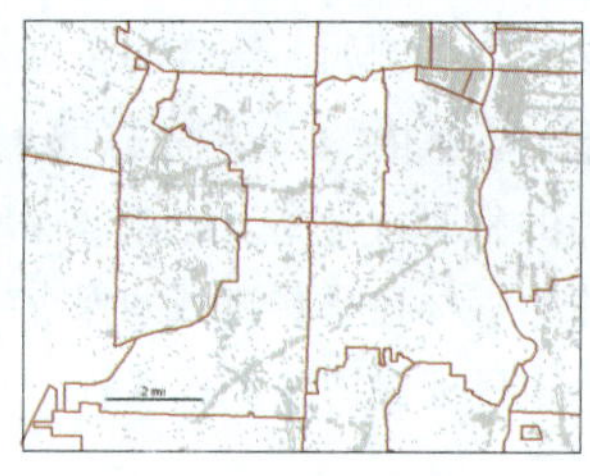
邮政编码区域是连续的。

• 分离型，如国家公园。

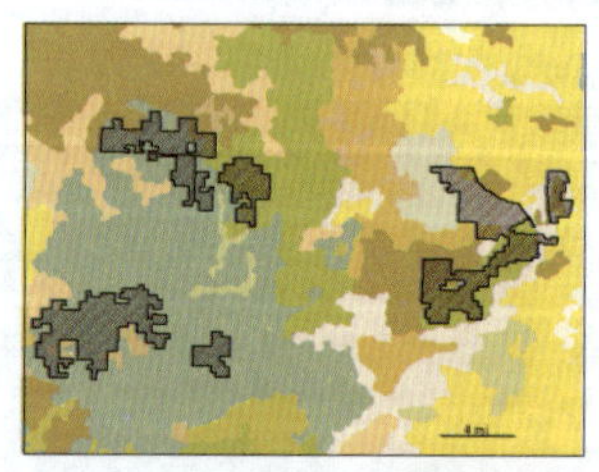
这些国家公园的边界都是相互分离的。

• 嵌套型，例如由50年或100年一遇的洪水所形成的冲积平原，或者距离某商店1英里、2英里和3英里范围内的区域。

可以使用名字来标记每个区域，例如给流域命名，或者赋予唯一标识数值，例如人口调查地块编号。

区域内部要素是离散还是连续的?

离散要素是唯一的、可识别的要素。可以对它们进行列举或计数，或者对与之相关的数值型属性特征进行汇总。它们可以是点位置，如学生住址、犯罪行为发生地或鹰巢；也可以是线状要素，如河流、管线或道路，也可以是离散区域，如宗地地块。

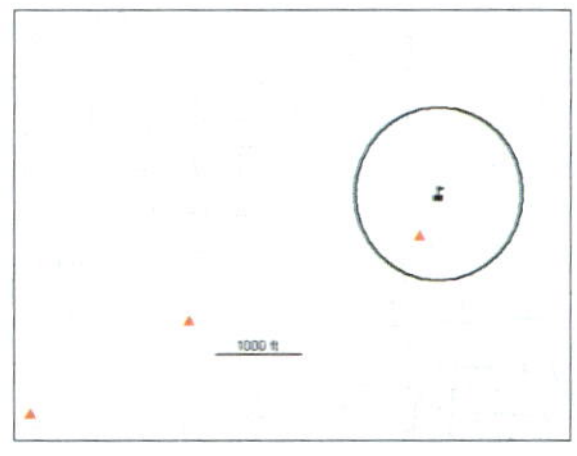

点位置——在学校附近所进行的与毒品相关的拘捕行动地点。

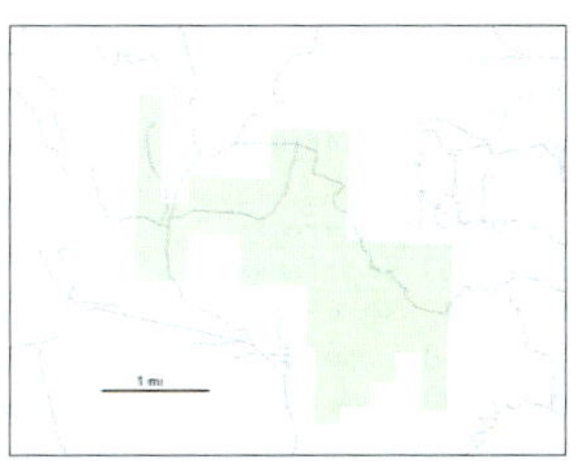

线状要素——穿越保护区的道路。

离散区域——位于冲积平原内部的地块。

连续型要素代表无缝连续的地理现象。可以为每个区域汇总要素。连续型要素包括：

- 空间连续类别或类，如植被类型或高程范围。可以查找每个区域内部每个类别或类出现数量的多少，如每个流域中各种植被类型的总量。

由连续型类别表示的土壤类型。

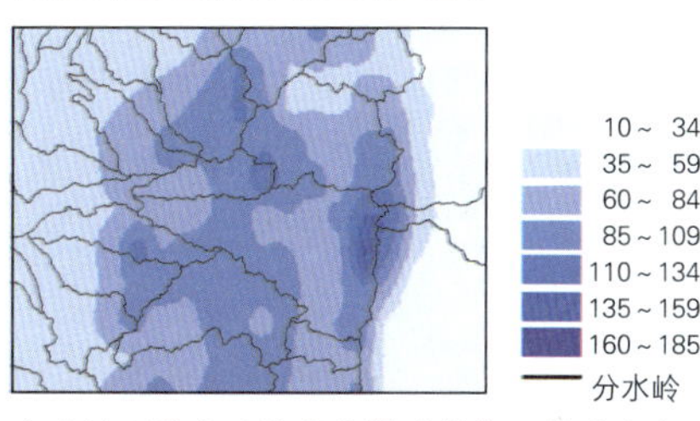

由连续型类表示的降水带（单位：英寸/年）。

- 连续型数值。它们是贯穿表面的连续变化的数值。可以是测量值，如温度、高程或降水量。也可以是使用GIS从其他数据衍生而来的值。土地价值表面、道路密度表面或栖息地适宜性图都是连续型数值的范例。

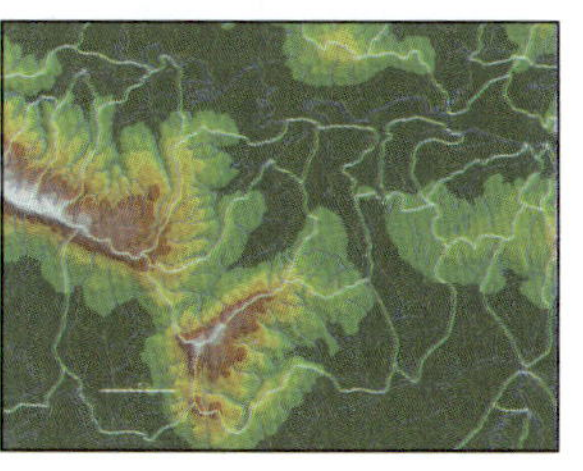

高程可以表示为连续型数值表面。

需要从分析中获得的信息

分析所需要得到的信息将有助于确定使用哪种方法。

是否需要列表、计数或汇总?

GIS可用于查找某个要素是否位于某区域内部；获得位于某区域内部所有要素的列表；查找位于某区域内部要素的数量；或者根据要素属性汇总某个或多个区域内的要素。

例如，位于冲积平原内的宗地地块，可以：

• 查找某地块是否位于冲积平原内部。

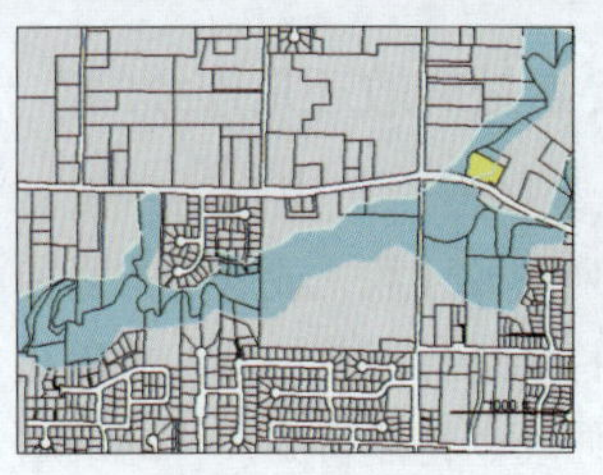

Land Value	Bldg Value	Bldg SqFt	Year Built	Landuse
54630	82350	1756	1952	Single Family
53720	103480	2896	1954	Single Family

• 获得位于冲积平原内部所有地块的列表。

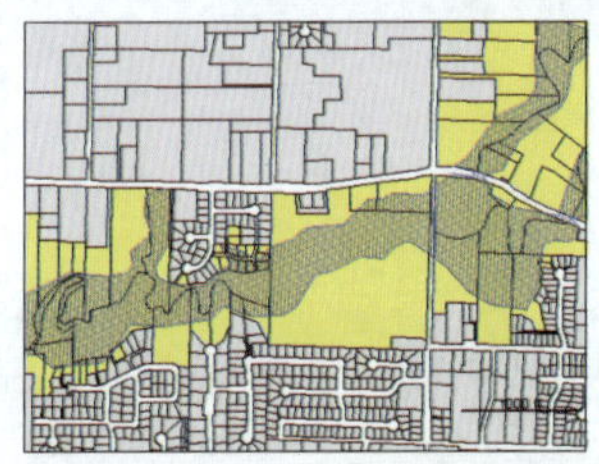

Land Value	Bldg Value	Bldg SqFt	Year Built	Landuse
83800	143200	1726	1979	Single Family
414700	6000	1156	1915	Rural
42060	55830	806	1942	Single Family
38720	84170	1260	1963	Single Family
92800	69260	2040	1912	Single Family
92800	22000	0	0	Single Family
62800	83160	2176	1920	Single Family
38720	64130	1456	1952	Single Family

• 统计位于冲积平原内部地块的数量。

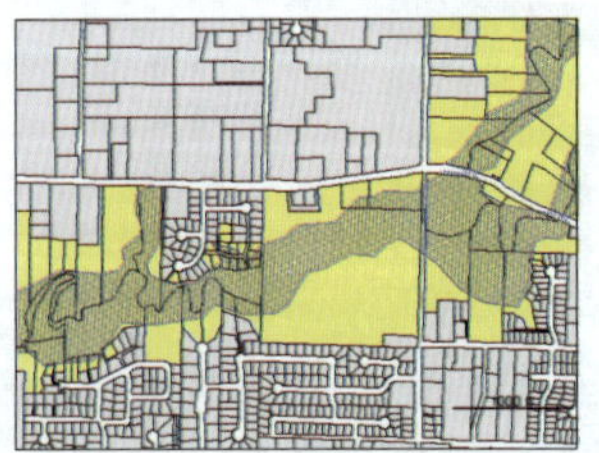

计数：79

• 统计冲积平原内部每种土地利用类型的地块数量。

Landuse	# of Parcels
Agriculture	1
Multi Family	1
Public	11
Rural	6
Single Family	41
Vacant	19

• 累计冲积平原内部所有地块的土地价值。

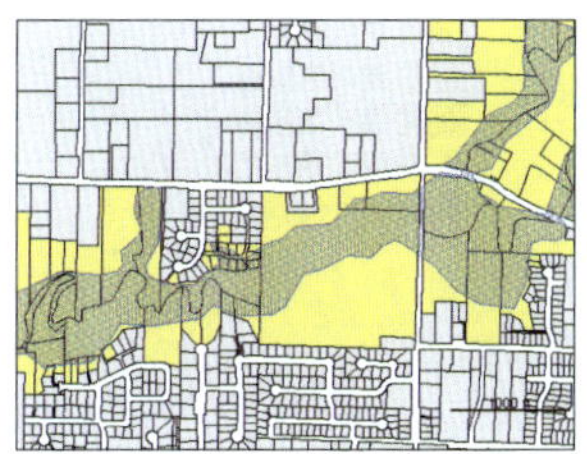

总数： 4 896 330
计数： 79
平均值： 61 979
最大值： 504 000
最小值： 0

• 累计冲积平原内部每种土地利用类型的面积。

Landuse	Total SqFt
Agriculture	261126
Multi Family	437246
Public	2592582
Rural	1055338
Single Family	2282555
Vacant	1424548

是否需要观察完全或部分位于区域内部的要素？

线状要素和离散区域有可能部分位于区域内部。可以只选择完全位于区域内部的要素，位于区域内部但越出边界的要素，或者只包括要素落在区域边界范围以内的部分。

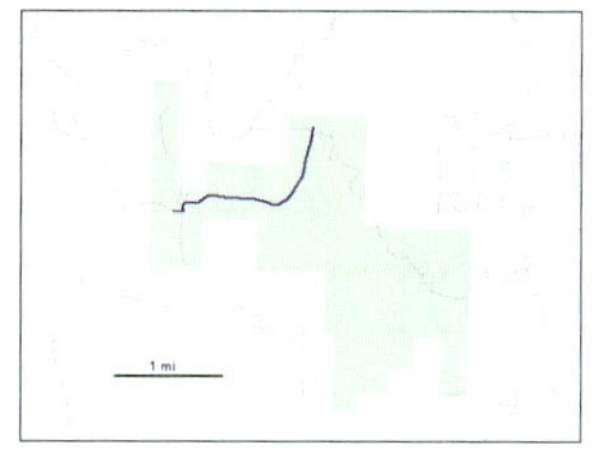

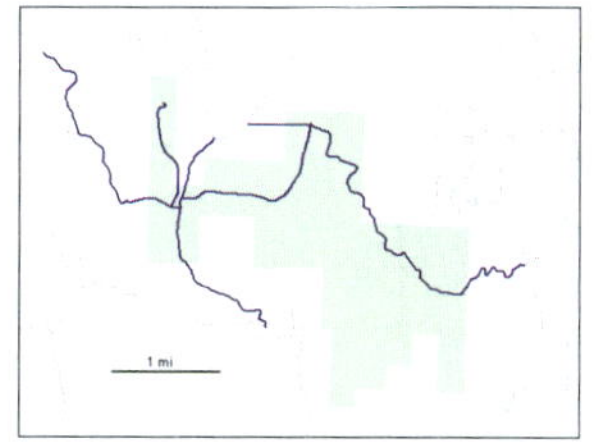

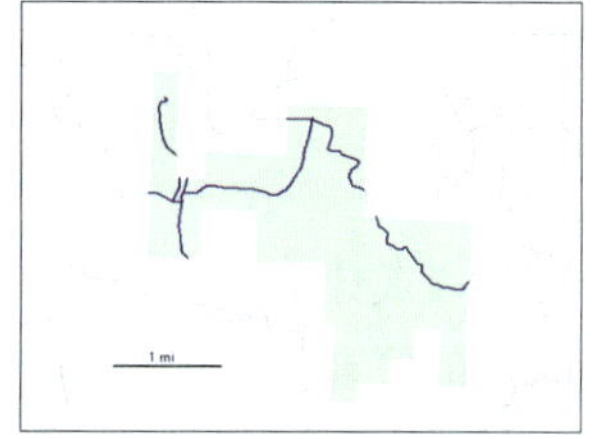

该图（从上至下）显示了完全位于保护区内部的道路，部分位于保护区内部的道路，以及每条道路落在保护区内部的部分。

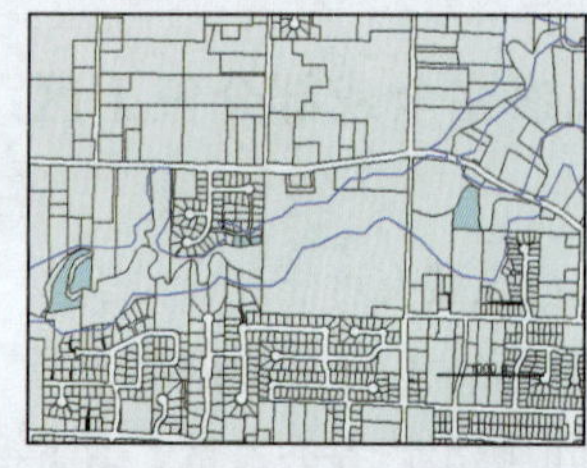

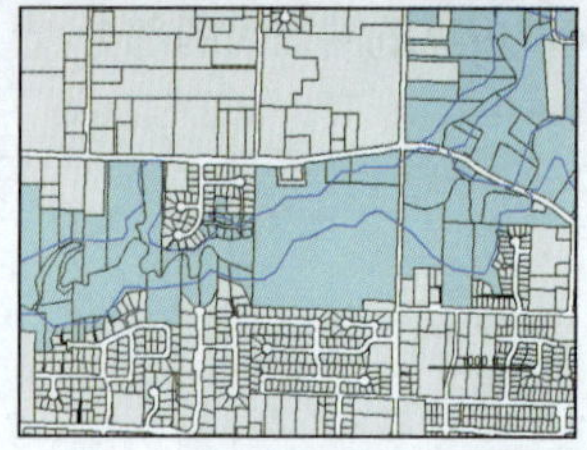

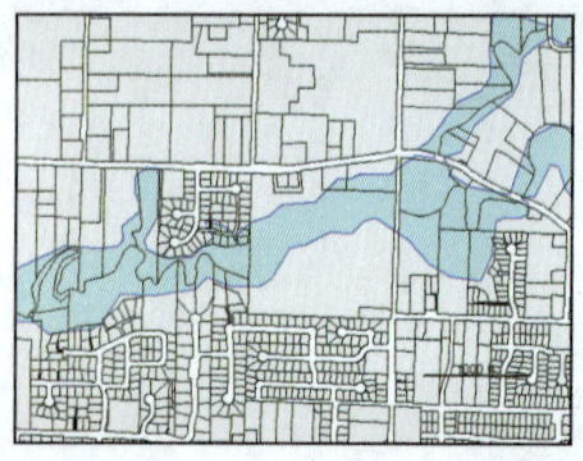

该图（从上至下）显示了完全位于冲积平原内部的地块，部分位于冲积平原内部的地块，以及每个地块落在冲击平原内部的部分。

如果需要要素的列表或计数，可以包括那些部分位于边界内部的要素。例如，在通知区划调整所涉及的周围业主的时候，需要包括那些部分位于300英尺缓冲区内的地块。

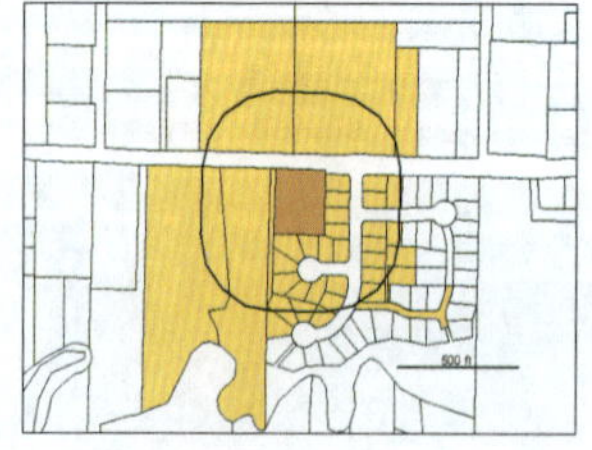

区划调整300英尺范围内的地块。

如果需要知道某要素位于区域内部的总量，可以只包括位于区域内部的部分。例如，如果想要了解在保护区边界内部的每种土地覆盖类型的总量，可以使用GIS将保护区和土地覆盖区域进行叠加。GIS将位于保护区边界以内的土地覆盖图层裁剪出来，并计算每种类型的数量。

位于保护区内部的土地覆盖

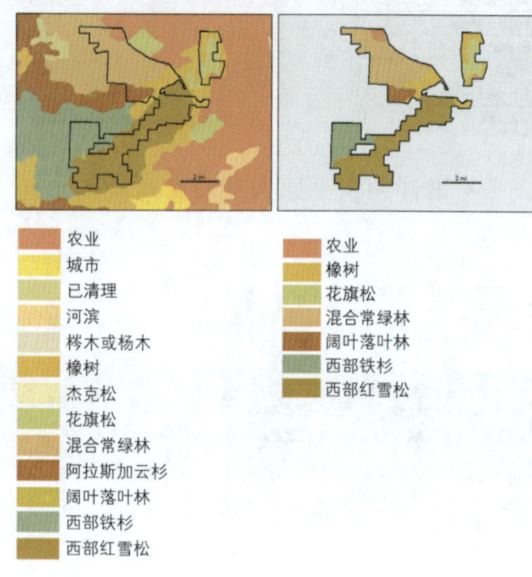

查找区域内部要素的三种方法

在要素数据层上叠加区域范围是查找区域内部要素的最为快捷的方法。此外，还有其他查找方法可以获得附加信息，如要素列表或汇总统计等。

绘制区域和要素

通过创建显示区域边界和要素的地图，可以观察哪些要素在区域内，哪些在区域外。

优点

该方法的可视化特性适用于观察一个或多个要素是否位于单个区域内或外。

所需具备的条件

实施该方法需要具备包含区域或区域边界的数据集，以及包含要素的数据集。

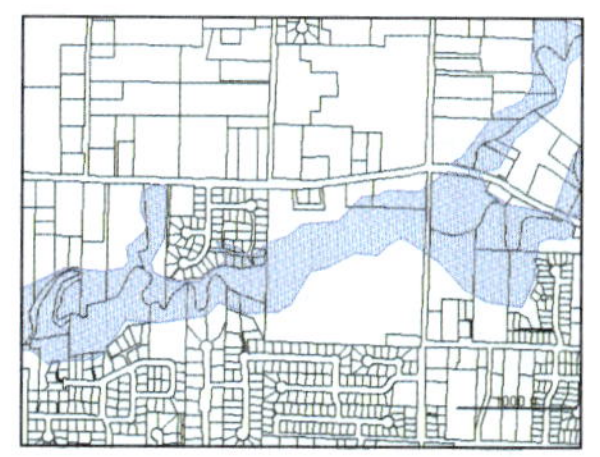

冲积平原的范围叠加地块要素层。

选择位于区域内部的要素

在确定区域及包含要素的数据层之后，GIS可以选择位于区域内部的要素子集。

优点

该方法适用于获得单个区域内部的要素列表或汇总数据，也适用于作为一个区域对待的多个区域的集合。该方法也可以查找某要素周围给定距离范围内的要素。

所需具备的条件

实施该方法需要具备包含区域及要素的数据集，包括需要汇总的属性。

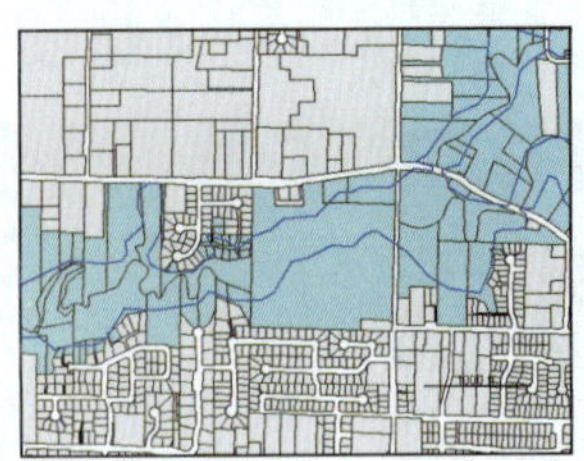

使用冲积平原边界选择的地块。

区域和要素的叠加

GIS将区域和要素相结合，创建包含两者所有属性的新图层，或者对两个图层进行比较，实时计算每个区域的汇总统计数据。

优点

该方法适用于查找哪些要素被多个区域都包含，或者某要素在一个或多个区域内所占的份额。

所需具备的条件

实施该方法需要具备包含区域及要素的数据集，包括需要汇总的属性。

Landuse	# of Parcels	Total SqFt
Agriculture	1	81046
Multi Family	1	137099
Public	11	1450742
Rural	6	420247
Single Family	43	788642
Vacant	20	814649

冲积平原与地块数据层相叠加，可以查找每个地块位于冲积平原内部的部分。

方法比较

方法	主要功能	要素类型	优缺点
绘制区域和要素	查找某要素是否在区域内部	点位置 线状要素 区域 表面	方便快捷，但是只能视觉表达，无法获得内部要素的信息
选择区域内的要素	获得区域内部要素的列表或汇总数据	点位置 线状要素 区域	可以获得单个区域内部的要素信息，但是无法知道哪些要素在多个区域都包含（除所有区域相邻以外）
区域和要素的叠加	查找哪些要素位于哪些区域，并汇总各区域包含多少	点位置 线状要素 区域 表面	可以查找和显示要素在各区域中的分布情况，但是处理时间较长

方法选择

以下为选择最佳方法的指南。

如果是单个区域，并且只需要观察哪些要素位于区域内部，可以选择绘制区域和要素的方法。

如果是单个区域，并且需要完全或部分位于区域内部的离散要素的列表或汇总数据，可以选择区域内部的要素。

区域和要素的叠加可以在下列情况下使用：

• 有多个区域，并且需要汇总每个区域内部的要素。

• 有单个区域，并且需要离散要素的列表或汇总数据，包括部分位于区域内部的要素。

• 有单个区域，并且需要连续型数值的汇总数据。

绘制区域和要素

在很多情况下，我们所做的分析工作就是制作地图并进行观察。通过使用GIS在要素数据层上绘制区域，可以观察哪些离散要素位于区域内，哪些位于区域外，或者对区域内的连续型数值范围进行认知。

制作地图

该方法的关键是创建地图，便于观察哪些要素位于单个或多个区域内部。

点位置和线状要素

如果绘制单个点位置或线状要素，可以使用单个符号绘制，或者根据类别或数量用符号表示。然后在其上绘制区域边界，通常呈粗线型。如果绘制多个区域，可以对它们进行标记，以便地图读者区分它们。如果需要进一步区分这些区域，可以使用不同色调进行分层设色。

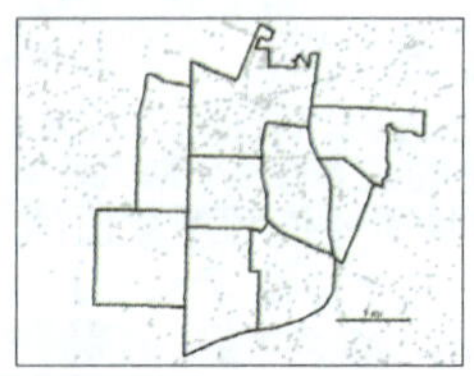

在邻域集合范围内的911应急电话。

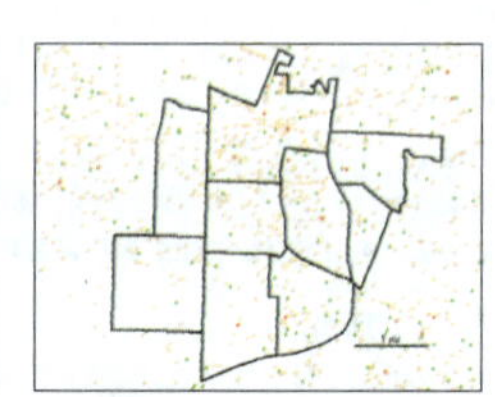

根据电话类型进行彩色编码的911应急电话。

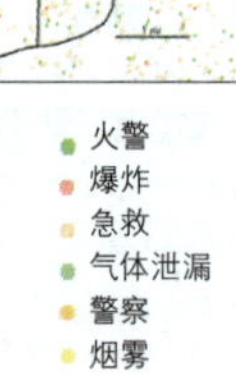

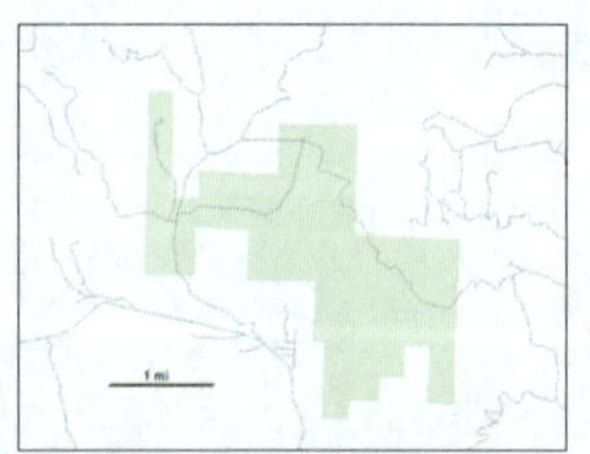

位于保护区内部的道路。

离散区域

如果需要观察哪些离散区域，例如地块，位于某单个区域内部（例如冲积平原），可以有多种选择，取决于是否需要强调内部要素或区域本身：

• 使用浅色调对外部区域分层设色，并在其上绘制区域要素的边界。这样就突出显示了哪些要素或要素的一部分位于区域内部。

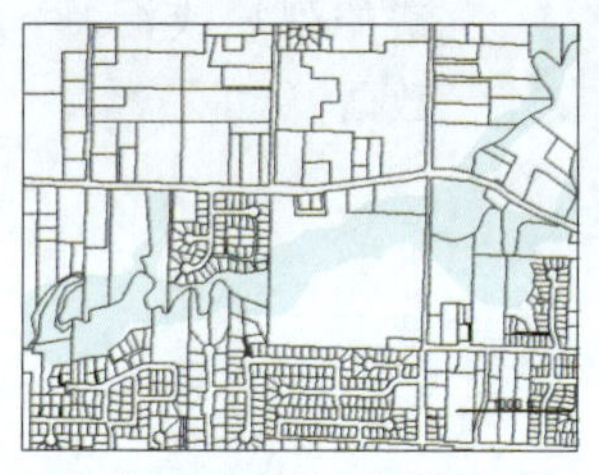

在经过分层设色的冲积平原上绘制地块边界，突出了与冲积平原相关的地块。

• 在离散区域边界之上，使用半透明颜色或纹理（如斜影线）填充外部区域。这样就突出了外部区域。

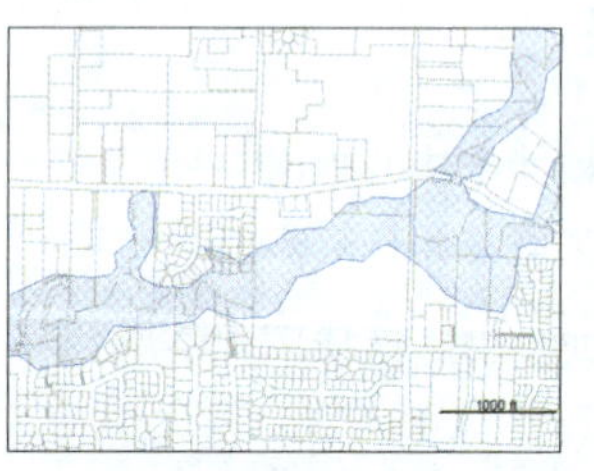

在地块之上绘制分层设色过的冲积平原突出显示了冲积平原的结构。

• 使用粗线条绘制外部区域边界，使用细线条和浅色调或不同颜色绘制离散区域边界。如果根据类别或类范围对离散区域进行分层设色，可以采用这些选择方式中的一种。

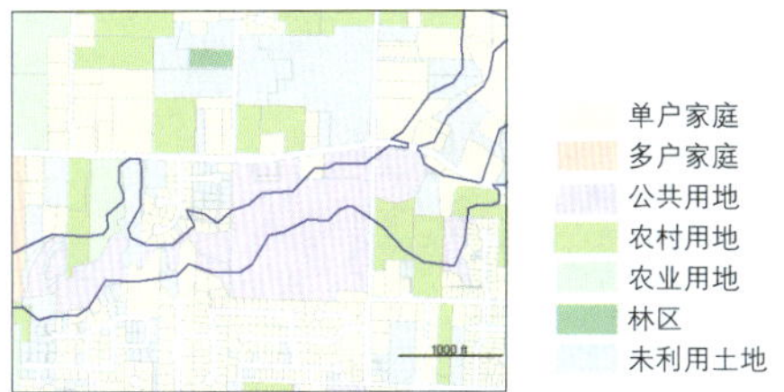

在根据土地利用类别进行彩色编码的地块之上绘制冲积平原边界，显示了冲积平原之内和之外的土地利用类型。

如果需要观察哪些离散区域要素（例如地块）位于多个连续型区域（例如流域）内部，可以使用对比色调或纹理来区分每个区域，也可以给每个区域加标记。如果需要根据类型或数量对离散区域进行符号化表示（如根据区划或资产价值进行编码的地块），可以绘制不包括边界的各个区域，便于识别格局。

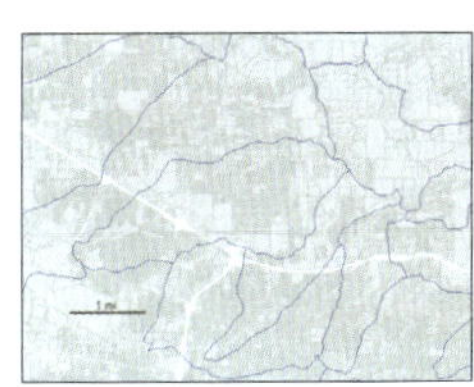

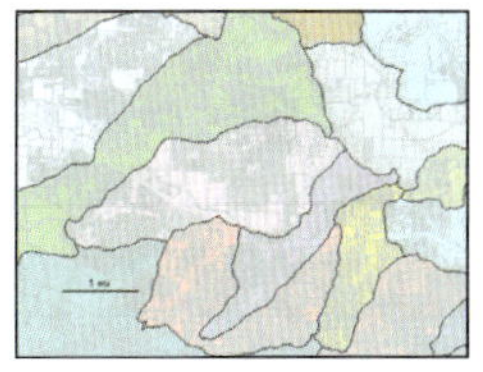

对流域进行分层设色和标记（右图）有助于区分它们。

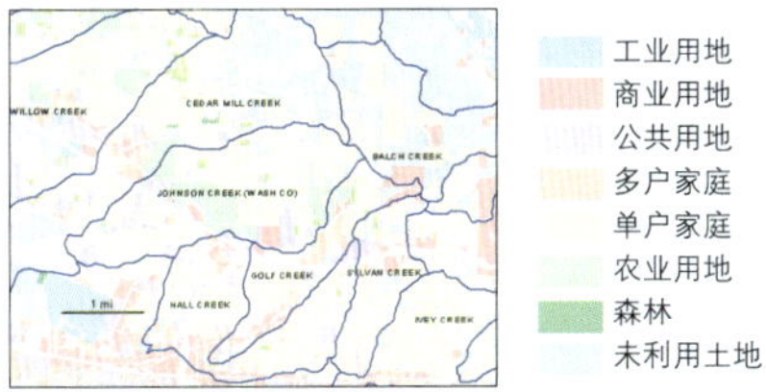

绘制流域边界和根据土地利用类别进行彩色编码的地块，有助于观察每个流域的主要土地利用类型。

连续要素

如果绘制连续型数据，例如土壤或高程，可以根据类别或数量（作为类的范围）对这些区域进行符号化表示，然后在其上勾画单个或多个区域边界。通常，使用细的、灰色线条勾画出连续型数据的边界，使用较粗的黑色线条绘制其上的区域，这样就使得地图清晰易读。

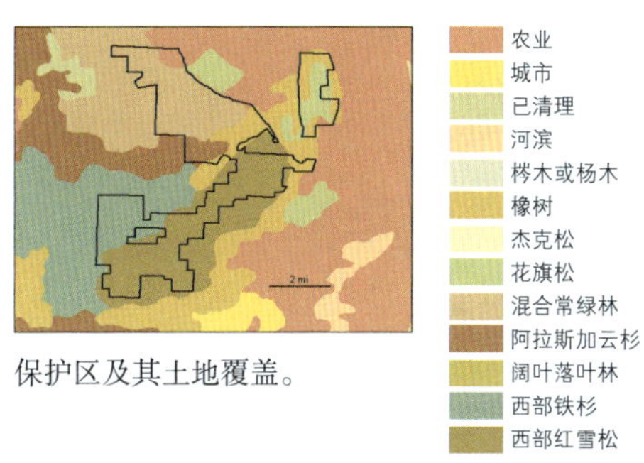

保护区及其土地覆盖。

如果绘制单个区域，可以使用粗线条绘制边界，或者使用半透明颜色或纹理对该区域加影线，以达到突出显示的效果。仅绘制边界可以强调内部要素，而加影线则突出区域本身。也可以遮掩区域外部要素，以便在突出该区域的同时清晰识别其内部要素。

绘制土壤类型的地块边界的三种方法：勾画该地块可以突出其内部的土壤类型；对该地块加影线可以突出其位置和形状；遮掩地块外部区域则在突出它的同时显示其内部的土壤类型。

在区域内选择要素

该方法需要设定要素和区域。GIS检查每个要素的位置来确定它是否位于区域内部，并给位于区域内部的要素进行标记。然后在地图上高亮显示被选择的要素，并在数据表中选择相应的数据行。可以使用数据表来获得该要素的信息，如列表或计数，也可以对要素属性进行汇总。

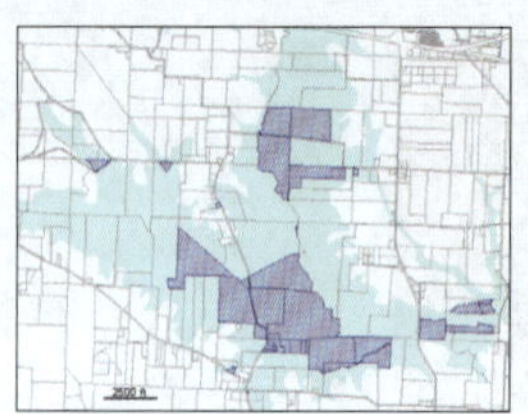

冲积平原内部的地块。

Parcel ID	Land Value	Bldg Value	Acres
2N4250002100	10900	0	5.45
2N426DD01500	55250	118780	0.00
2N4320000200	0	0	26.94
2N4250002500	42200	27490	1.17
2N4320000100	0	0	14.60
2N4250002001	59850	51240	0.78
2N426DD02200	66300	213660	0.00

该方法也可用于查找被作为单个区域对待的多个区域内部的要素。例如，可以查找多个相邻区域内部的911应急电话，或者位于多个国家公园内部的鹰巢数量。但是使用该方法，GIS不能区分各个要素分别位于哪个区域内部，只知道它位于其中一个区域的内部。

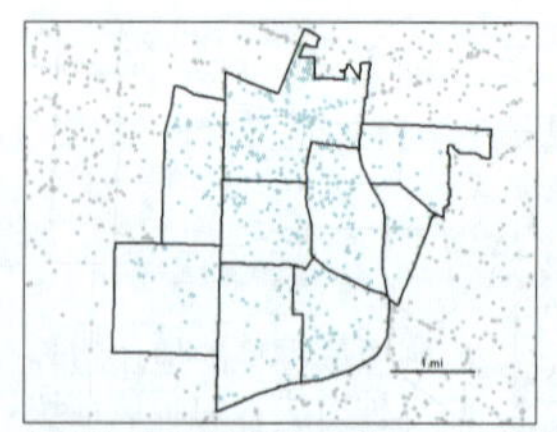

相邻区域集合内部的911应急电话。

Call #	Date	Type
98005399	3/03/98	CFIRE
98004738	2/23/98	UND3
98010458	4/30/98	CFIRE
98012512	5/24/98	TAB1
98000759	1/09/98	SEESMOK

地理位置选择也可以快速查找哪些要素位于某要素的给定距离范围之内。例如，如果需要列举出在距离一家新的申请酒类经营执照的饭店500英尺范围内的居民，就可以设定饭店的位置、包含居民位置的数据层以及距离（500英尺）；然后GIS选择位于该距离范围以内的居民。

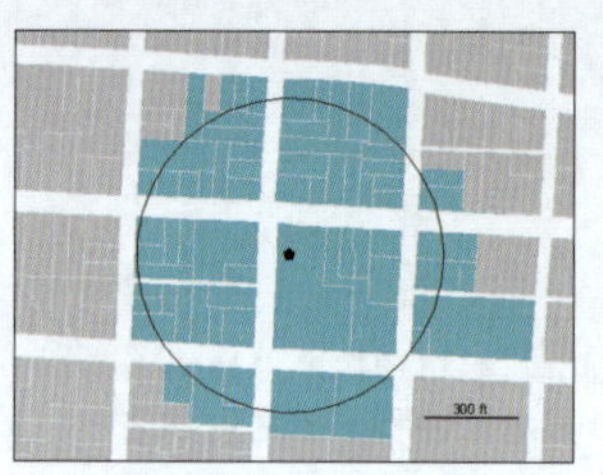

位于距某申请酒类经营执照的饭店500英尺以内的地块。

如果是区域汇总数据，可以使用完全包含区域的界线进行汇总。例如，如果知道每个人口调查街区的中学生数量，就可以将每个人口调查地块内的街区学生数量汇总，得到每个地块的学生数量，因为街区是完全嵌套在地块内部的。

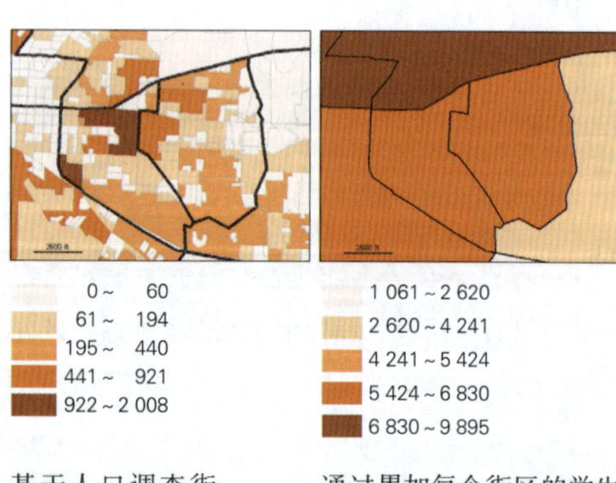

基于人口调查街区的学生数量。

通过累加每个街区的学生数量，可以得出每个人口调查地块的学生数量，因为街区嵌套在地块内部。

结果应用

GIS可用于创建被选择要素的报表。例如，列举在某酒类经营商店500英尺范围内的所有资产，并向附近居民公布。

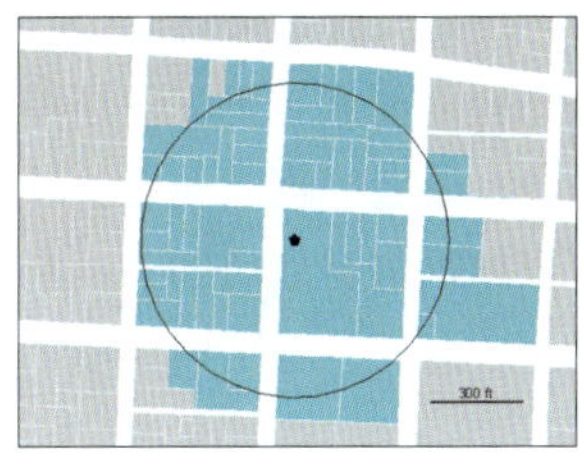

某酒类经营商店500英尺范围内的资产

3/18/99

TLID	SITEADDR	LANDUSE
1N231CD07400	554 E MAIN ST	MFR
1N231CD07300	566 E MAIN ST	MFR
1N231CD07201	574 E MAIN ST	MFR
1N231DC05000	614 E MAIN ST	SFR
1N231DC05001	622 E MAIN ST	SFR
1N231DC04900	634 E MAIN ST	SFR
1N231DC04800	650 E MAIN ST	SFR
1N231DC04700	663 E MAIN ST	MFR
1N231CD07200	105 SE 6TH AV	SFR
1N231DC05100	132 SE 6TH AV	SFR
1N231DC05200	142 SE 6TH AV	SFR
1N231CD08900	143 SE 6TH AV	SFR

GIS或电子表格软件中的工具也可以创建统计汇总数据，最常用的汇总参数如下：

计数

计数是区域内部要素的总数，例如邻近区域内的企业数量。

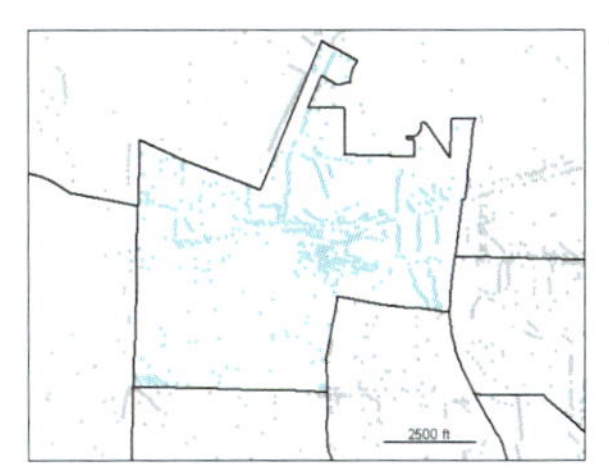

计数: 887

邻近区域内的企业数量。

频率

频率是在区域内部的给定数值范围内的要素数量，可显示为数据表。例如，某邻近区域内部每种类型的企业数量。频率也可以显示为柱状图（适用于原始数量）或饼图（适用于百分比）。

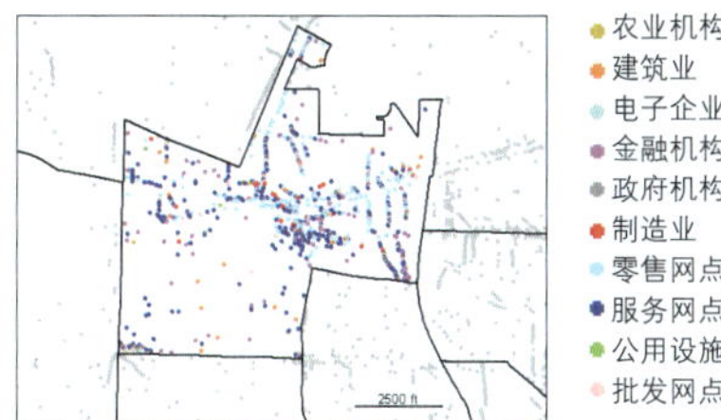

某邻近区域内部每种类型的企业数量。

Type	# of Businesses
Agriculture	5
Construction	30
Electric	1
Finance	136
Manufacture	30
Retail	250
Services	371
Utilities	17
Wholesale	47

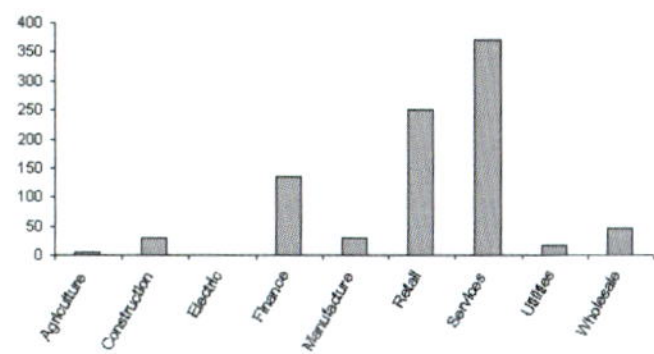

柱状图显示每种类型企业的相对数量。

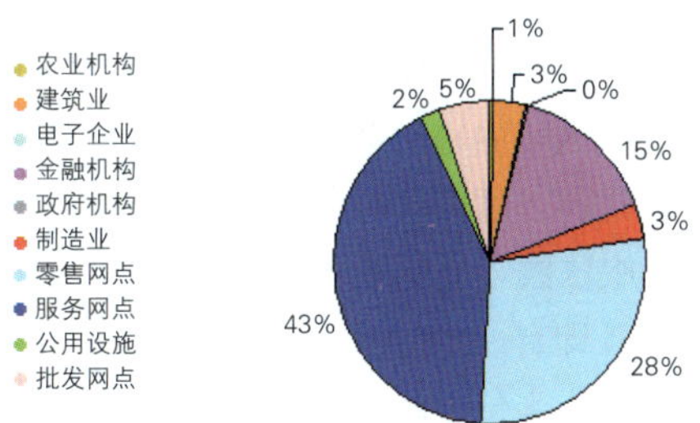

饼图显示每种类型的企业所占百分比。在该邻近区域中，43%的企业为服务行业。

数值型属性的汇总

最常用的属性有：

• 总和。可以是整体总数，如某邻近区域内企业员工总数，或者根据类别进行统计，如冲积平原内部每种土地利用类型的总面积。

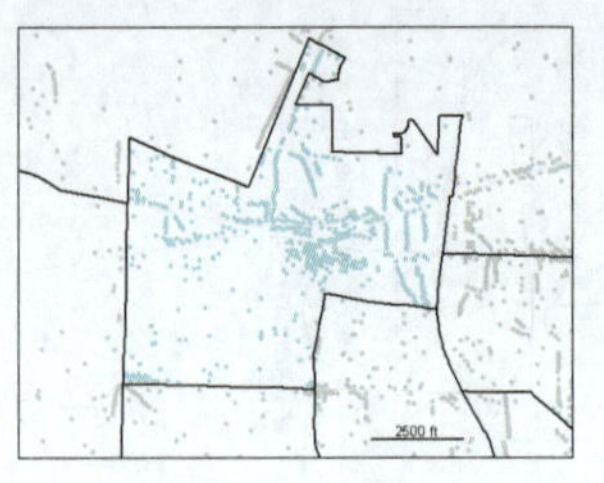

总数：9 615

某邻近区域内企业员工总数。

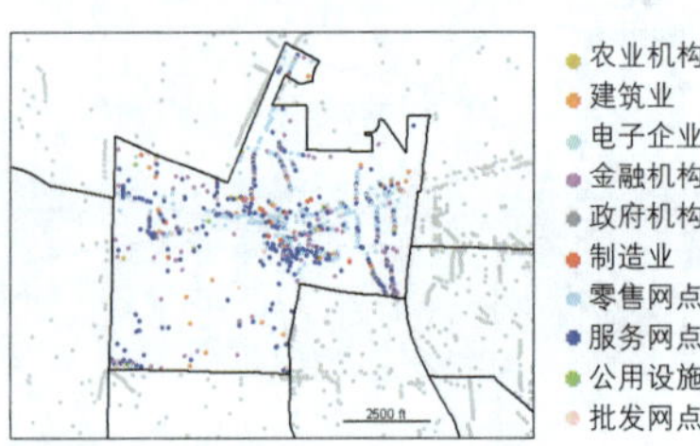

Type	# of Workers
Agriculture	49
Construction	268
Electric	72
Finance	927
Manufacture	308
Retail	4672
Services	2844
Utilities	238
Wholesale	237

根据企业类型统计的员工数量。将该表与上一页的表格相比，可以发现该区域的服务企业数量比零售企业多，但是零售企业的员工数量更多。

• 平均数。由数值属性的总数除以要素数量，如区域内每个企业的员工平均数量。请注意过高或过低数值会扭曲平均数。

• 中位数。是位于某属性的数值范围中间的值（即有一半要素的该属性值位于此数之上，另一半位于此数之下）。例如，区域内有一半企业的员工数量高于该值，另一半低于该值。

• 标准差。即各要素属性值偏离平均数的差的平均值。标准差为数值集合的松紧程度提供了度量工具。

除了报表或统计数据，也可以创建地图来观察哪些要素位于区域内部。如果只针对于区域内部要素，可以只显示那些要素。当然，显示所有要素可以提供背景信息。

如果只绘制被选择的要素，可以使用单一颜色进行分层设色，或者根据某属性值设置颜色。例如，可以根据每个地块的土地利用类别进行分层设色。此外，也可以绘制区域边界。

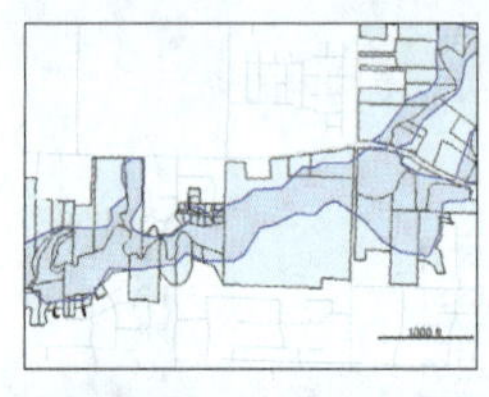

全部或部分位于冲积平原内的地块。

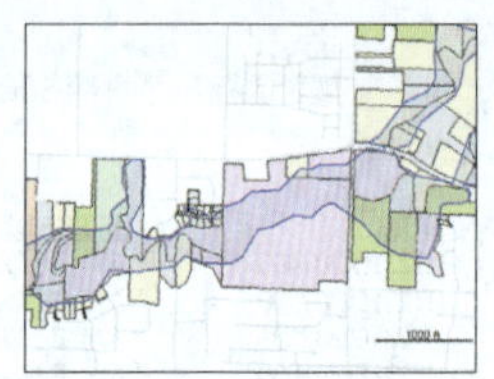

根据土地利用类别对被选择的地块分层设色。

如果绘制所有要素并高亮显示位于区域内部的要素，可以：

• 使用一种颜色绘制区域内部要素，使用另一种浅颜色绘制区域外部要素。以此来区分哪些要素位于区域内部，哪些位于区域外部。

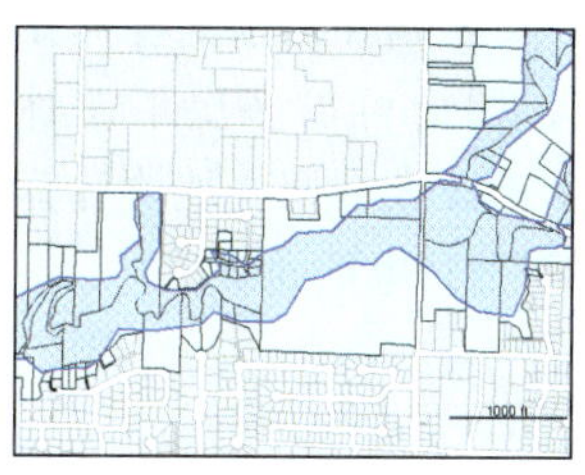

绘制所有地块并高亮显示位于冲积平原内部的要素，并可提供背景环境信息。

• 基于某属性值绘制区域内部要素，并使用单一颜色绘制区域外部要素。对于离散区域而言，可以只绘制边界。该方法突出了区域内部要素，同时提供了背景环境信息。

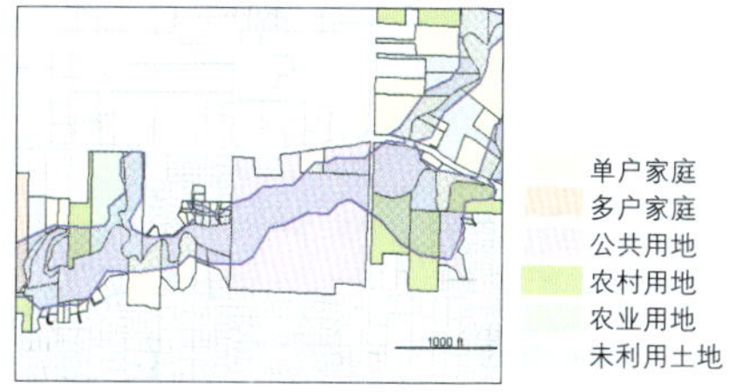

绘制所有地块，并根据土地利用类别对区域内部要素进行分层设色。

• 根据某属性值绘制所有要素，但是对区域外部要素使用浅色调分层设色。该方法最大限度地提供要素信息，包括区域内部和外部。

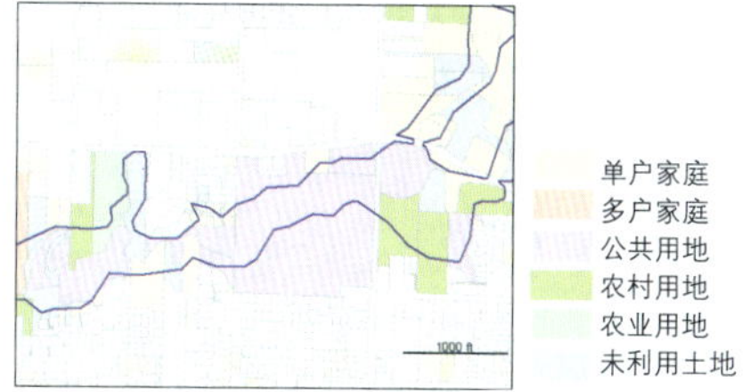

根据土地利用类别对所有地块分层设色，并高亮显示冲积平原内部地块。

区域和要素的叠加

该方法可以查找哪些离散要素位于哪些区域内部，并对它们进行汇总，计算一个或多个区域中每个连续类别或类的总数，或者对连续型数值进行汇总。

区域与离散要素的叠加

GIS给每个要素赋予代码来表示其所处的区域，并将区域的属性赋予每个要素。因此可以根据区域来获取要素列表或某属性值的汇总数据。由于属性是永久存储在要素的数据表中，因此可以多次汇总计算。以下图表显示了按人口调查地块计算和绘制每1 000人拨打911电话的次数。

Call #	Date	Time	Type	Station
98010435	4/30/98	8:44:51	RFIRE	B2
98009063	4/15/98	9:48:57	TRD1	B2
98007179	3/23/98	19:54:56	TAB2	B2
98013115	5/31/98	15:08:13	MISC	B2
98005399	3/03/98	17:43:07	CFIRE	B2

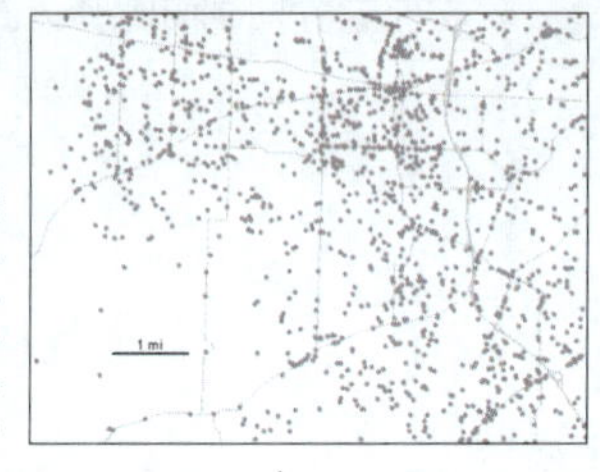

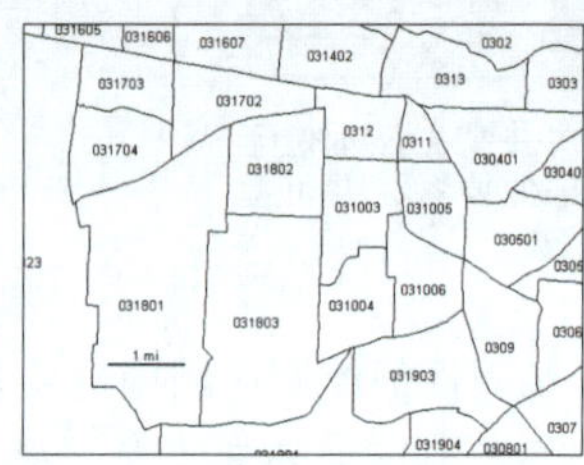

Tract	Population
0303	4562.0000
0323	2527.0000
0313	5595.0000
031703	3936.0000
031702	5195.0000

1. 地块和应急电话的叠加可以赋予每个应急电话相应的地块代码。

Call #	Date	Time	Type	Station	Tract	Population
98010435	4/30/98	8:44:51	RFIRE	B2	031901	8367.0000
98009063	4/15/98	9:48:57	TRD1	B2	031702	5195.0000
98007179	3/23/98	19:54:56	TAB2	B2	031605	6036.0000
98013115	5/31/98	15:08:13	MISC	B2	031605	6036.0000
98005399	3/03/98	17:43:07	CFIRE	B2	0312	6020.0000

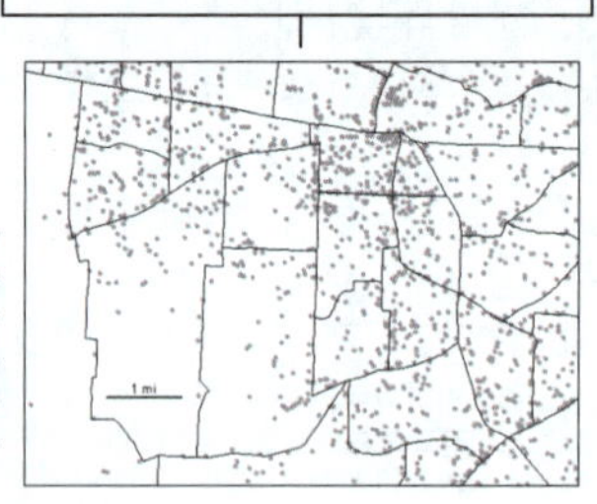

2. 累计每个地块中的电话次数。

Tract	# of Calls
0301	142
0302	139
0303	37
030401	126
030402	61
030501	90
030502	36

3. 将汇总数据表关联到地块数据表。

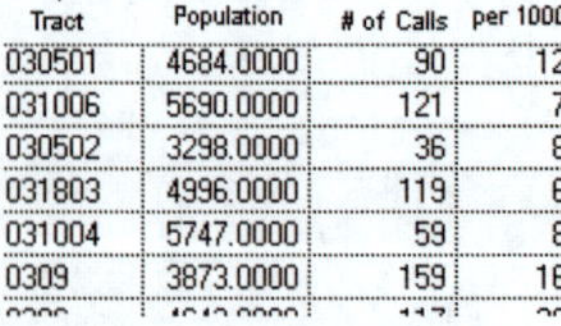

Tract	Population	# of Calls	Calls per 1000
030501	4684.0000	90	12
031006	5690.0000	121	7
030502	3298.0000	36	8
031803	4996.0000	119	6
031004	5747.0000	59	8
0309	3873.0000	159	16

4. 电话次数除以人口数量再乘以1 000，得到每1 000人所拨打的电话次数。

地图制作

如果是单个区域，绘制单个点位置类似于前面章节阐述的使用地理位置选择来绘制点位置。

如果是在单个区域内绘制线或区域要素，可以只绘制每个要素落入区域内部的部分。也可以根据类别或类对它们进行符号化表示，并使用单一符号（通常是浅色或中性色调）绘制要素在区域外部的部分以及完全位于区域外部的要素。

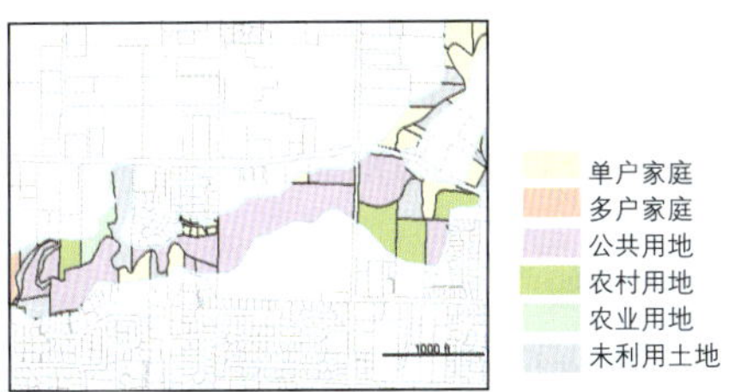

根据土地利用类型进行编码并为每个地块位于冲积平原内部的部分分层设色，可以高亮显示冲积平原内部的土地利用状况。

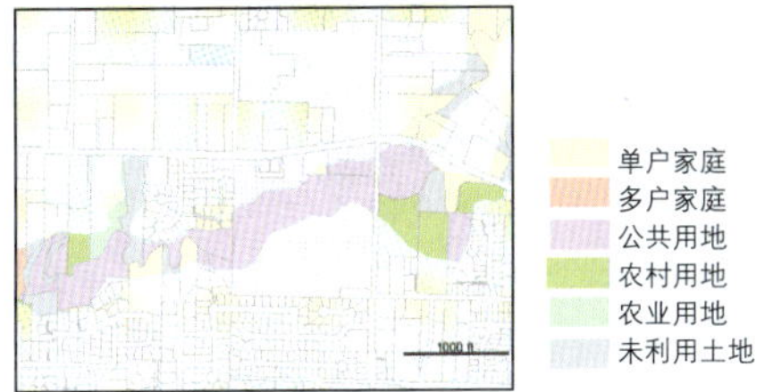

根据土地利用类型对所有地块进行分层设色，并高亮显示每个地块位于冲积平原内部的部分，该方法可以同时显示冲积平原内外的土地利用状况。

如果是按区域汇总要素，根据汇总数据的类型可以有多种制图分析选择。第3章最大值和最小值制图分析深入阐述了这部分内容。

区域和连续型类别或类的叠加

GIS可以汇总处于一个或多个区域内部的各类别或类要素的总量。结果可表现为地图、数据表格或图表的形式。

河流的200英尺缓冲区范围内的土地覆盖状况，土地覆盖由连续型类别表示。

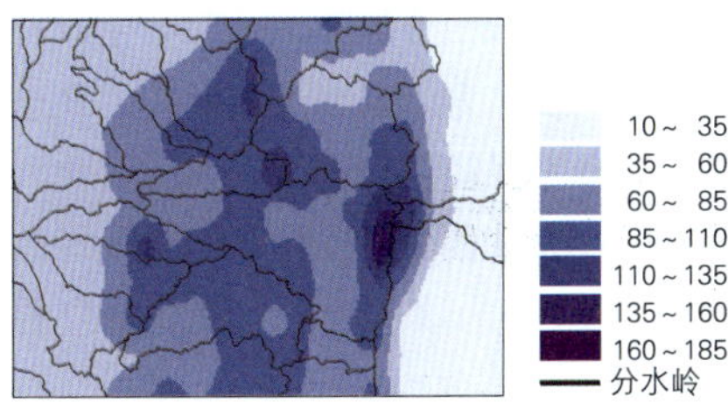

流域的降水量带，降水量由数值型的类表示。

GIS的功能

GIS使用栅格或矢量方法来叠加区域和连续型类别或类。在某些情况下，可能需要选择其中一种方法，而在另外一些情况下，GIS只需要根据数据来选择最佳方法。

矢量方法

GIS在类别或类穿越区域处将其边界分割，并为结果区域创建新的数据集。每个新区域具有所有输入图层的属性。该过程与前面的章节区域与离散要素的叠加中所叙述的流程一致。然后可以使用新图层的数据表来汇总每个区域中的各种类别的总数。

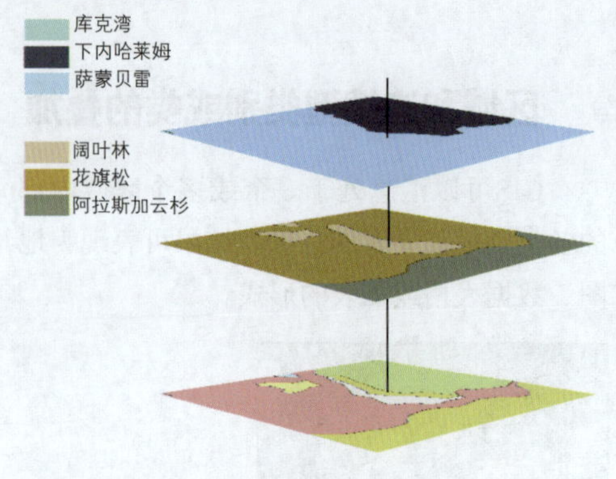

Area ID	Land Cover	Watershed
424	Broadleaf	LOWER NEHALEM RIVER
476	Broadleaf	SALMONBERRY RIVER

阔叶林区域穿越了流域边界，因此GIS将其分割为两个区域，分别位于每个流域中。

当区域和区域相叠加时，可能会生成许多小的区域，被称为“破碎多边形”，在这里边界可能会出现轻微的位移。为了简化和加速随后的计算过程，可以将它们与邻近的大区域合并。GIS为该过程的自动化处理提供了工具。

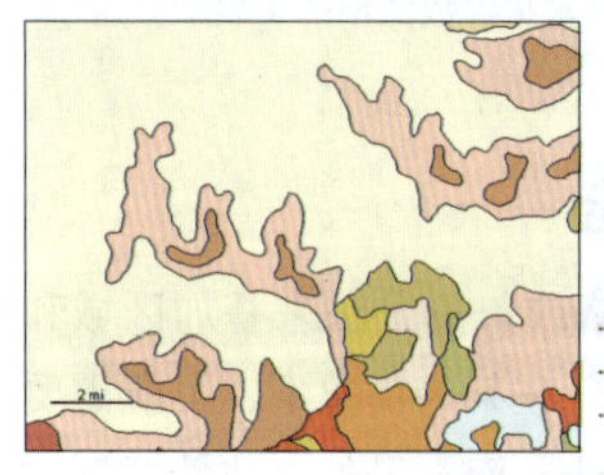

Acres	Area ID	Veg Code
228.4	1004	517
1657.4	1009	003
5996.7	1005	530I

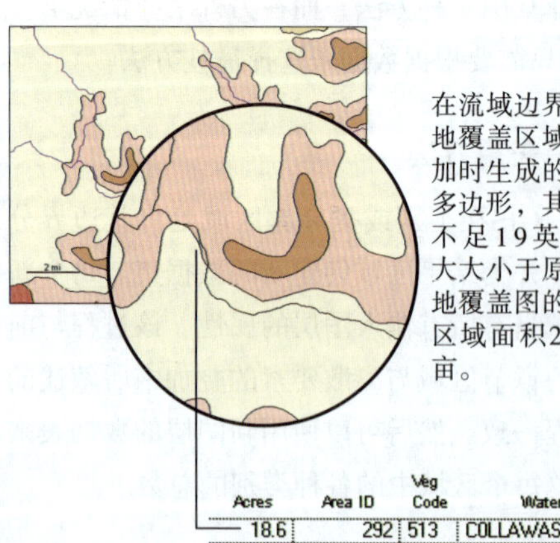

在流域边界与土地覆盖区域相叠加时生成的破碎多边形，其面积不足19英亩，大大小于原始土地覆盖图的最小区域面积228英亩。

Acres	Area ID	Veg Code	Watershed
18.6	292	513	COLLAWASH RIVER, HOTS
413.1	256	512	SALMON RIVER
30902.9	18	501M	BIG CREEK / GNAT CREEK

判断某小区域是否为破碎多边形需要根据数据情况来分析。判断依据主要有：

• 任何面积范围小于输入数据集的最小区域面积的区域（有时被称为“最小制图单元”）应该被考虑为可能的破碎多边形。最小制图单元是可以在地面被确认的最小独立区域。任何小于它的区域都不是有效区域。

• 根据数据精度进行评估。如果一个边界精度在10英尺以内，那么由叠加生成的仅有8英尺宽的区域不是有效区域。

• 可以首先将极小的区域去除，然后人工检查余下的可能为破碎多边形的小区域。在检查完毕后，可以手工删除或用GIS自动除去被认为是破碎多边形的区域。

栅格方法

当叠加栅格图层时，GIS将区域图层上的每个单元与相对应的包含类别的图层单元相比较，统计每个区域内的各种类别的单元数量，单元面积乘以单元数量，得到面积范围，最后在数据表中表达结果。

计算流域内每种土地覆盖类型的面积，GIS将每种类型的单元数量乘以单元面积（在本例中为1 000 000平方英尺）。

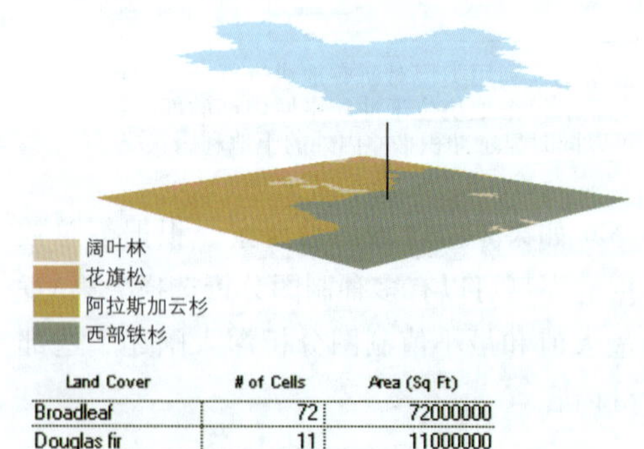

Land Cover	# of Cells	Area (Sq Ft)
Broadleaf	72	72000000
Douglas fir	11	11000000
Sitka Spruce	563	563000000
Western Hemlock	1330	1330000000

如何选择矢量叠加和栅格叠加

矢量方法可以更加精确地测量区域面积，但是数据处理量和后续工作量较大，主要是清除破碎多边形和计算每个区域内部的各种类别的总数。

相比之下，栅格方法更具有效率，因为它自动计算面积范围，但是精度较低，取决于单元尺寸。较小的单元尺寸可以获得较高的精度，但是需要更多的存储空间、处理能力与时间。栅格叠加也避免了破碎多边形的出现。因为GIS所需的计算过程比较简单，通常情况下速度较快。

因为栅格叠加可以直接获得最终结果，即每个区域内部的每种类别或类所占份额，所以效率较高。一些GIS软件也可以直接将矢量图层转换为栅格图层，然后进行栅格叠加。

结果应用

叠加结果的显示和分析，需要列举每个区域内部的各种类别的面积范围。

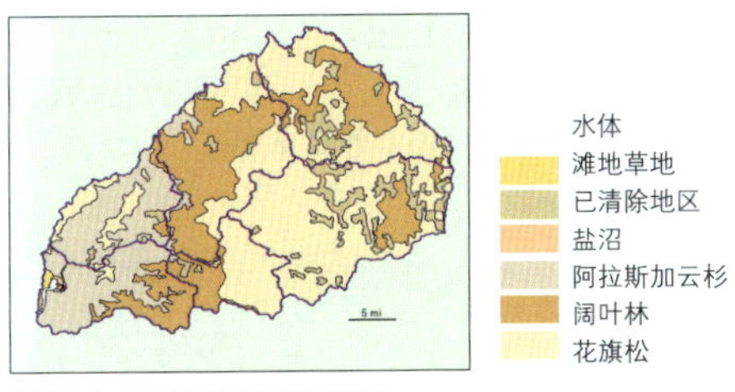

流域土地覆盖类型分布图。

使用栅格叠加，GIS可以自动创建该表。

Watershed	Water	Beach Grass	Cleared	Saltmarsh	Sitka Spruce	Broadleaf	Douglas fir
MIDDLE NEHALEM RIVER	0.000	0.000	585236877.35	0.000	0.000	1444718477.4	2863577651.0
LOWER NEHALEM RIVER	0.000	0.000	124532963.43	0.000	304867582.62	2773070087.4	1752308092.0
NORTH FORK NEHALEM RIVER	0.000	0.000	72133847.674	0.000	1916310519.3	127935503.42	597486021.30
UPPER NEHALEM RIVER	0.000	0.000	1041177235.3	0.000	0.000	623345325.18	4556001039.4
SALMONBERRY RIVER	0.000	0.000	78258419.647	0.000	14290667.936	553933509.50	1337198213.9
COOK CREEK / LOWER NEHALEM RIVER	72133847.674	57843179.739	0.000	27220319.877	1898617311.4	930934939.79	77577911.650

由栅格叠加创建的每个流域内各种土地覆盖类型的面积（单位：平方英尺）。

如果进行矢量叠加，在每个叠加区域内部可能会存在具有相同类别的多个区域。若要获得每个区域内部每种类别的总数，需要对每个区域的类别值进行汇总。可以使用面积标识符和类别值计算频率，设定面积范围为累加字段。例如，设定流域名称和植被代码作为频率项，面积作为累加字段。最后得到流域名称、植被代码的组合列表，以及组合表达的土地总量。

Watershed	Land Cover	Area (Sq Ft)
COOK CREEK / LOWER NEHALEM RIVER	Beach grass	58416213
COOK CREEK / LOWER NEHALEM RIVER	Saltmarsh	27965554
COOK CREEK / LOWER NEHALEM RIVER	Sitka Spruce	1907418281
COOK CREEK / LOWER NEHALEM RIVER	Broadleaf	923613244
COOK CREEK / LOWER NEHALEM RIVER	Douglas Fir	75559646
LOWER NEHALEM RIVER	Cleared	125007672
LOWER NEHALEM RIVER	Sitka Spruce	307656023
LOWER NEHALEM RIVER	Broadleaf	2767003921
LOWER NEHALEM RIVER	Douglas Fir	1757032484
MIDDLE NEHALEM RIVER	Cleared	582738056

由矢量叠加的累计结果所创建的每个流域内各种土地覆盖类型的面积（单位：平方英尺）。

然后在电子表格软件中通过修改数据表，将其转换为每个区域为一行，每个类别值为一列的文件。或者，可以选择具有某特定类别值的所有行，创建一个新表，并将其关联到区域的数据表中。最后对每个类别值重复以上操作。

汇总数据表创建完毕后，可以对每个区域计算每种类别所占百分比，这样就可以基于相对数量来绘制和比较这些区域。当然，该方法需要考虑每个区域范围大小的不同。例如，使用森林覆盖率百分比来比较区域，需要在数据表中为每个类别值添加一个字段，然后将每个类别的面积除以所包含区域的总数，其结果作为该字段的值。饼图和柱状图计算并显示该百分比，无需人工计算。计算后得到的百分比可用于根据某特定类别的百分比绘制每个区域。

也可以使用图表来显示数据表中的信息，或者将其关联到所含区域的数据表中，用于创建地图。

单个区域和多个类别叠加

如果需要观察每种类别在单个区域中所占份额多少，可以使用数据表来创建显示区域内每种类别数量的柱状图，或者用饼图来显示每种类别所占总数的百分比。

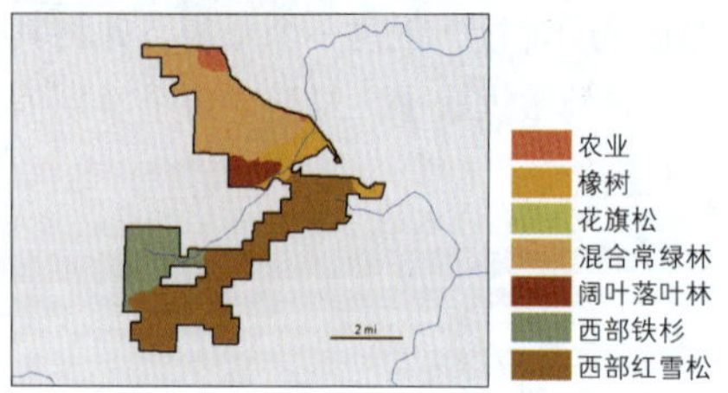

单个保护区内的土地覆盖类型分布图。

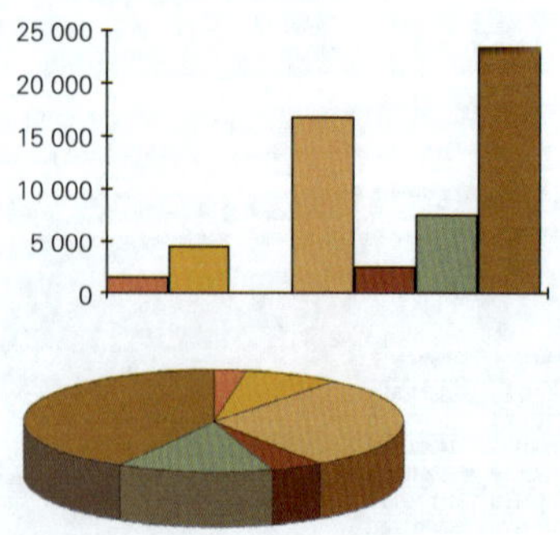

柱状图显示每种土地覆盖类型的总量，饼图显示其百分比。

多个区域和单个类别的叠加

如果观察多个区域内的某种类别，可以使用简单的柱状图来显示区域比较结果。也可以根据该值绘制区域分布图。例如，可以根据每个区域中的森林覆盖率来绘制每个流域。

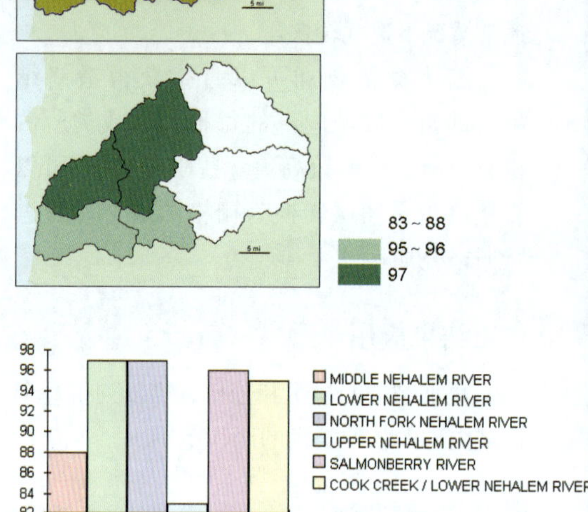

柱状图比较每个流域内的森林覆盖率。

多个区域和多个类别叠加

如果是观察每个区域中的每种类别，可以创建显示多个并排直方条的直方图。该图表图形化显示了每个区域的组成，即区域内各种类别的数量以及每种类别的区域比较结果。该方法适用于数量适中的类和区域。数量过多会导致读者难以进行区域比较。另一种方法是创建成群或多层的柱状图。

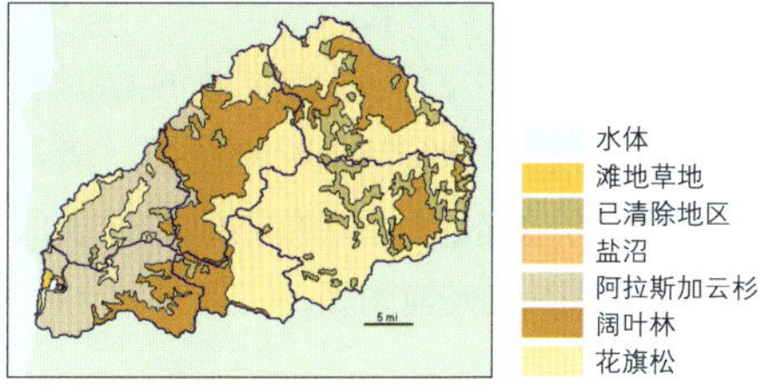

流域土地覆盖分布图。

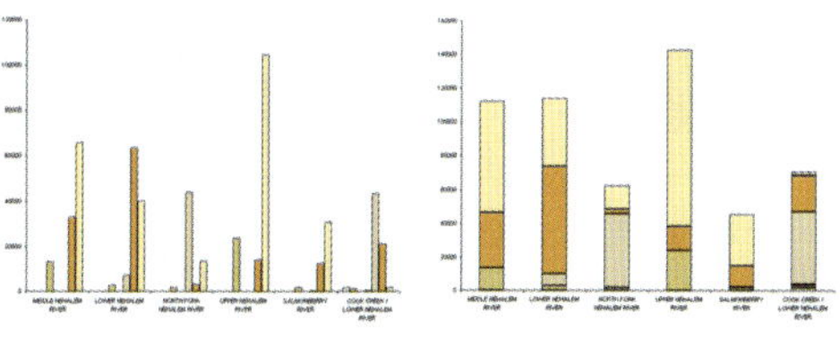

积聚型柱状图显示每个流域中各种土地利用类型的总量，并可以比较某特定类型。

叠置型柱状图显示每个流域的相对土地面积，以及每个区域的土地覆盖组成。

也可以在每个区域中放置饼图或柱状图。同样，该方法也只适用于数量适中的类和区域。必须确保图表清晰易读。

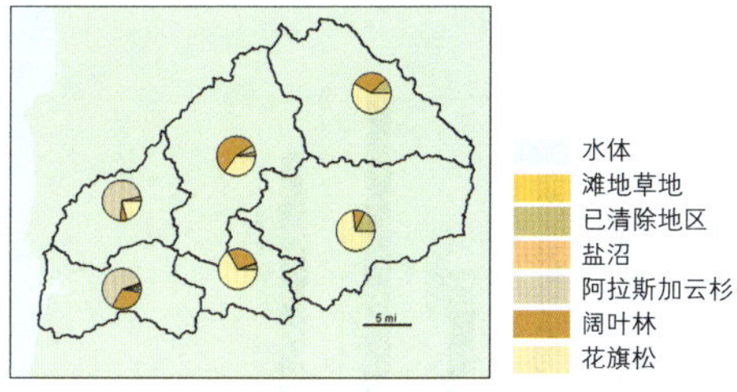

饼图显示每个流域内部每种土地覆盖类型的百分比。

使用该方法可以可视化表达数据的空间关系，即易于查找要素可能聚集之处，而无须进行相关性统计分析。例如，无需根据流域之类的特定区域来汇总植被类型，仅根据降水量类进行汇总，并查找每种植被类型的平均降水量，观察是否某地的降水量和植被类型之间存在某种联系。但是，仍然需要做统计分析来确立两者之间确实存在某种因果关系。

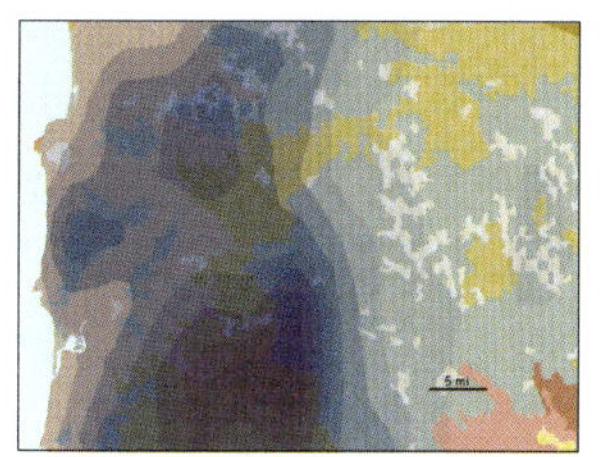

降水量（英寸/年）和土地覆盖。

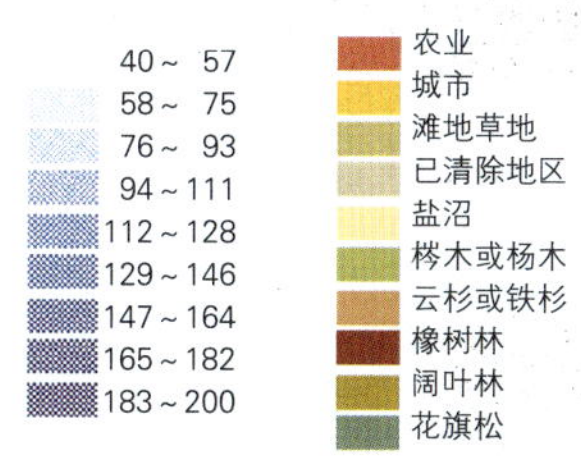

Land Cover	Acres	Min	Max	Range	Mean	Std Dev
Agriculture	41946	0	90	90	90	8
Urban	4796	0	43	43	43	17
Beach grass	3640	75	98	23	23	6
Cleared	86516	46	168	122	122	28
Saltmarsh	2578	83	102	19	19	5
Ash/Cottonwood	3156	50	70	20	20	5
Spruce/Hemlock	249738	75	177	102	102	17
Oak woodland	11482	0	51	51	51	12
Broadleaf	328006	50	200	150	150	49
Douglas fir	518630	0	200	200	200	33

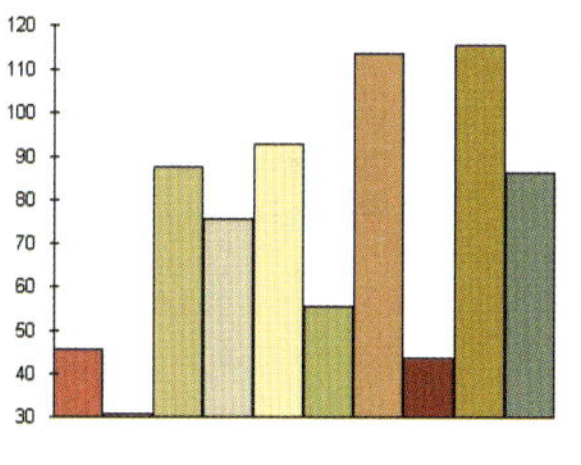

每种土地覆盖类型的平均降水量。农业用地和橡树林是降水较少的类型，云杉和铁杉林及阔叶林的降水量较多。

区域和连续型数值的叠加

如果图层为连续型数值，例如高程，可以使用GIS汇总数值并为每个区域创建汇总统计数据的地图或表。汇总数据包括平均数、最小值、最大值、数值范围（即最大值和最小值之差）、标准差以及总和。

例如，如果将高程表面和流域层相叠加，GIS计算每个流域内部的平均高程，也计算最小高程、最大高程、高程范围以及距离均值的标准差。然后可以基于这些数值比较流域，或者选择满足特定标准的流域。

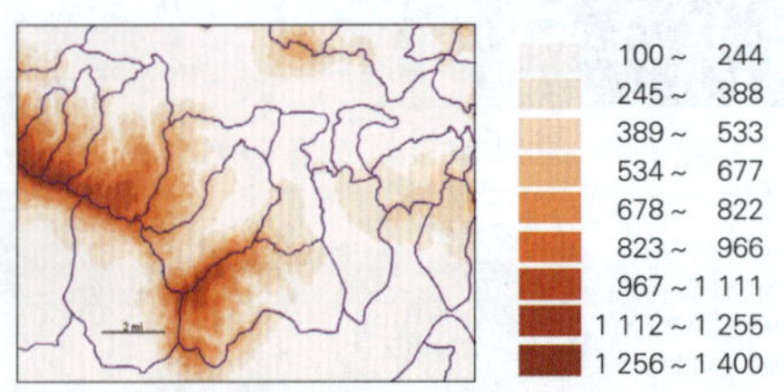

高程（以英尺为单位）和流域边界。

Watershed	Min	Max	Range	Mean
SPRING BROOK CREEK	100.0000	1200.0000	1100	328
AYERS CREEK	200.0000	1400.0000	1200	843
MCFEE CREEK	200.0000	1359.6935	1160	452
HEATON CREEK	200.0000	1300.0000	1100	601
JAQUITH CREEK	200.0000	1400.0000	1200	687
PECAN CREEK	118.7155	700.0000	581	396

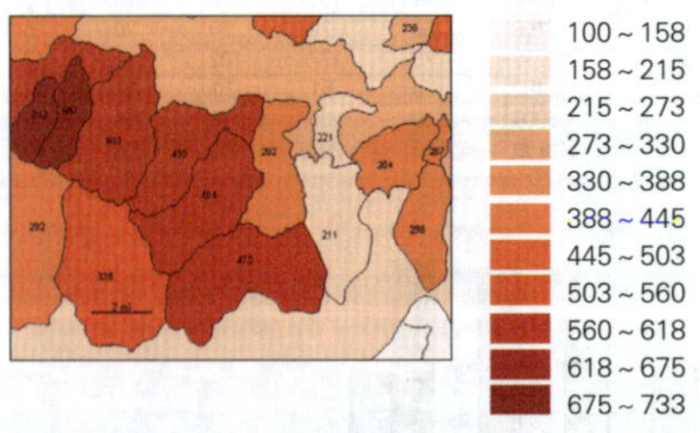

根据平均高程划分的流域类型。

GIS的功能

GIS首先查找每个区域内都包含哪些单元。查找并标识完毕后，计算所需要的统计值，并将结果赋予标识过的单元。然后继续查找下一个区域并重复以上过程。

结果应用

由数据表创建图表的方法也可用于根据特定统计值进行区域比较。

也可以将汇总表关联到区域的数据表中，并根据任意汇总统计值绘制区域。诸如ArcGIS之类的GIS软件可以在创建数据表的同时自动创建图表或地图。

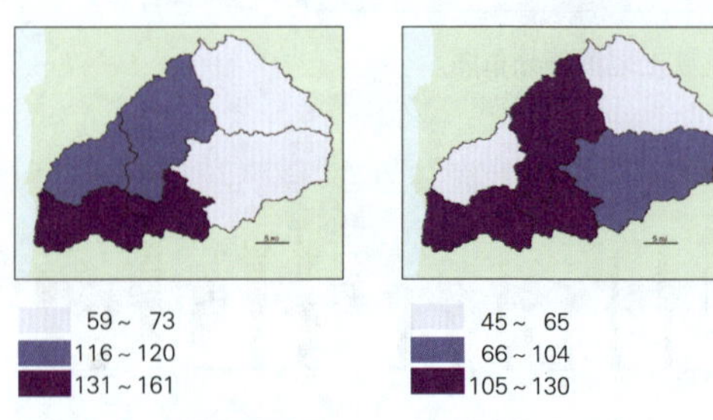

根据每年的平均降水量（左图，以英寸为单位）和降水范围（右图）绘制的流域分布图。范围较宽表示整个流域的降水量变异较大。

Watershed	Min	Max	Range	Mean
MIDDLE NEHALEM RIVER	51	96	45	59
LOWER NEHALEM RIVER	60	190	130	116
NORTH FORK NEHALEM RIVER	97	162	65	120
UPPER NEHALEM RIVER	49	153	104	73
SALMONBERRY RIVER	95	200	105	161
COOK CREEK / LOWER NEHALEM	85	190	105	131

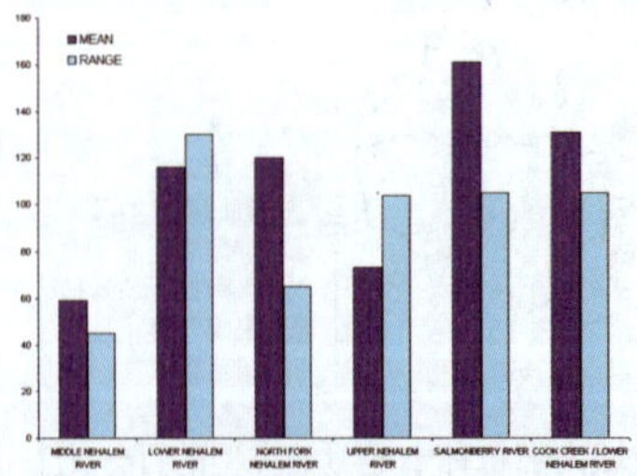

柱状图用于比较平均降水量和降水范围。平均值较高和变化范围较窄的流域内降水量比较一致。

6 查找邻近要素

查找邻近要素可以观察某要素的设定距离或行程范围内的地理分布格局。该方法有助于监测区域内发生的事件，或者查找由某项设施提供服务的范围，或者受某项活动影响的要素。

本章的主要内容包括：

- 邻近要素制图分析的目的
- 定义分析
- 查找邻近要素的三种方法
- 使用直线距离
- 测量网络上的距离或成本
- 计算地理表面上的成本

邻近要素制图分析的目的

使用GIS，可以查找距某要素一定距离内所发生的事件，也可以查找位于行程范围内的要素。

查找某设定距离内的要素可以确定受到某项事件或活动影响的区域，以及位于该区域内的要素。例如，城市规划师需要通知在即将建设的酒类经营商店周围500英尺范围内的居民。查找设定距离内的要素可以监测区域内所发生的事件或活动。例如，国家林业管理人员监测伐木情况，以确保该行为没有发生在河流周围的100米缓冲区内。

行程范围可以使用距离、时间或成本来衡量。查找某要素行程范围内的要素有助于确定由某项设施提供服务的区域范围。消防队长需要了解哪些街道距离消防站的车程在3分钟以内，或者零售业分析师需要查找在商店的拟建新址10分钟车程范围内有多少居民。

了解行程范围内的要素有助于绘制适用于某特定用途的区域。例如，野生动物学家需要绘制距离某河流半英里范围内的区域，并将该区域与植被类型、坡度和其他因素相结合，用于确定鹿的主要栖息地。

定义分析

查找邻近要素，可以测量直线距离，测量网络上的距离或成本，或者计算表面上的成本。确定如何测量邻近区域以及需要从分析中得到的信息将有助于选择所使用的分析方法。

定义和测量邻近区域

邻近要素可以基于设定距离，或者与某要素之间的行程范围来确定。如果涉及行程，可以使用距离或通行成本来测算邻近区域。

邻近要素由设定距离确定，还是由与某要素之间的行程范围确定?

周围要素一般位于源要素的影响范围以内。例如，包括拟变动的区划地点周围300英尺范围内的资产，或河流100英尺缓冲区范围内的森林。在这些案例中，源要素和周围要素是静止不动的。通常使用直线距离测量影响范围。

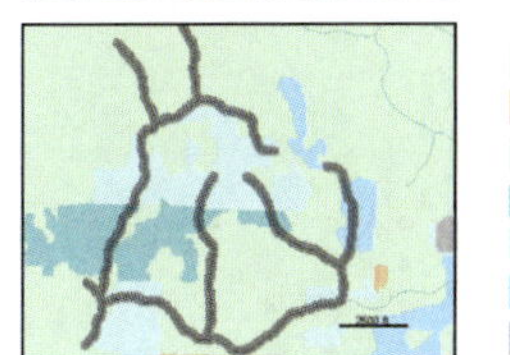

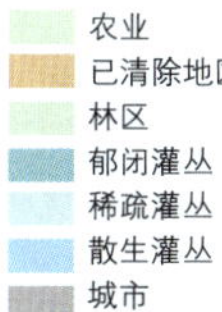

另一种情况是，源要素和周围要素之间会发生移动或产生行程的行为。例如，开车驶往某商店的人，或者从消防站驶往火灾现场的消防车。行程可以在几何网络上进行测量，如街道或传输线，或者在土地上测量，如一只走向河边的鹿。

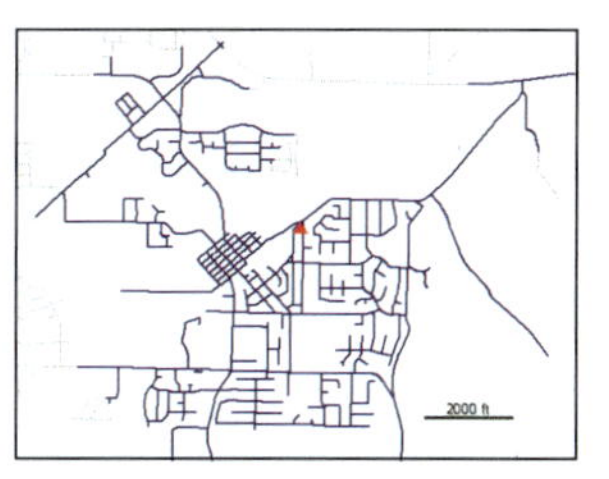

距离某消防站3分钟车程的街道。

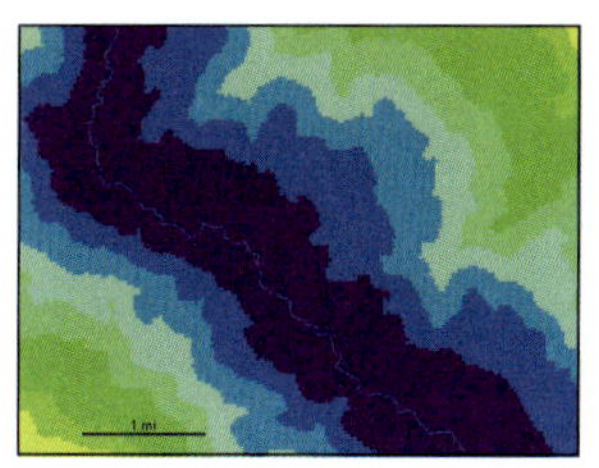

各种土地覆盖类型上的通行成本。

测量邻近要素的方法：距离和成本

距离是定义与测量要素之间邻近程度的方法之一。但是邻近程度不一定非要使用距离来测量，也可以使用成本来测量邻近要素。时间是最常用的成本表现形式之一，例如，交通拥堵情况下，顾客到达商店的时间就会变长。其他的成本表现形式包括货币（例如送货车每英里的运营成本），以及所耗费的精力（例如一只鹿穿越林下灌丛和疏林地到达河边所耗费的精力对比），它们通常被称为“通行成本”。

如果是基于行程绘制邻近要素，可以使用距离或成本。绘制通行成本比绘制距离测量邻近要素的精度更高，但是需要较多的数据准备和处理。

距离消防站3/4英里范围内的街道。

距离消防站3分钟车程范围内的街道。

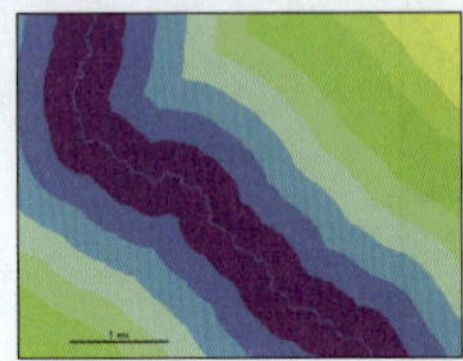

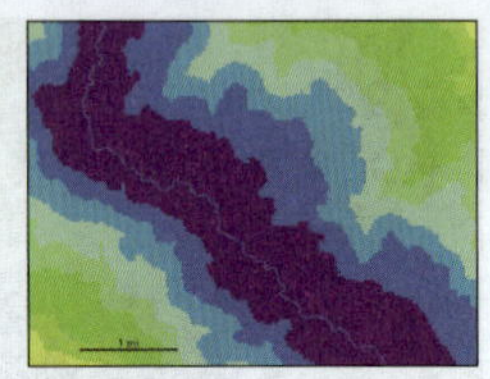

以河流为起始点的距离与基于土地覆盖的通行成本的对比。

例如，零售业分析师需要查找某商店周围20分钟车程范围内的客户数量，可以以商店为圆心，5英里为半径绘制圆形区域，沿街道计算商店周围5英里范围内的面积，或沿街道计算20分钟车程范围内的面积。使用GIS绘制每个商店周围5英里半径范围要比搭建通行时间的街道网络更为容易和快捷，但是客户数量的计算精度可能会略低。另一方面，消防队长需要尽可能精确地了解哪些街道位于每个消防站3分钟车程范围内，并使用GIS来计算确切的通行时间。

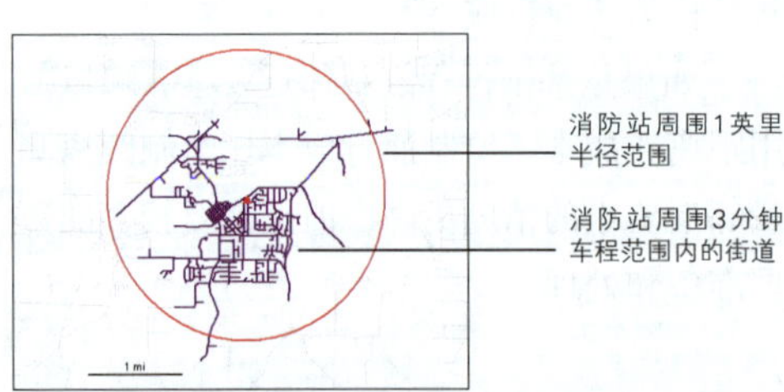

需要从分析中得到的信息

了解需要获得的信息有助于选择最佳的分析方法。

是否需要列表、计数或汇总数据?

在确定源要素的邻近要素之后，可以根据要素属性获取这些要素的列表、计数或汇总统计数据。

列表。例如在道路维修工程周围300英尺范围内的地块的ID号和每个地段的地址列表。

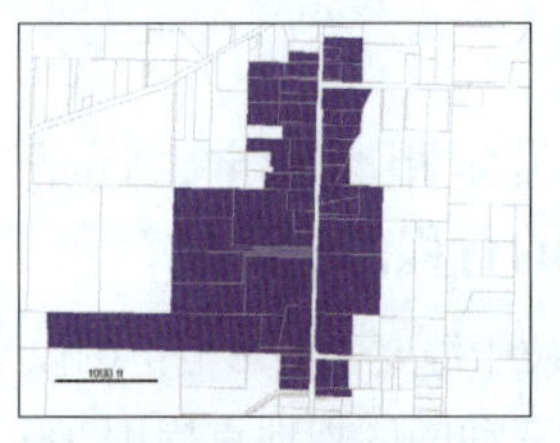

Parcel ID	Address
22E26D 00101	16471 S BRADLEY RD
22E26D 00103	16491 S BRADLEY RD
22E26D 00102	16511 S BRADLEY RD
22E26D 00104	16461 S BRADLEY RD
22E26D 00202	16551 S BRADLEY RD

计数。计数可以为总数或类别的总数。例如，在6个月期间，某消防站周围1英里范围内的911应急电话数量，或者根据来电类型统计的电话数量。

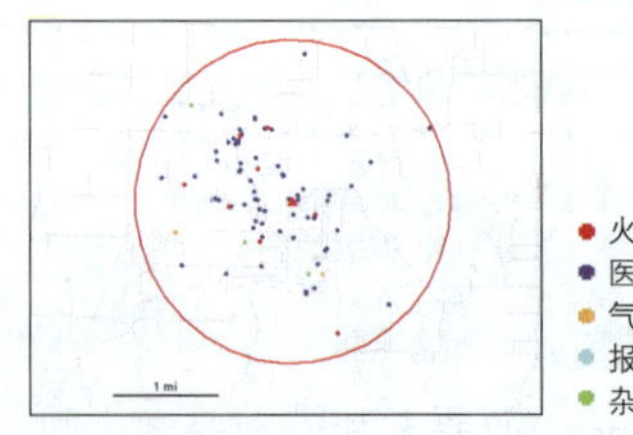

Call Type	# of Calls
FIRE	14
MEDICAL	110
GAS LEAK	2
POLICE	1
MISC	3

汇总统计数据。该项可以为：

• 总数，如位于河流缓冲区内部的土地面积数量（英亩）。

• 类别数量，如位于河流缓冲区内部的各种土地覆盖类型（林地、草地等）的面积数量（英亩）。

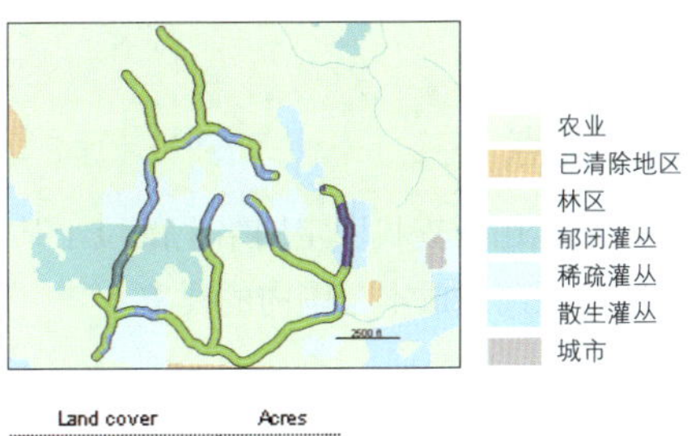

农业
已清除地区
林区
郁闭灌丛
稀疏灌丛
散生灌丛
城市

Land cover	Acres
Clearcut	4.6
Scattered shrub	23.8
Closed shrub	35.8
Open shrub	84.1
Forest	302.2

• 统计汇总数据，包括平均值、最小值、最大值或标准差等，如距每个消防站3分钟车程范围内的建筑物的平均单位面积。

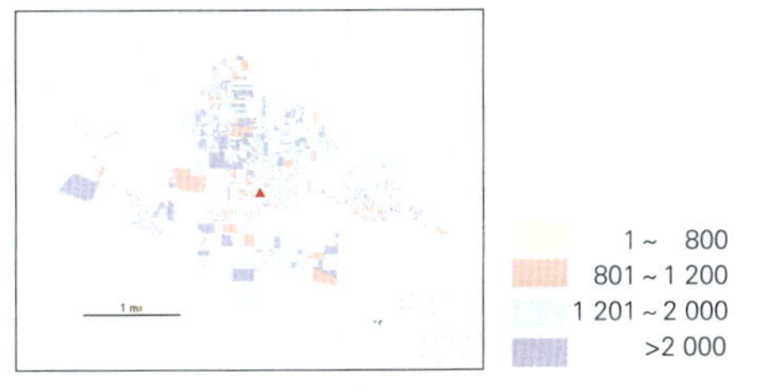

1～ 800
801～1 200
1 201～2 000
>2 000

平均值：1318
最大值：19992

所需的距离或成本范围

可以设定单个或多个范围。例如，需要了解距某商店3英里范围内，或者范围分别为1英里、2英里和3英里的客户数量。

如果需要设定多个范围，可以创建包容环或特征条带。

包容环

包容环适用于计算随着距离的增加而总数的增加情况。例如，可以计算某商店周围1 000英尺、2 000英尺和3 000英尺范围内的客户数量，并观察数量是如何增加的。

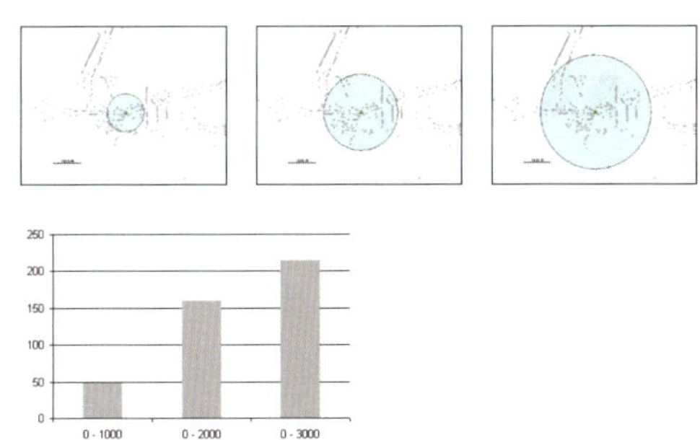

特征条带

特征条带适用于比较距离和其他特性。例如，可以查找距离某商店1 000英尺内，1 000英尺和2 000英尺之间，以及2 000英尺和3 000英尺之间的客户数量。然后可以比较生活在0～1 000英尺条带中的居民是否比生活在1 000～2 000英尺条带中的居民开销更大，等等。

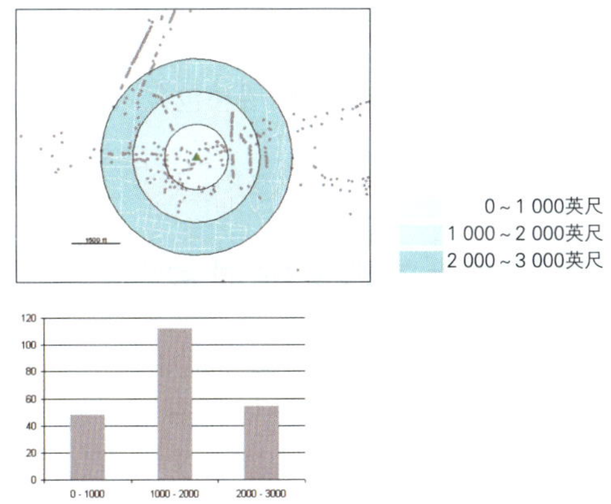

查找邻近要素的三种方法

快速查找邻近要素的方法之一是使用直线距离。但是，计算网络上的距离或成本，或表面上的成本，可以更加精确地测量邻近要素。

直线距离

使用直线距离，需要设定源要素和距离，然后GIS查找在设定距离范围内的区域或周围要素。

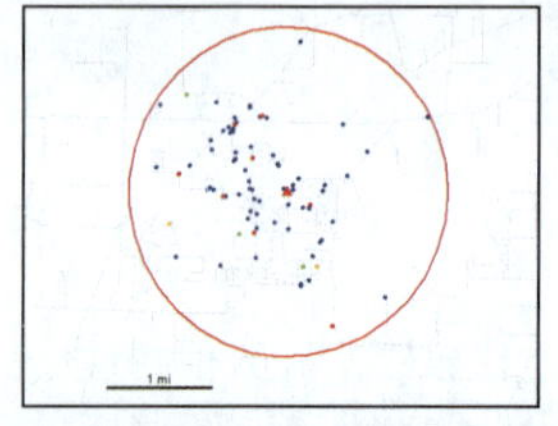

某消防站周围1.5英里缓冲区范围内的911电话分布图。

方法优点

该方法适用于围绕某要素的设定距离创建边界或选择要素。

所需条件

需要包含源要素的图层和包含周围要素的图层。

网络上的距离或成本

可以沿每个线状要素设定源点位置和距离或通行成本，GIS查找网络中哪些线段位于该距离或成本以内，然后使用覆盖这些线段的区域来查找每个源点位置附近的周围要素。

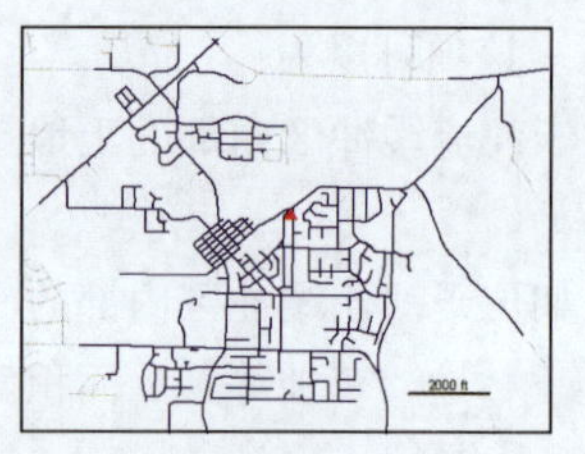

位于消防站3分钟车程范围内的街道。

方法优点

该方法适用于查找固定网络上的位于某位置的行程距离或成本范围内的要素。

所需条件

需要源要素的位置、网络层以及包含周围要素的图层（在绝大多数情况下）。网络中的每个线段需要设置存储其长度或成本数值的属性。

表面上的成本

需要设定源要素的位置以及通行成本。GIS创建显示源自每个源要素的通行成本的新图层。

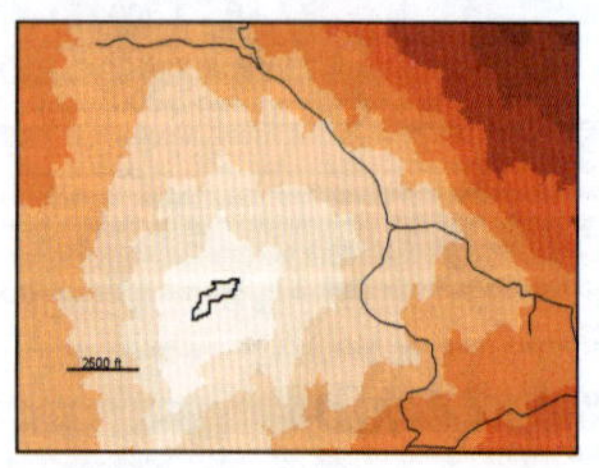

基于坡度的通行成本。

方法优点

该方法适用于计算地面通行成本。

所需条件

需要包含源要素的图层和代表成本表面的栅格图层。

方法比较

方法	用途	周围要素	测量目标	优点	缺点
直线距离	定义围绕某要素的影响范围，在设定距离内创建边界或选择要素	点位置 线状要素 区域	距离	相对快捷和方便	只能对行程距离作粗略估算
网络上的距离或成本	在固定基础设施上计算行程	点位置 线状要素	距离或成本	在网络上的行程距离或成本的计算精度更高	需要精确的网络层
表面上的成本	测量地面行程并计算在行程范围内的区域有多大	连续栅格表面	成本	结合多个图层来计算地面通行成本	需要一些数据预处理来构建成本表面

方法选择

使用以下指南有助于选择最佳方法：

- 如果需要定义影响区域或快速估算行程范围，可以使用直线距离。
- 如果计算固定基础设施与源要素之间的行程，可以使用网络上的成本或距离。
- 如果计算地面行程，可以使用表面上的成本。

使用直线距离

使用直线距离可以快速观察哪些要素位于距源要素给定距离以内，并获取它们的相关信息。应用该方法有如下途径：

• 创建缓冲区来定义边界，并查找其内部要素。

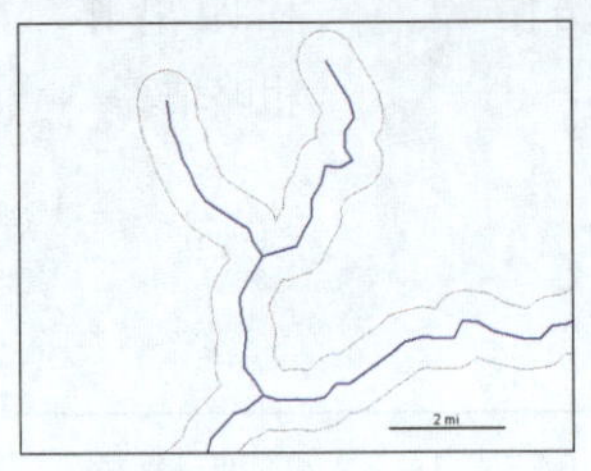

河流周围的缓冲区。

• 选择要素来查找位于给定距离内的要素。

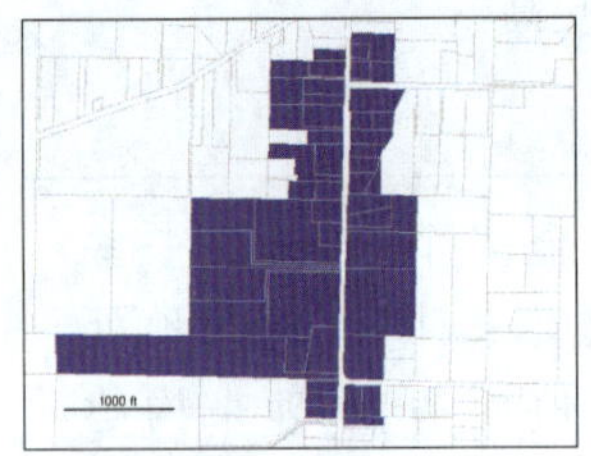

选择距离某条道路100英尺范围内的地块。

• 计算要素到要素的距离，用于查找并为靠近源要素的位置赋予距离值。

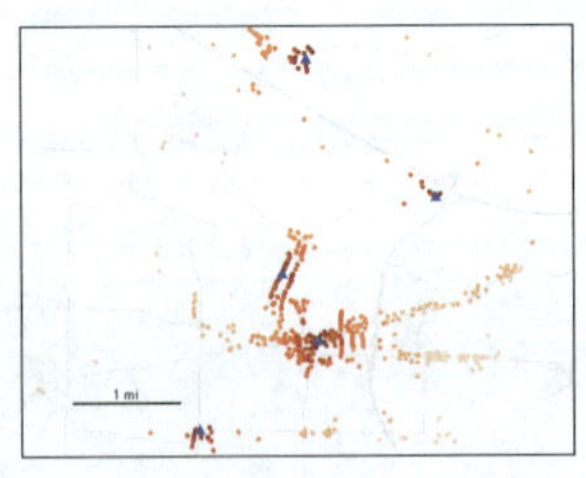

根据距离某银行的远近进行彩色编码的客户位置。

• 创建距离表面来计算以源要素为起点的连续距离。

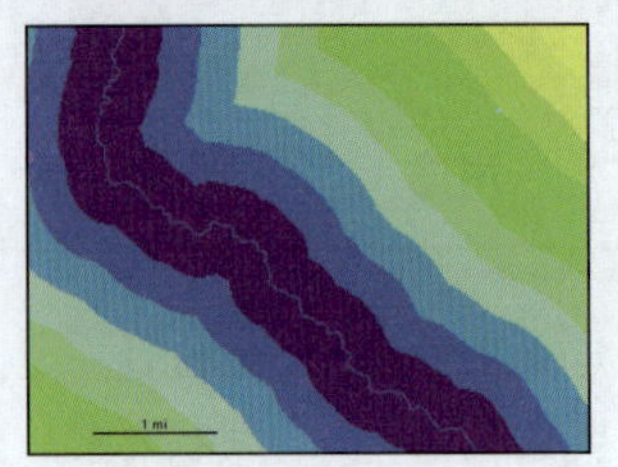

以某河流为起点的连续距离。

在所有这些途径中，GIS基于直线或欧氏距离，使用简单的几何数学公式计算距离。由于GIS存储了每个点的坐标，因此它可以计算两个点在x和y方向上的距离，以及它们之间的直线距离。

$$距离=\sqrt{(x_1-x_2)^2+(y_1-y_2)^2}$$

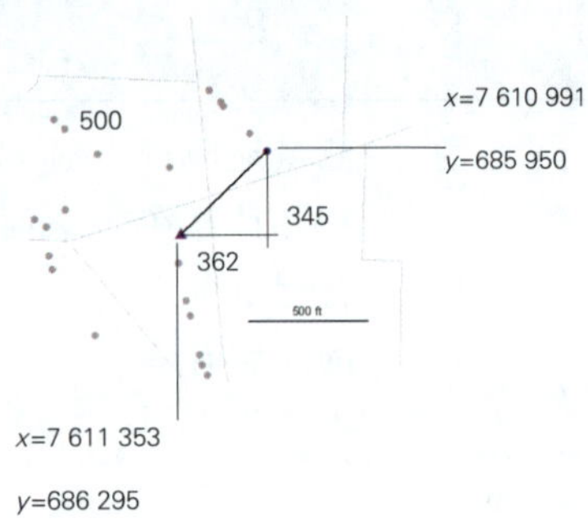

这些方法将在下面详细阐述。

创建缓冲区

创建缓冲区，需要设定源要素和缓冲区距离。GIS在指定距离围绕该要素绘制线条。该线可以存储为永久边界，或临时用于查找该区域内部要素及其数量。

对于点位置，GIS以此为圆点，指定距离为半径绘制圆形。对于线状要素，GIS围绕要素在指定距离处绘制线条。对于区域，GIS沿其边界在指定距离处绘制线条，而不是以区域中心为起始点。

某商店周围3/4英里缓冲区。

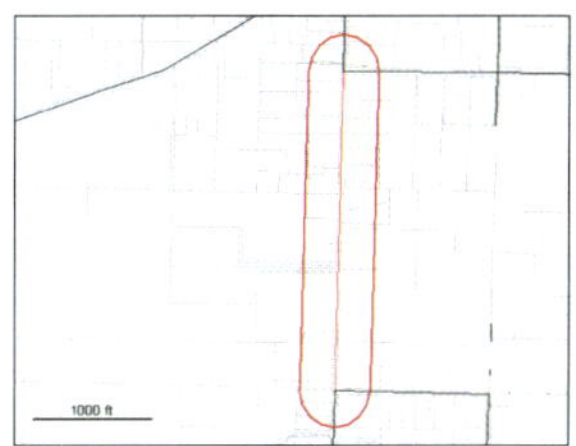

某街道周围200英尺缓冲区。

某地块周围300英尺缓冲区。

如果是多个源要素，可以使用GIS在每个源要素周围按相同距离创建缓冲区，或者根据每个源要素的属性值绘制不同距离的缓冲区。例如，计算某条道路周围的噪声缓冲区，可以根据道路性质设置距离，如公路为100英尺，二级道路为50英尺，地区道路为25英尺等。GIS将根据街道类型绘制缓冲区宽度。

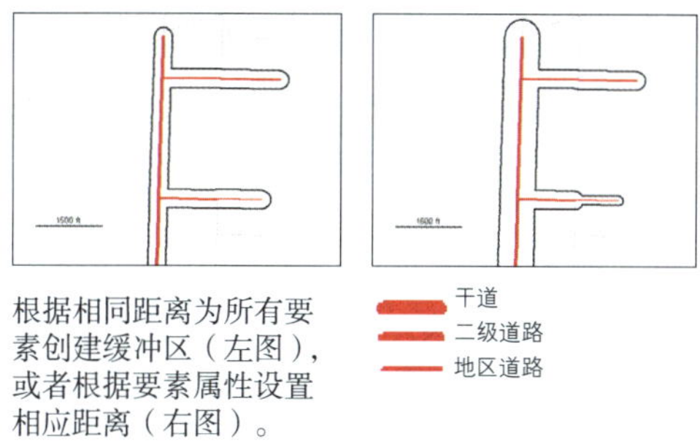

根据相同距离为所有要素创建缓冲区（左图），或者根据要素属性设置相应距离（右图）。

也可以设定多个源要素，GIS将围绕它们一次性创建缓冲区。如果有重叠存在，GIS可以擦除相交处的线条，并创建单个缓冲区域，或者让重叠存在亦可。创建单个缓冲区可以显示哪些要素至少邻近其中一个源要素。重叠区域显示哪些要素邻近1个以上的源要素。

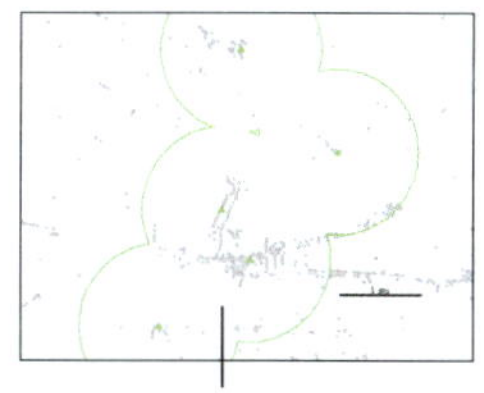

缓冲区内的客户至少有一所银行在3/4英里距离以内。

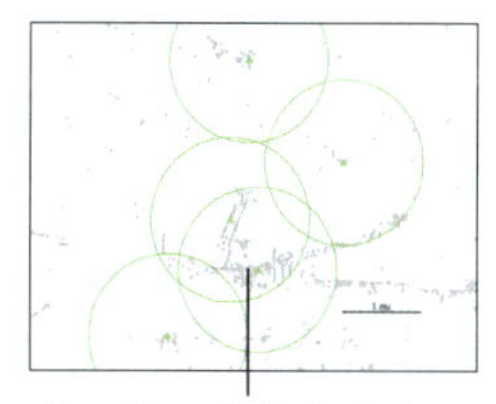

位于该区域的客户有两所银行在3/4英里距离以内。

获取信息

缓冲区创建完毕之后，可以显示该区域来观察哪些要素位于源要素的给定距离内，或者使用缓冲区来选择所有落入其中的要素。然后可以获取它们的汇总信息，如列表或计数等。

Business Name	SIC	Type
Gresham Ford	5511	Retail
Coffee People	5499	Retail
Burger King	5812	Retail
Cowtown Boots	5661	Retail
Red Robin International	5812	Retail
Redmart Inc	5712	Retail

缓冲区创建完毕后，可选择位于其中的要素。

如果位于缓冲区内的要素为线状要素或区域，需要确定是只选择完全落入缓冲区内的要素，或部分落入区内的要素，还是每个要素落入区内的部分。

第5章查找区域内部要素详细阐述了如何获取区域内部要素的相关信息。

查找邻近多个源要素的要素

如果需要查找一个以上源要素周围给定距离内的要素，需要创建单独的缓冲区并选择每个源要素周围的要素。否则的话，只会显示某周围要素位于一个以上源要素的距离范围内，但是不知道是哪个源要素，或者它是否位于一个以上源要素的距离范围内。例如，创建多个消防站周围的3/4英里缓冲区，并选择缓冲区内的911电话，就无法显示哪个电话离哪个消防站最近。因此需要分别为每个消防站创建缓冲区，用于查找每个消防站周围3/4英里范围内的电话。

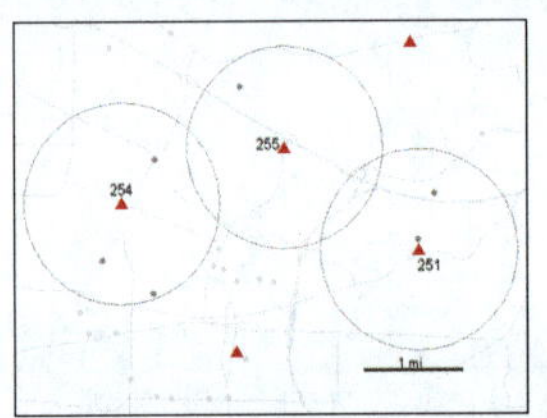

消防站周围所有三个缓冲区内的电话。

Call ID	Date/Time	Type
98007009	3/21/98 20:04:40	CFIRE
98007581	3/28/98 9:50:26	CFIRE
98001957	1/20/98 1:05:50	CFIRE
98011257	5/09/98 15:00:53	CFIRE
98010414	4/29/98 23:00:59	CFIRE
98012985	5/30/98 6:16:40	CFIRE

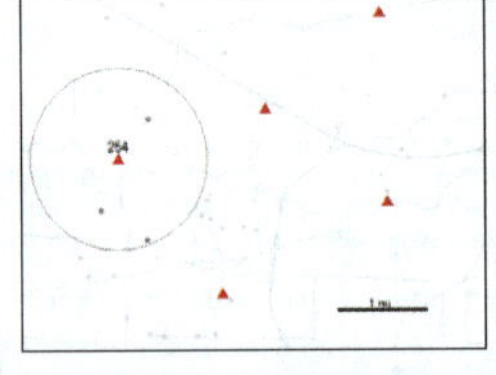

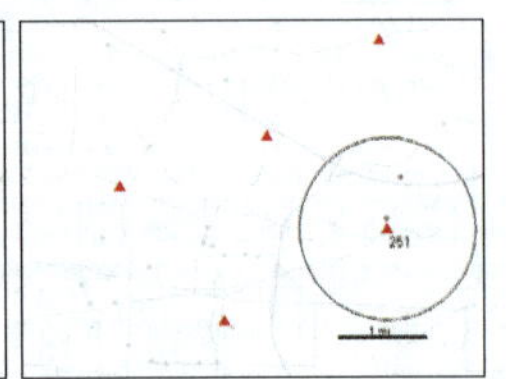

距离每个消防站最近的电话。

Call ID	Date/Time	Type
98007009	3/21/98 20:04:40	CFIRE
98007581	3/28/98 9:50:26	CFIRE
98011257	5/09/98 15:00:53	CFIRE

Call ID	Date/Time	Type
98001957	1/20/98 1:05:50	CFIRE
98010414	4/29/98 23:00:59	CFIRE

查找位于多个距离范围内的要素

如果想知道哪些要素位于如包容环之类的源要素的多个距离范围内，如位于某商店1 000、2 000和3 000英尺范围内的客户，需要创建多个单独的缓冲区并为每个缓冲区选择周围要素。

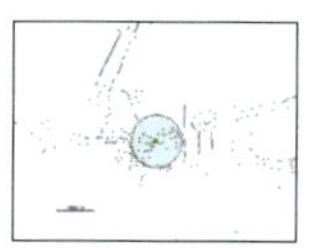
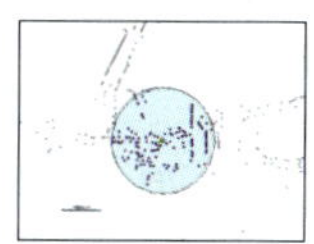

Business Name	Type
Volume Shoe Source	Retail
Lydia's Tailor & Alterations	Retail
Washco Lawn & Garden	Retail
R K's Prints & Frame Shop	Retail
Jay Jacobs	Retail
Apsara Restaurant	Retail
Woodstove Emporium Inc	Retail

若要查找距离特征条带内的要素，如位于1 000英尺以内、1 000～2 000英尺之间和2 000～3 000英尺之间的客户，可以设置这三个条带，GIS可以同时创建它们。然后选择位于特定条带内部的要素。

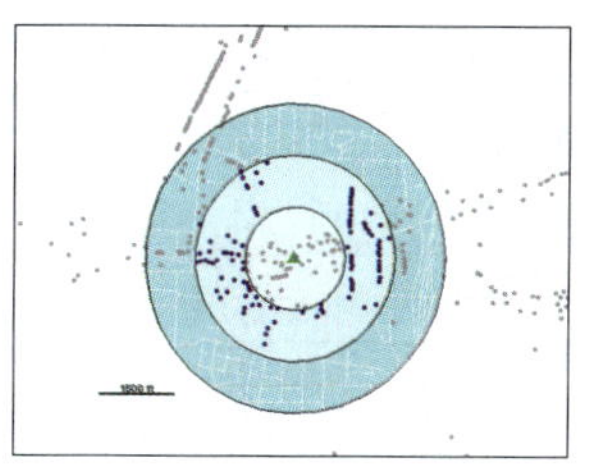

Business Name	Type	Distance Range (Ft)
Lydia's Tailor & Alterations	Retail	1000
Washco Lawn & Garden	Retail	2000
R K's Prints & Frame Shop	Retail	2000
Jay Jacobs	Retail	
Apsara Restaurant	Retail	2000
Woodstove Emporium Inc	Retail	
River Forum Sundries	Retail	
Meyers Cafe	Retail	3000
Da Da Gifts	Retail	

地图制作

如果需要读者仅关注缓冲区内部的要素，可以只显示这些要素。但是，显示所有要素可以帮助读者观察哪些要素位于缓冲区之外，哪些要素位于缓冲区以内。

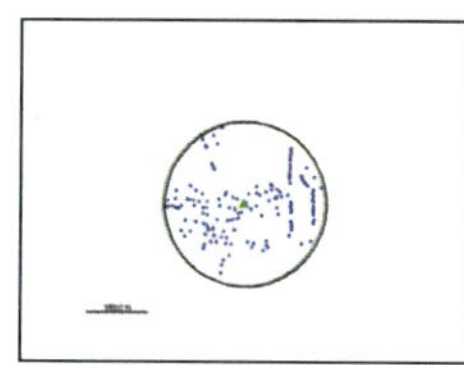
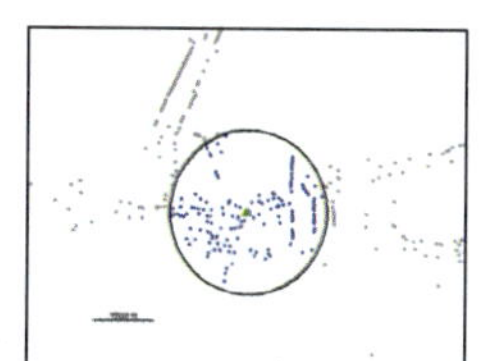

如果是显示所有周围要素，则高亮显示缓冲区内部要素有助于读者快速观察内部要素的分布格局。

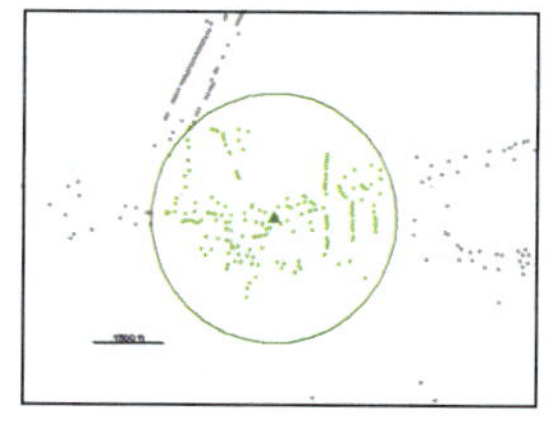

也可以显示街道、行政边界、水体或者其他地标。地图也应该标注缓冲区距离值及其所代表的含义（例如，禁止伐木区，或者位于拟建酒类经营商店周围500英尺范围内的地段）。可以在图例中用文字表示，标注在地图上，甚至在标题中注明。

选择设定距离范围内的要素

使用选择功能查找邻近要素与创建缓冲区很相似。可以设定与源要素之间的距离，GIS选择该距离范围内的周围要素。区别在于GIS并不创建围绕源要素的边界。它同时计算距离并选择要素，所以无需使用缓冲区来选择源要素周围的要素。

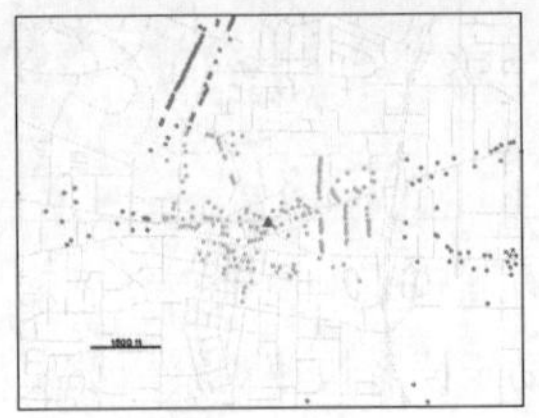

被选择的客户位于某银行周围3/4英里以内。

选择要素尤其适用于源要素的邻近要素的汇总，并且无需创建和显示真实的缓冲区边界。在选择邻近源要素的线状要素和区域时，GIS包括了部分位于设定距离范围内的要素。

获取信息

在GIS选择要素完毕之后，可以根据要素属性获得列表、计数或汇总统计值。

选择邻近多个源要素的要素

如果需要查找哪些要素位于一个以上源要素的给定距离范围内，需要选择每个要素并给它们贴上标签。否则，只会知道某周围要素位于至少一个源要素的距离范围内，但是不知道是哪个源要素，该要素是否位于一个以上的源要素的距离范围内。例如，选择位于银行4 218号分理处周围2 000英尺范围内的要素，并给这些要素的数据表设置属性为1。然后，选择银行4 220号分理处周围2 000英尺范围内的要素，并给这些要素设置另一个属性为1。然后选择该属性代码均为1的客户，就可以得到位于两个分理处周围2 000英尺范围内的客户。

1. 在第一个源要素的距离范围内选择并标记要素。

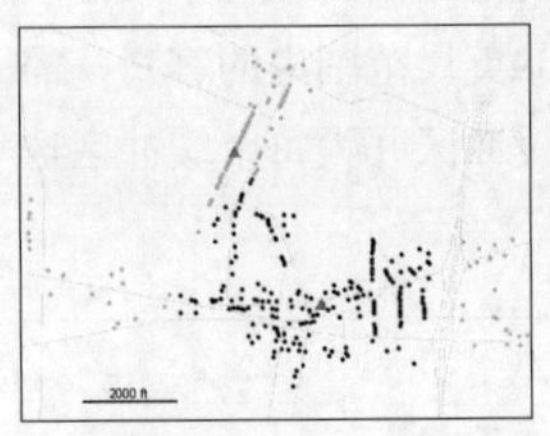

Business Name	Type	Bank #4218
Copelands Sports	Retail	1
The Little Mermaid	Retail	1
MacKenzie Roadhouse Grill	Retail	0
Spagetti Warehouse	Retail	1
Minutes Service Centers	Retail	1
Silicon Forest Computers	Retail	1
Canyon Service Center Inc	Retail	1
Peggy's Classic Cars Inc	Retail	0

2. 在第二个源要素的距离范围内选择并标记要素。

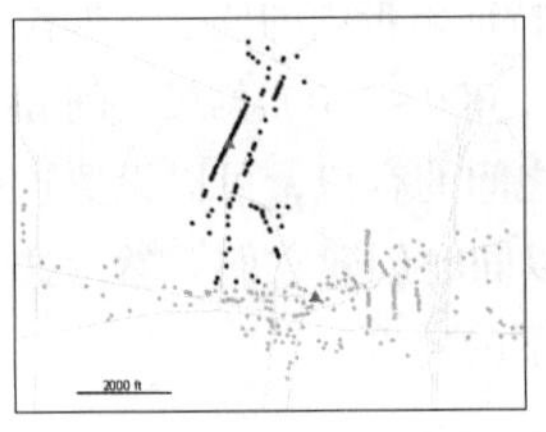

Business Name	Type	Bank #4220
Copelands Sports	Retail	0
The Little Mermaid	Retail	0
MacKenzie Roadhouse Grill	Retail	0
Spagetti Warehouse	Retail	1
Minutes Service Centers	Retail	0
Silicon Forest Computers	Retail	1
Canyon Service Center Inc	Retail	0
Peggy's Classic Cars Inc	Retail	0

3. 在两个源要素的距离范围内选择要素。

Business Name	Type	Bank #4218	Bank #4220
Copelands Sports	Retail	1	0
The Little Mermaid	Retail	1	0
MacKenzie Roadhouse Grill	Retail	0	0
Spagetti Warehouse	Retail	1	1
Minutes Service Centers	Retail	1	0
Silicon Forest Computers	Retail	1	1
Canyon Service Center Inc	Retail	1	0
Peggy's Classic Cars Inc	Retail	0	0

选择位于多个距离范围内的要素

若要知道位于源要素的多个距离范围内的要素，如位于某商店周围1 000、2 000和3 000英尺范围内的客户，可以针对每个距离进行一次性选择。

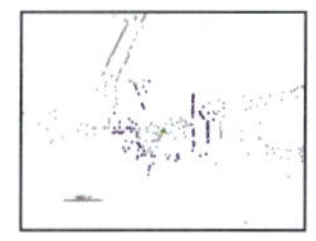
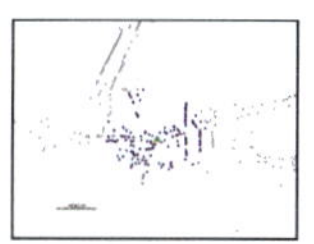
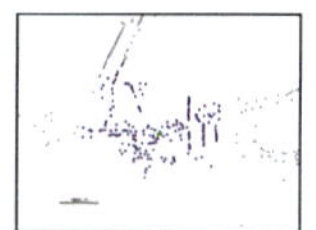

如果是查找哪些要素位于距离条带内，如位于某商店周围1 000英尺以内、1 000～2 000英尺之间和2 000～3 000英尺之间的客户，可以在每个距离范围内选择要素，并使用代码进行标记。例如，选择位于1 000英尺范围内的要素，并给这些要素的数据表设置属性为0。然后选择2 000英尺范围内的要素，并给这些要素设置另一个属性为1。然后可以选择某商店周围1 000英尺以外，2 000英尺以内的客户（band1000=0 and band2000=1）。

1. 在某银行周围1 000英尺范围内选择并标记客户。

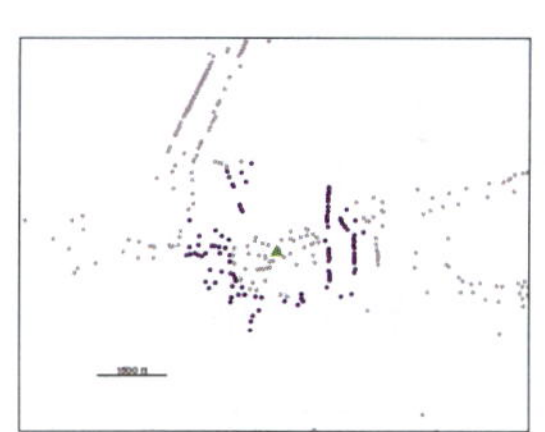

Business Name	Type	Band 1000	Band 2000
L & Z Specialties Inc	Retail	0	0
Copelands Sports	Retail	1	1
The Little Mermaid	Retail	0	1
MacKenzie Roadhouse Grill	Retail	0	0
Spagetti Warehouse	Retail	0	1
Minutes Service Centers	Retail	1	1
Silicon Forest Computers	Retail	0	0

2. 在某银行周围2 000英尺范围内选择并标记客户。

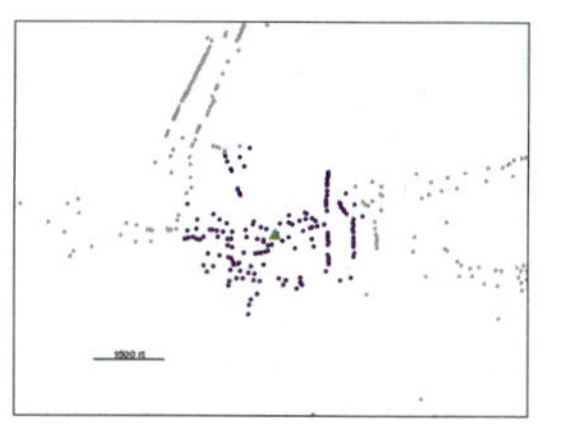

Business Name	Type	Band 1000	Band 2000
L & Z Specialties Inc	Retail	0	0
Copelands Sports	Retail	1	1
The Little Mermaid	Retail	0	1
MacKenzie Roadhouse Grill	Retail	0	0
Spagetti Warehouse	Retail	0	1
Minutes Service Centers	Retail	1	1
Silicon Forest Computers	Retail	0	0

3. 选择某银行周围1 000英尺以外，2 000英尺以内的客户。

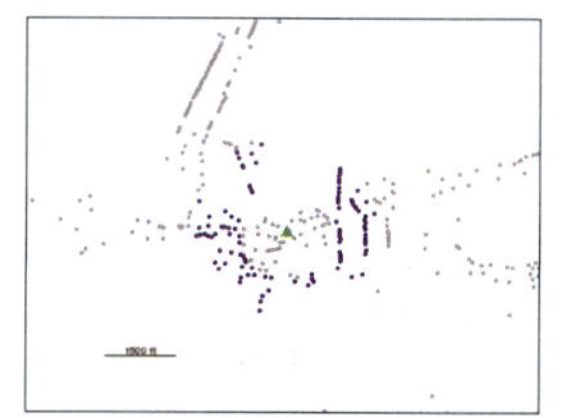

Business Name	Type	Band 1000	Band 2000
L & Z Specialties Inc	Retail	0	0
Copelands Sports	Retail	1	1
The Little Mermaid	Retail	0	1
MacKenzie Roadhouse Grill	Retail	0	0
Spagetti Warehouse	Retail	0	1
Minutes Service Centers	Retail	1	1
Silicon Forest Computers	Retail	0	0

地图制作

若要显示源要素的邻近要素，可以简单地绘制源要素和被选择的周围位置。但是，最好是绘出研究区域内的所有位置，并使用不同的颜色或符号绘制位于指定距离内的要素，便于区分位于距离以外的位置和位于距离以内的位置。

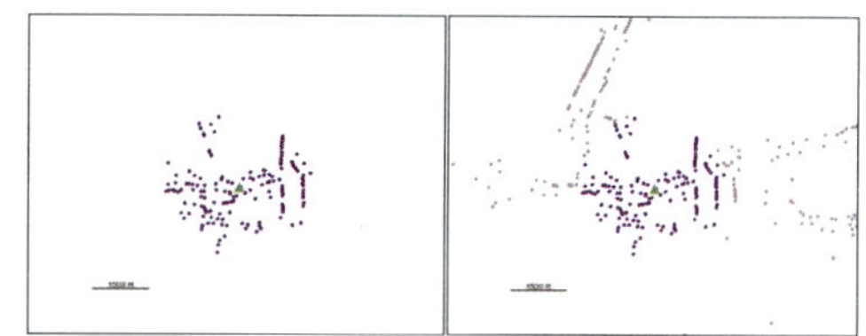

要素到要素

如果是查找邻近源要素的单个点位置，可以使用GIS计算每个点位置和最近的源要素的确切距离，这有助于了解每个点位置到源要素的远近，而不只是判断它是否在给定距离范围内。如果是查找到线状要素的距离，例如从河边到鹰巢有多远，GIS计算到该线上最近的点的距离。

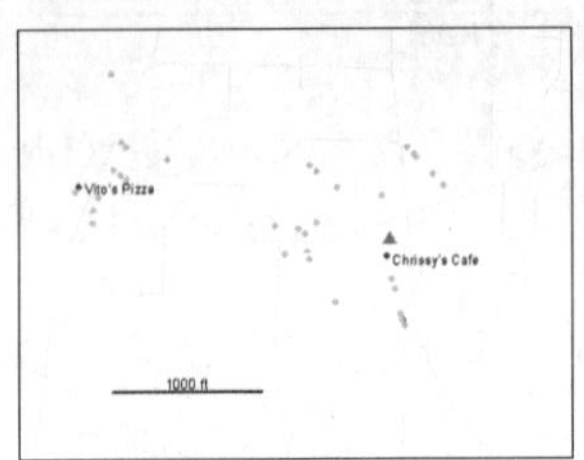

Business Name	SIC	Type	Distance (Ft)
Vitos Pizza	5812	Retail	2091.394
Chrissys Cafe	5812	Retail	119.111
Premier Technologies Inc	5734	Retail	2126.888

GIS也可用于查找每个点位置到多个源要素之间的距离，该方法适用于：

• 需要观察哪些区域邻近一个以上的源要素，哪些区域只邻近一个源要素。例如，快餐连锁店老板可能需要了解哪些区域有着大量邻近多个饭店的顾客。

• 需要知道每个点位置的第二和第三个邻近源要素。例如，需要知道距离给定点位置最近和次近的医院。

• 需要将距离与其他因素进行比较。例如，可以对每个客户到某商店之间的距离和光顾该商店的次数进行比较，并对所有客户的情况进行综合，来观察距离与光顾商店之间是否存在某种关系。

分析结果

如果是计算每个周围点位置和最近的源要素之间的距离，则每个点位置的距离被添加到周围点位置的数据表，并赋予最邻近源要素的标识符。

Business Name	SIC	Bank #	Distance (Ft)
Spanky's Burger Express	581	3	1252.373
Copeland Lumber Yards Inc	521	3	1379.105
Spunky's Hamburgers	581	3	1297.968
El Torito Restaurant	581	3	1685.213
Marion's Carpets Inc	571	3	1442.558
Sherwin Williams Paint	523	3	1838.423
Godfathers Pizza	581	3	1475.071
GDR's Golf USA	594	3	1420.045
The Printer Place	573	3	1579.779

如果是计算每个点位置和多个源要素之间的距离，可以获得每个点位置的新的表格列表，以及源要素的标识符和到每个源要素的距离。

Business Name	Bank Branch	Distance (Ft)
Spanky's Burger Express	3	1252.373
Copeland Lumber Yards Inc	3	1379.105
Copeland Lumber Yards Inc	4	2315.988
Spunky's Hamburgers	3	1297.968
El Torito Restaurant	3	1685.213
El Torito Restaurant	4	2021.815
Marion's Carpets Inc	3	1442.558
Marion's Carpets Inc	4	[illegible]

设定最大距离

如果是计算到一个以上源要素的距离，可以设定包括点位置的最大距离。例如，如果只需要得到生活在某商店周围5英里范围内的客户信息，可以设定最大距离为5英里，这样GIS就不会包括超出范围以外的客户。

设定最大距离可以使GIS避免创建研究区域内每个源要素和每个点位置之间的距离列表。例如，获得显示每个客户到每个商店的距离列表。可以根据有关活动或行为的经验知识来设定最大距离，如超过该距离人们通常就不光顾某种类型的商店。

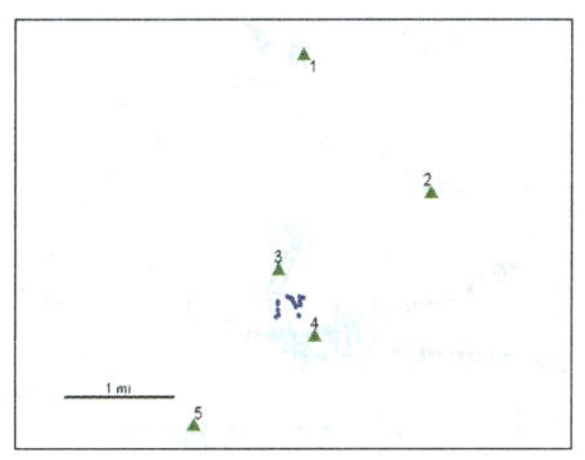

Business Name	Bank Branch	Distance (Ft)
Spanky's Burger Express	3	1252.373
Copeland Lumber Yards Inc	3	1379.105
Copeland Lumber Yards Inc	4	2315.988
Spunky's Hamburgers	3	1297.968
El Torito Restaurant	3	1685.213
El Torito Restaurant	4	2021.815
Marion's Carpets Inc	3	1442.558

获取信息

每个点位置都标记了它到源要素之间的距离，因此可以方便地绘制多个距离范围内的要素。例如，需要知道哪些客户位于某商店周围5～10英里范围内，可以简单地根据点位置到源要素之间的距离进行分类，也可以选择这些要素并得到它们的信息列表。

该方法也可以根据所赋予的距离计算统计汇总数据，例如企业与银行分理处之间的平均距离，或鹰巢到河边的中位距离。可以设定包含每个源要素代码的字段，以及需要汇总的属性。GIS进行计算并创建数据表或图表来显示每个源位置的值。

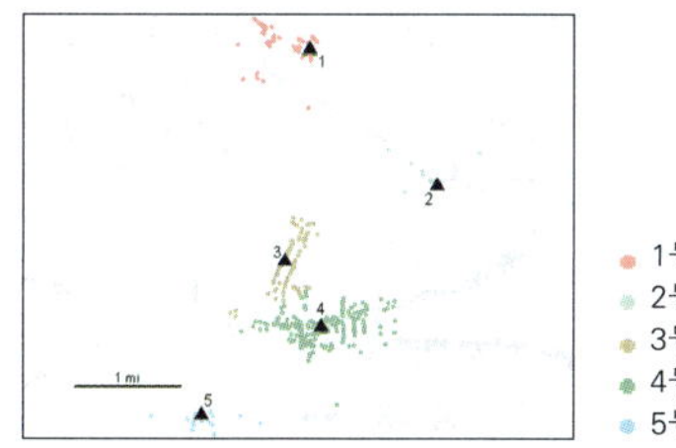

Business Name	Bank Branch	Distance (Ft)
Cent Wise Drug & Hallmark Shop	2	98.956
Century Pharmacy-Sunset	1	2506.843
Charlotte's Weddings & More	0	0.000
Chelsea Audio-Video	4	1818.969
Chicken On The Run	0	0.000

Bank Branch	# of Businesses	Avg. Distance (Ft)
1	56	1650.2130
2	16	767.2087
3	124	995.0087
4	206	1558.0573
5	26	1110.3992

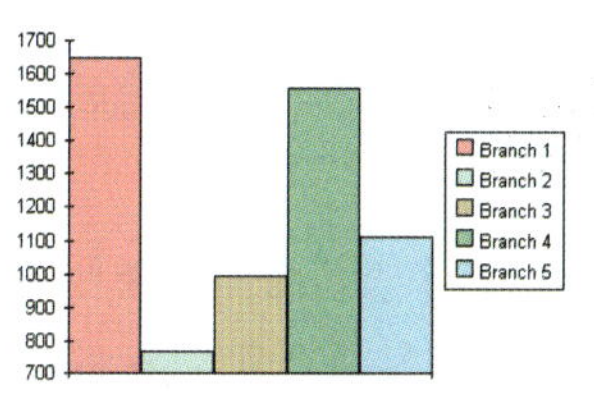

零售网点到最近的银行分理处的平均距离。

地图制作

基于点到点距离创建地图有如下几种途径：

- 基于周围点位置到源要素之间的距离进行彩色编码并制图。
- 绘制根据最邻近源要素进行彩色编码的周围点位置。
- 创建蜘蛛网图。
- 使用等级点符号绘制源要素。

绘制基于距离进行彩色编码的周围要素

该方法可以显示点位置距离源要素有多近。如第3章最大值和最小值制图分析所述，只需要简单地将距离值划分范围，使用多种色彩可以更好地区分这些范围。

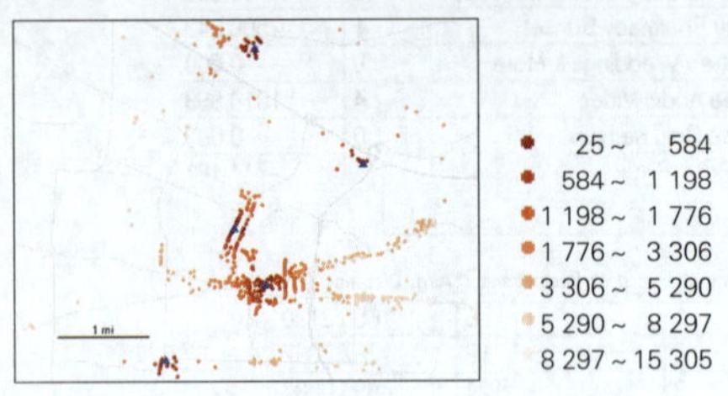

基于到最近的银行分理处的距离值（英尺）进行彩色编码得到的客户点位置。

绘制基于源要素进行彩色编码的周围要素

该方法可以显示每个点位置距离哪些源要素最近，也有助于观察每个源要素的服务区域。由于源要素的代码存储于每个点位置，所以只需要简单地给每个代码赋予相应的色彩，GIS即可使用适宜的色彩绘制点位置。

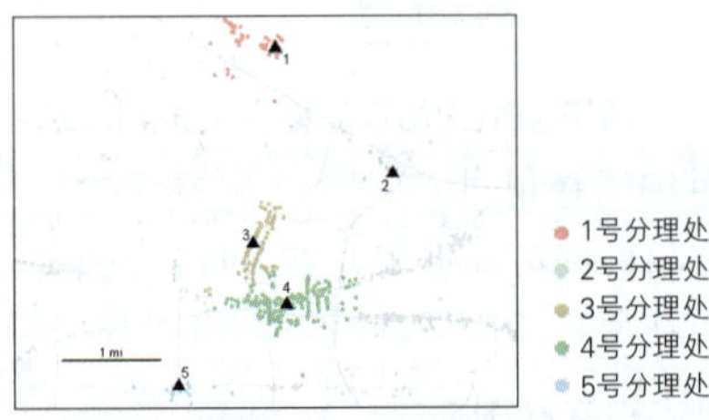

根据距离最近的银行分理处进行编码的客户点位置。

创建蜘蛛网图

GIS可以在每个点位置及其最邻近的源要素之间绘制直线，其组成的图形称为蜘蛛网图。如果某个点位置邻近两个或以上的源要素，GIS会分别绘制直线。所绘直线可以使用不同颜色，以便观察与每个源要素相关联的点位置分布状况。蜘蛛网图适用于比较多个源要素之间的格局差异，例如点位置到某源要素有多远，在何方向，哪些源要素具有更多的邻近点位置，以及哪些点位置邻近两个或以上的源要素。

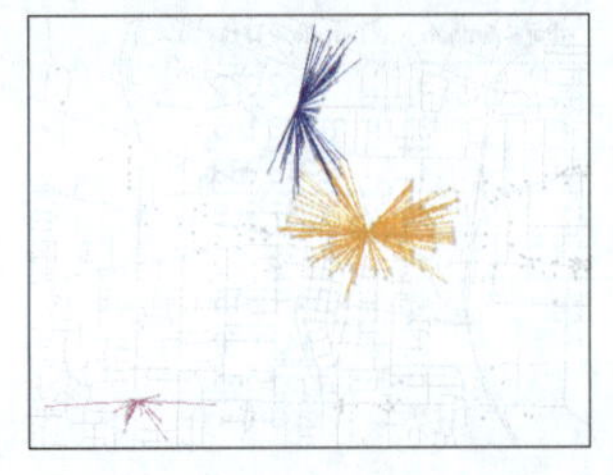

位于某银行周围3/4英里范围内的客户。

使用等级点符号绘制源要素

等级符号适用于根据数量对源要素的比较分析。符号表示邻近每个源要素的点位置数量（如邻近每个银行的企业数量），或者基于周围要素派生的数值（如邻近每个银行的企业员工数量），也可以与其他方法相结合来绘制周围点位置，如根据距离或源要素进行彩色编码。

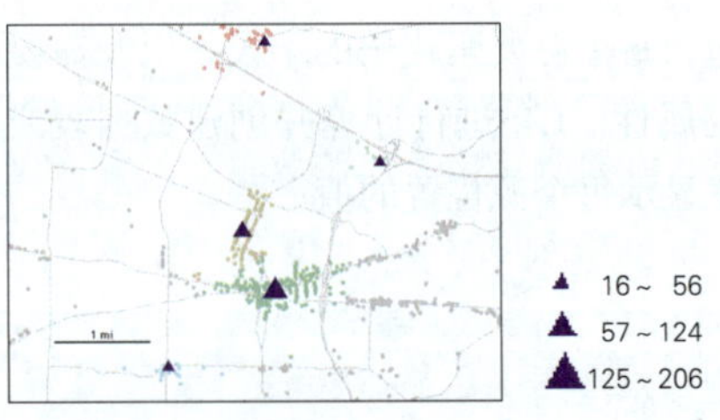

邻近每个银行的企业数量。

创建距离表面

使用该方法，可以创建以源要素为起点的连续距离的栅格图层。使用该距离图层可以创建特定距离的缓冲区，然后将距离值赋给源要素周围的单个要素；或者查找诸如土壤或植被之类的连续型要素距离源要素的远近程度。

在设定包含源要素的图层后，GIS计算每个单元到其最邻近源要素的距离，并创建新的栅格图层。

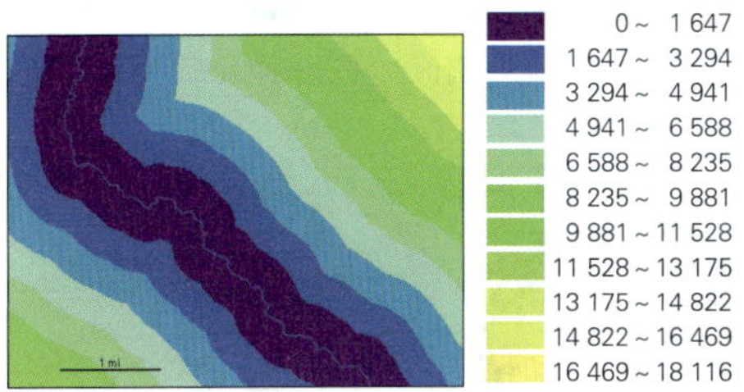

以河流为起点的连续距离（单位：英尺）。

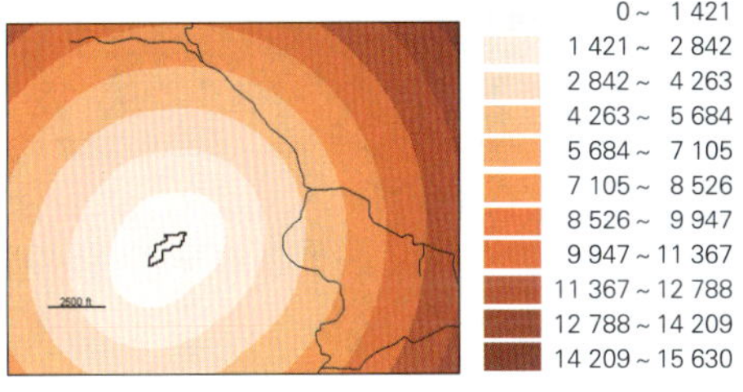

以用材林为起点的连续距离（单位：英尺）。

创建距离范围

每个单元都有一个唯一的标识数值。可以使用等级颜色来显示该值——作为连续型范围或分组为类均可，因此可以观察其格局。ArcGIS可以创建缺省显示设置。如果只是想显示距离图层和其他要素来观察距离范围内的要素，可以使用缺省设置或自定义颜色范围或类。

汇总距离范围内的要素

可以汇总距离范围内的离散要素或连续型数据。

汇总如河流附近的鹰巢之类的点位置要素，可以基于该位置所落入的单元赋给每个要素相应的距离值。然后可以根据距离来汇总要素。在要素到要素章节有此方面内容的详细阐述。

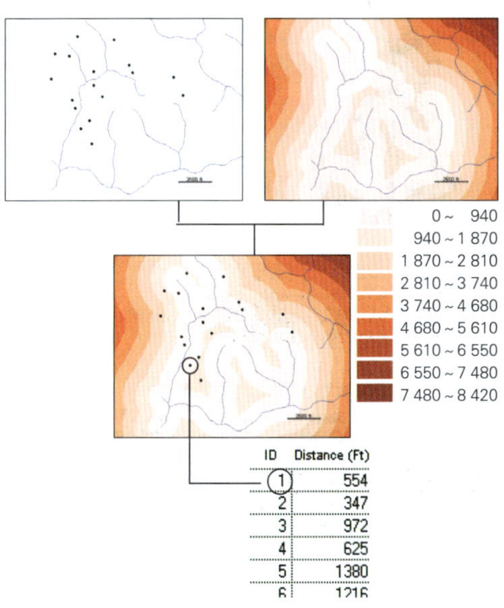

ID	Distance (Ft)
1	554
2	347
3	972
4	625
5	1380
6	1216

若要汇总连续型要素，例如某条河流周围500英尺范围内每种土地覆盖类型的数量，可以选择距离值小于或等于500英尺的单元来创建新图层，该图层显示了哪些单元位于500英尺缓冲区以内。然后将距离图层和包含连续型要素的图层相叠加。

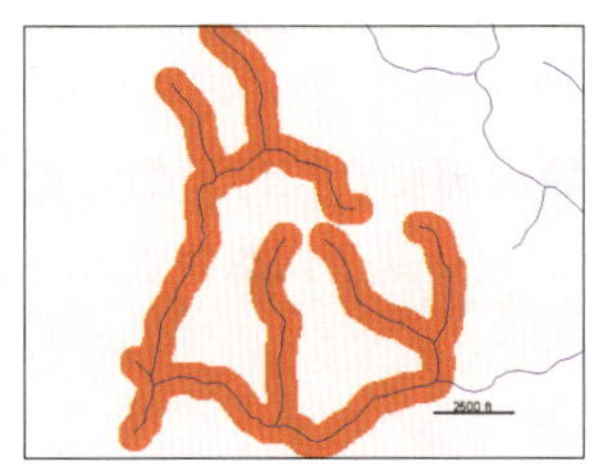

若要创建多个距离缓冲区，可以将该图层重新分类为距离范围，例如0～500英尺、500～1 000英尺和1 000～1 500英尺。

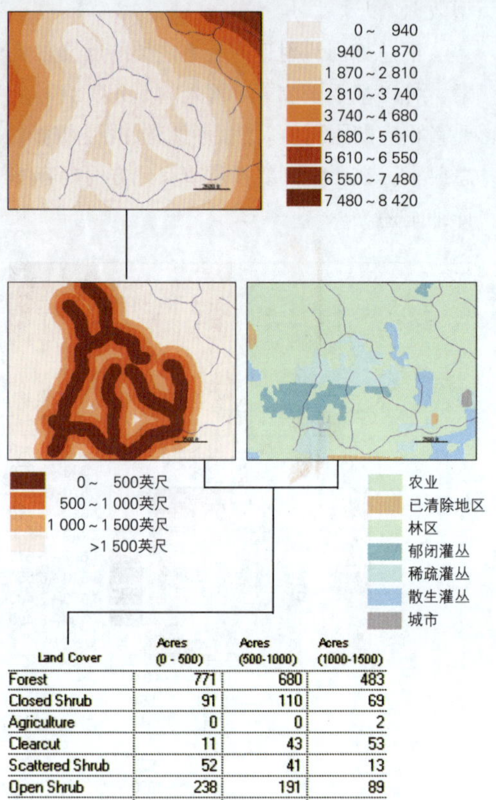

Land Cover	Acres (0 - 500)	Acres (500-1000)	Acres (1000-1500)
Forest	771	680	483
Closed Shrub	91	110	69
Agriculture	0	0	2
Clearcut	11	43	53
Scattered Shrub	52	41	13
Open Shrub	238	191	89
Urban	0	0	0

该方法也经常用于创建选择地址或适宜性模型的输入信息，因为与源要素之间的距离是影响因素之一。距离表面通过赋予相对数值而被重新划分数值范围，然后与其他图层相结合来赋予每个单元相应的总体等级值。例如，根据与优良的鹿栖息地的相似程度来评定区域等级时，到河流的距离就可以作为标准之一。

第5章查找区域内部要素探讨了如何查找区域的内部要素，包括基于到源要素之间的距离创建的区域。

设定最大距离

可以通过设置最大距离来限制GIS计算距离时所涉及的区域。任何超出设定距离的单元都不会被赋值。如果没有设定最大距离，GIS将为研究区域内的所有单元计算数值，无论该单元距离源要素有多远。

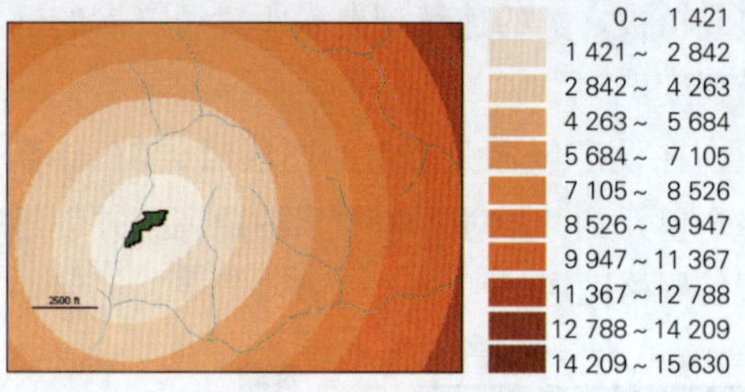

如果没有设定最大距离值，对所有单元都计算距离。

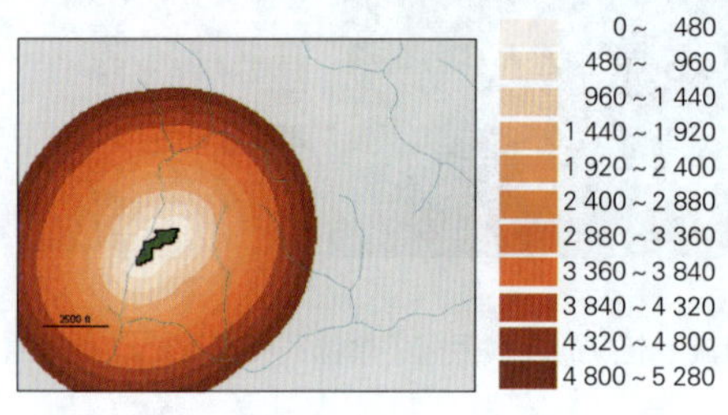

设定最大距离值为5 280英尺。

设定多个源要素

当创建距离表面时，需计算每个单元到最邻近源要素的距离值。如果需要查找哪些区域位于一个以上源要素的给定距离范围内，可以为每个源要素创建单独的输入图层以及距离图层。然后通过选择所有表面上位于给定范围内的单元来比较输出结果。例如，若要查找两条河流周围1200英尺范围内的区域，可以创建每条河流的距离图层，并选择每个图层中距离值小于1200英尺的单元。结果图层将只包含那些位于两条河流周围1200英尺范围的单元。

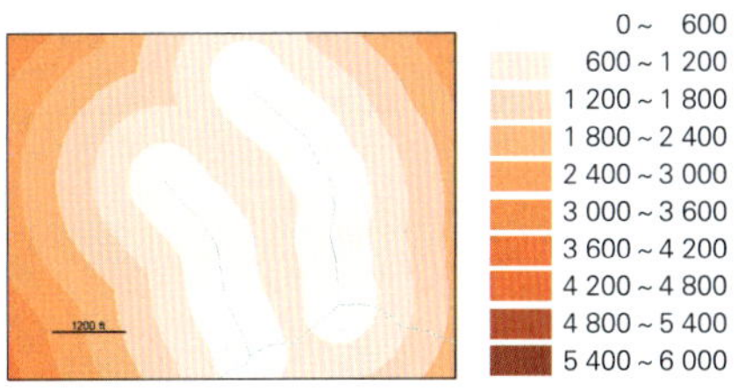

计算到两条河流的距离值，只显示到至少其中一条河流的距离。

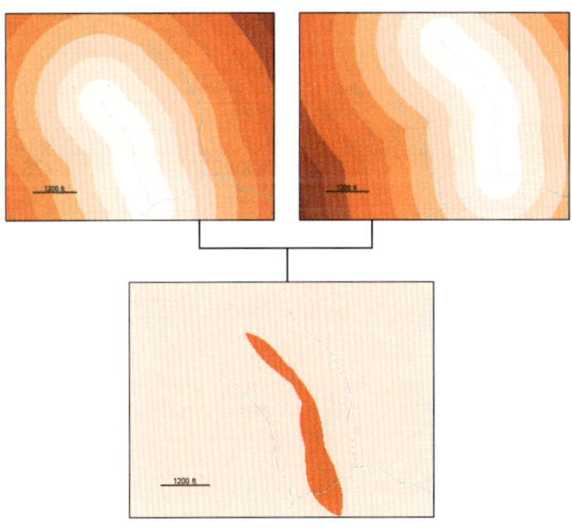

位于两条河流周围1 200英尺范围的区域。

地图制作

如果是离散要素，可以简单地将其绘制在距离表面之上，距离表面使用等级颜色显示。如果设定6～7个以上的类，使用2～3种色调有助于区分这些类；也可以使用覆盖多种色彩的连续混合色。使用类可以观察任意位置的数值（位于范围以内）；使用连续混合色有助于显示数值在表面上的变化状况，但是难以观察特定点的确切数值。也可以使用对比色来显示源要素。

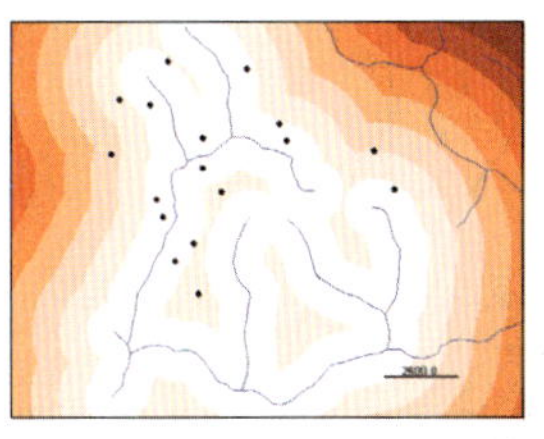

存储为栅格格式的连续型数据无法显示在距离表面之上。若要显示距离范围内的要素，需要结合重新分类后的距离表面和周围要素，如以前章节汇总距离范围内的要素中所述。然后可以显示结果图层，距离范围内的单元根据数值进行彩色编码，外部单元赋予中性色彩。也可以根据它们的值进行彩色编码来显示所有的单元，并高亮显示距离范围内的单元。

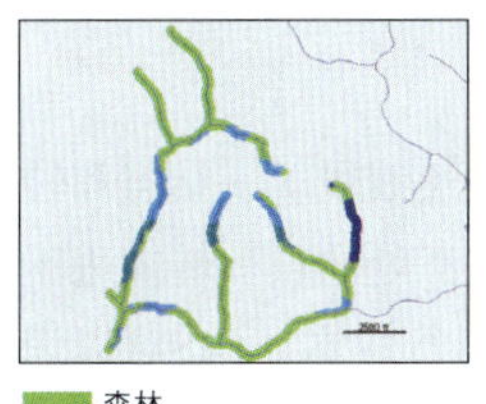

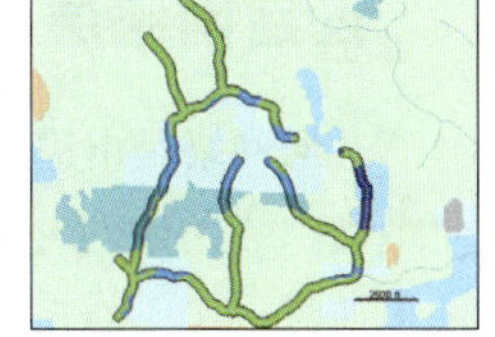

森林
郁闭灌丛
散生灌丛
稀疏灌丛

测量网络上的距离或成本

在该方法中，GIS识别网络中距某源位置给定距离、时间或成本范围内的所有线段，如街道或管线。网络中的源位置通常被称为“中心”，因为它们一般表示人流、物流或服务流的中心。然后可以查找被这些线段所覆盖区域内部或周围的要素；并判断有哪些线段邻近中心，如某消防站周围3分钟车程范围内的街道。

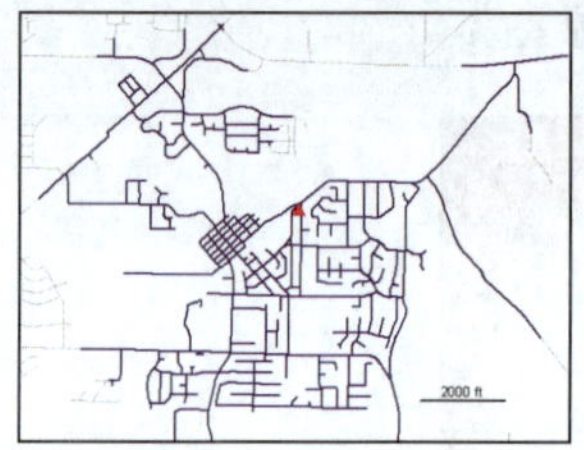

或者，也可以了解某要素有多少数量邻近中心，如某商店周围10分钟车程范围内的客户数量。

GIS的功能

GIS在指定的中心位置开始启动，沿着网络边线测量该中心到每个邻近结点的距离。如果距离值小于所设定的最大值，则该条边线被赋予该中心的代码。然后转到各条被标记的边线的末端处的结点，测量从那里到所有邻近结点的距离。GIS将该段距离与前段距离相加——即从中心位置到当前结点处的距离，从而获得每条边线的总距离。GIS在设定距离内查找每个结点，并以这些结点为起点，从各个方向往外搜索并计算累加的距离值，直到达到所设定的最大距离值为止。

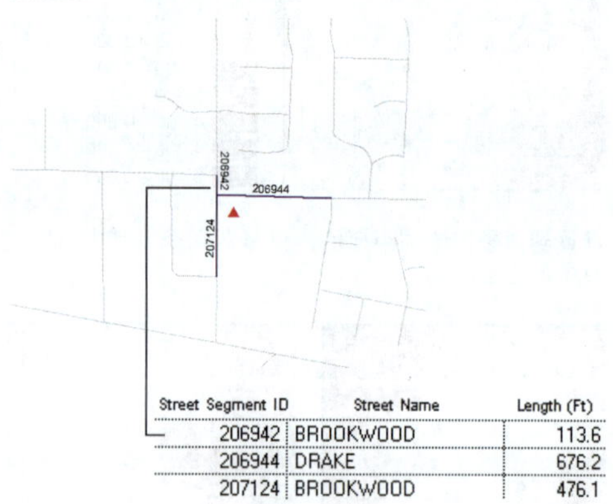

Street Segment ID	Street Name	Length (Ft)
206942	BROOKWOOD	113.6
206944	DRAKE	676.2
207124	BROOKWOOD	476.1

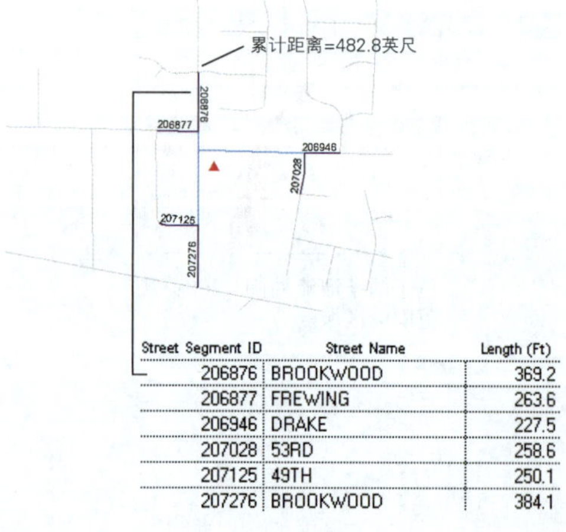

Street Segment ID	Street Name	Length (Ft)
206876	BROOKWOOD	369.2
206877	FREWING	263.6
206946	DRAKE	227.5
207028	53RD	258.6
207125	49TH	250.1
207276	BROOKWOOD	384.1

设定网络层

几何网络是由边线（线段）、结点和转向组成。结点是边线交汇处的点。转向用于设定通过一个结点的通行成本。GIS可以识别哪些边线是连通的。要获得精确结果，需要确保网络具有如下特征：

- 边线位于正确的位置。
- 边线是实际存在的。
- 边线与其他线段精确连接。
- 每条边线具有正确的属性。

到中心最近的各条街道

街道网络通常用于查找邻近要素。这些网络由街道线段、交叉路口和转向组成。每条街道线段被标记从中心到周围位置的通行成本测量值，被称为“阻抗”值。最常用的阻抗测量值有距离、时间和货币，如根据劳力、燃料和维护费用测算的运货卡车每英里的运输成本。

使用距离

在设定中心位置和最大距离值后，GIS将线段赋予距离范围内最近的中心。网络层的数据表包括包含每条线段长度的字段，因此无需添加该属性。

使用成本

使用时间或其他成本来查找邻近要素，需要给每条街道线段标记上它的成本。一种方法是计算单位成本并乘以每条线段的长度来确定每条线段的成本。每单位成本可以是根据外部信息计算得到的常量，如运货车每英里运输成本中有20%为劳力和燃料费用。或者根据街道类型得到成本，例如，可以赋予公路通行速度为50英里每小时，而住宅小区道路为25英里每小时。

通行时间是最常用的成本之一。计算通行时间的值有多种途径。一种是测算每条街道线段或街区的确切平均通行时间。如果没有通行时间，但是街道线段中存储限速数值，可以将线段长度乘以限速值来估算大致的通行时间。

例如，计算以分钟为单位的通行时间，限速值以每小时的英里数来测算，街道长度以英里为单位来测算，可以得到如下计算式：

分钟=街道长度／［（每小时英里数×5280）／60］

Street ID	Name	Length (Ft)	Speed Limit (MPH)	Travel Time (Min)
219230	ARTHUR	159.675	15	0.12
219209	ROCHELLE	168.513	15	0.13
203991	14TH	431.834	25	0.20
203992	MAIN	631.283	35	0.20
218303	CORNELIUS PASS	1321.652	45	0.33
224560	QUATAMA	1597.035	35	0.52
219208	ROCHELLE	268.405	15	0.20
221358	LEONARD	125.641	15	0.10

如果没有线段的限速值，可以使用街道类型作为替代。例如，可以赋予所有主要街道的通行速度为40英里每小时，所有住宅小区街道的通行速度为25英里每小时。然后计算每条街道线段的通行时间，如上所示。

计算货币成本可以通过线段长度乘以通行成本得到。例如，线段长度以英尺为单位测算，通行成本以每英里所耗费的美分为单位，则每条线段的通行成本为：

美分＝行程长度×（每英里的通行成本／5280）

设置行程参数

除了为单独线段设定成本，还可以为从一条线段到另一条线段的转向或者位于某交叉路口的站点设置成本；也可以限制网络上的哪些线段可以通行，在哪个方向上通行。

设置转向点与站点

在计算通行时间的时候常用到转向和站点。例如，可以设置在特定交叉路口的向右转向平均耗费时间为3秒钟，而左转向需要7秒钟。或者，在站点标志处停车一般为3秒钟，在红绿灯处停车一般为30秒钟。

是否使用转向点与站点取决于分析的精度要求。例如，分析哪些街道位于某消防站周围3分钟车程范围内与分析哪些购物者在某商场周围15分钟车程范围内相比较，前者更有必要引入转向点和站点。

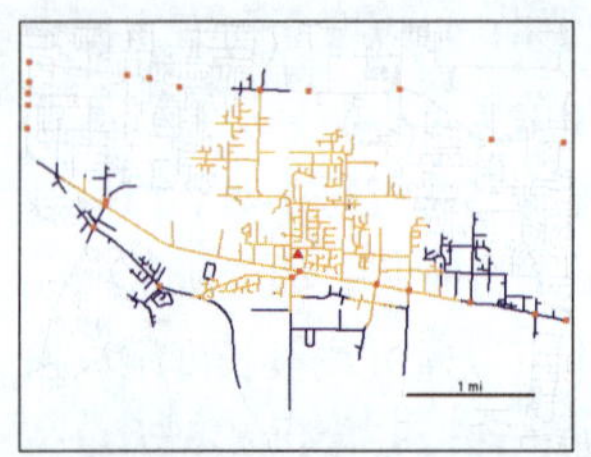

用蓝色表示的街道位于某消防站周围3分钟车程范围内，不包括转向点和站点；当包括转向点和站点时，就超过3分钟了。

为转向点或站点赋予成本，需要创建转向表。转向表是一种数据表，列举了设置成本所需的结点。如果某结点没有列出，GIS就假设没有与该结点相关联的额外成本。转向表列出了结点的数值型标识符，网络层中的“from”线段标识符，“to”线段标识符，以及转向点或站点的成本值（如，3秒钟或5美分）。

当GIS给线段赋值的时候，首先查找该线段所连接的每个结点的ID号，在转向表中查看这些结点是否被列出，如果是，则继续查找特定转向点（“to”和“from”线段）以及该转向点的成本。然后添加该成本到累计值。站点的处理方法与转向点相同。

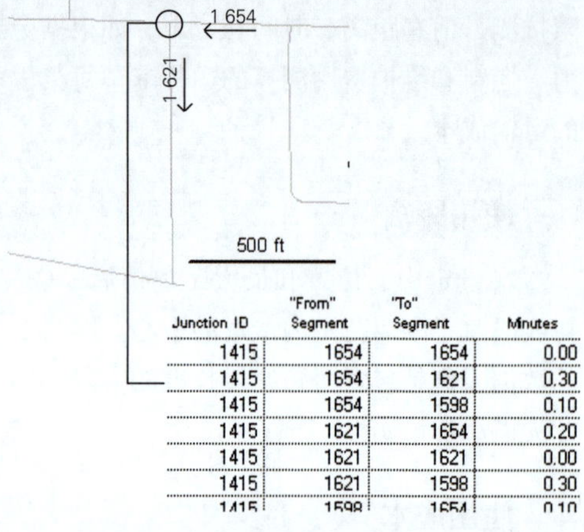

Junction ID	"From" Segment	"To" Segment	Minutes
1415	1654	1654	0.00
1415	1654	1621	0.30
1415	1654	1598	0.10
1415	1621	1654	0.20
1415	1621	1621	0.00
1415	1621	1598	0.30
1415	1598	1654	0.10

也可以设定通行的方向，如单行道、封闭路段（如正在维修，不通行的街道）；或者禁止转向点，如不允许左转的路口。设置这些限制的方法取决于所使用的GIS软件。通常情况下，给每条路段或转向点赋予代码来表示该道路是否允许通行。

设置多个中心

如果有多个中心，GIS同时为每个中心赋予线段。对每个中心都可以设置同样的最大距离或成本，或者为每个中心设置不同的距离。例如，分布于农村地区的中心要比分布在城区的中心具有更高的最大通行成本，因为卡车需要开的更远。

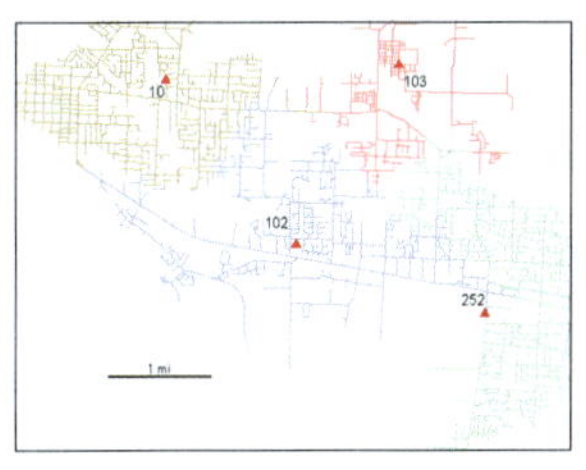

到中心最近的各条街道。

通过绘制多个中心，可以观察哪些区域离某中心较远，哪些区域距离多个中心都较近。也可以观察哪些中心具有多个周围区域——表示需求高，以及哪些中心较少。

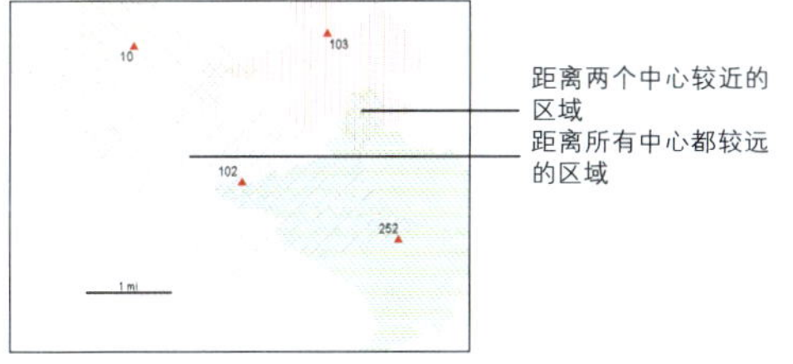

选择周围要素

GIS识别中心的距离或成本范围内所有线段之后，可以查找由这些线段所覆盖区域内的要素。可以创建边界来封闭这些线段，并与其他包含周围要素的图层叠加，或者使用GIS从中心沿网络向外搜索，并累计与每条线段相关联的值。

以下情况需要创建边界：

- 需要单个点位置的列表。
- 需要由所选择线段覆盖的区域内部的点位置的计数。
- 具有区域汇总要素。例如，需要累加每个人口调查街区的家庭数量，来查找某废品回收中心周围15分钟车程范围内的家庭数量。
- 需要线状要素或区域的列表、计数或总量。例如，小镇周围30分钟车程范围内的鲑鱼河流总长度。

以下情况需要进行累计：

- 需要沿网络线段的点位置的精确计数，或这些点位置的某种属性值的总数。
- 无需单个点位置的列表。

使用边界

通过手工绘制围绕被选择线段的线条可以创建边界，或者使用GIS创建边界。

手工绘制边界可以提供更多的灵活性，可以使用被选择线段作为指导，并根据如行政界线位置或其他因素包括或排除某些区域。

GIS可以绘制紧凑或普通的边界。普通边界连接被选择线段最远处的分支，而紧凑型边界只是勾画出被选择线段的轮廓。在GIS中创建普通边界要比创建紧凑型边界快得多。普通边界对于沿城市街道查找某图书馆周围1英里范围内生活的人口数量已经足够了，而紧凑型边界则可以满足查找某消防站周围3分钟车程范围内有哪些房屋的需求。

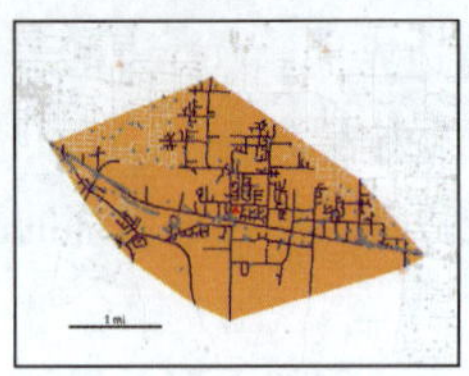

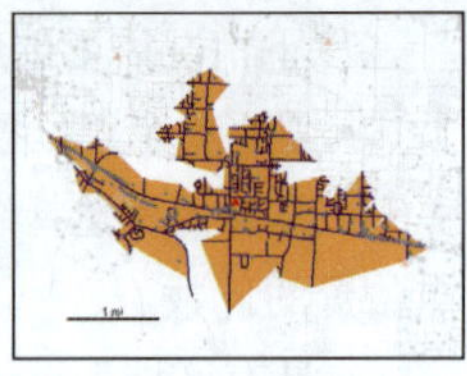

创建边界完毕之后，使用该边界选择周围要素，或将其与周围要素相叠加，可以查找区域内部要素。第5章查找区域内部要素阐述了该方面内容。

查找多个距离或成本值范围内的要素，可以使用GIS创建距离条带。例如，查找某商店周围0～1英里、1～2英里和2～3英里范围内的客户。GIS会一次性创建这三个条带。

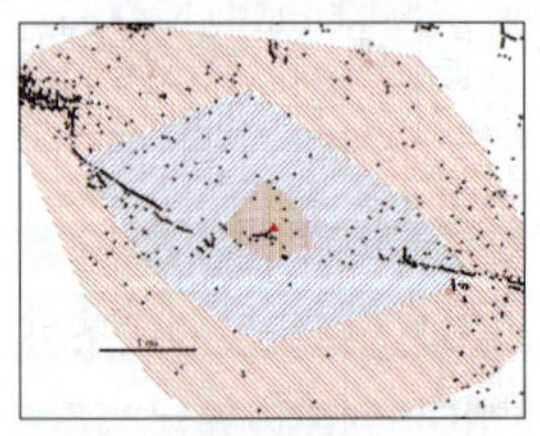

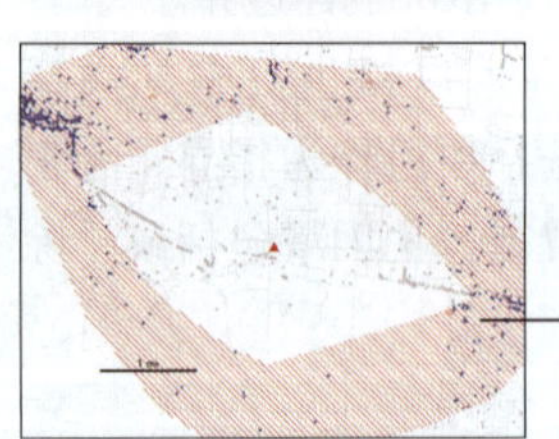

Band	# of Businesses	Total Workers
1	28	293.1000
2	282	3184.2000
3	635	7926.7000

如果需要查找距离或成本环内的要素，例如某商店周围0～1英里、1～2英里和2～3英里范围内的客户，需要为每个范围单独赋予线段。然后选择每个区域内的要素，并获取列表或汇总数据。

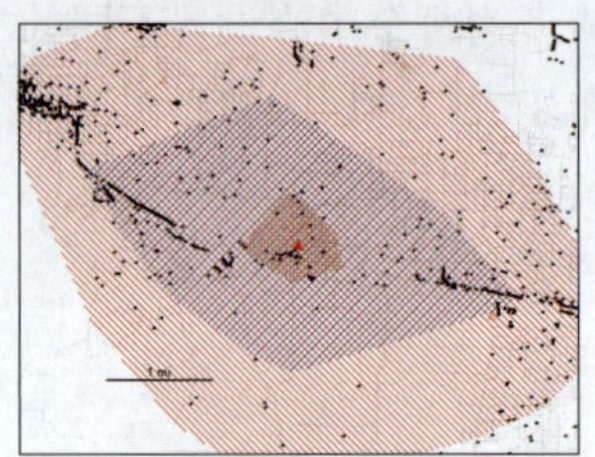

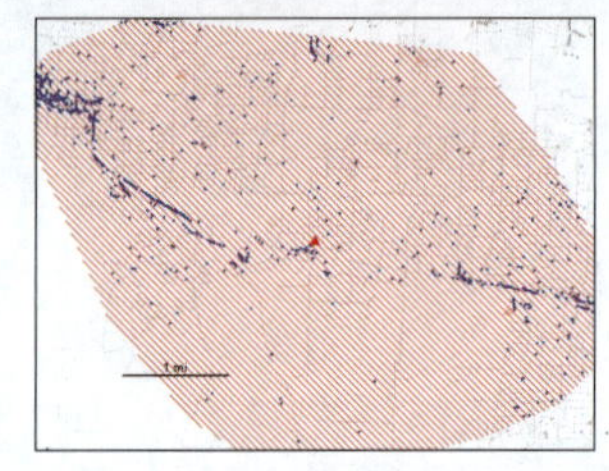

总量：11 404.0
计数：945

0～3英里范围内的客户。

实时累计

使用该方法时，GIS在沿网络从中心向外搜索的同时，累加计数或总量。需要给每条线段标记该属性值。例如，可以根据地址累计每个企业的员工数量，用于计算每条街道线段有多少员工，然后在街道层的数据表中的每条线段存储该数值。在GIS将街道线段赋予中心时，保留了员工数量的累加值。当到达设定的最大距离时，将最终总数赋予中心数据表中的相应字段。

在达到最大计数或总量之后，也可以设置赋予给街道的GIS站点。例如，可以通过给街道赋值将学生分配给某小学，直到达到400个学生的总数。所有住在那些街道上的学生都将被分配到该学校。

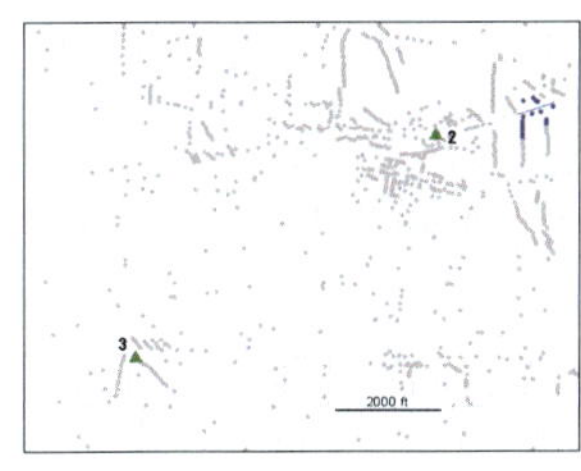

Business Name	Street	Street ID	# of Workers
Beavertons Carr Chevrolet-Geo-Subaru	Canyon	493	204
Hot Spot Fireplace & Patio Shop	Canyon	493	6
California Wholesale	Tualatin Valley	477	3
Petco	117th	497	6
The Grapery	Cedar Hills	484	6
Northwest Tub Repair	Cedar Hills	485	1

1. 根据街道线段累计员工数量。

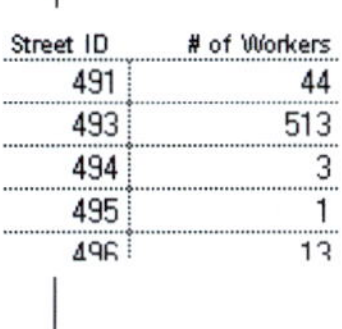

Street ID	# of Workers
491	44
493	513
494	3
495	1
496	13

Street ID	Street	# of Workers
493	CANYON	513
494	BEAVERDAM	3
495	HALL	1
496	CANYON	13
497	117TH	189

2. 将员工数量赋予街道数据表中的每条街道线段。

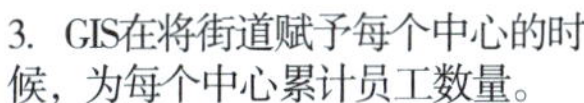

3. GIS在将街道赋予每个中心的时候，为每个中心累计员工数量。

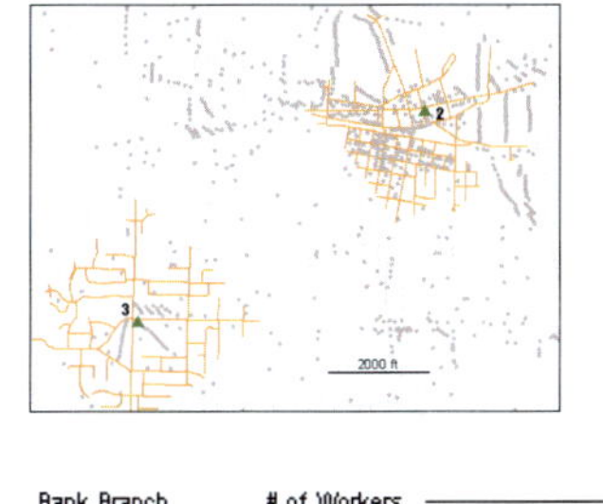

Bank Branch	# of Workers
2	3036
3	410

地图制作

在完成线段赋值任务之后，GIS自动显示整个网络并高亮显示被选择的线段。

如果已经创建了边界来选择周围要素，可以在地图上显示。也可以高亮显示距离范围内的要素，以便于观察被选择的要素。可以只绘制边界轮廓，或者进行分层设色。如果想让读者关注被选择要素，可以只绘制轮廓；如果想要读者关注区域本身，可以对它们进行分层设色。

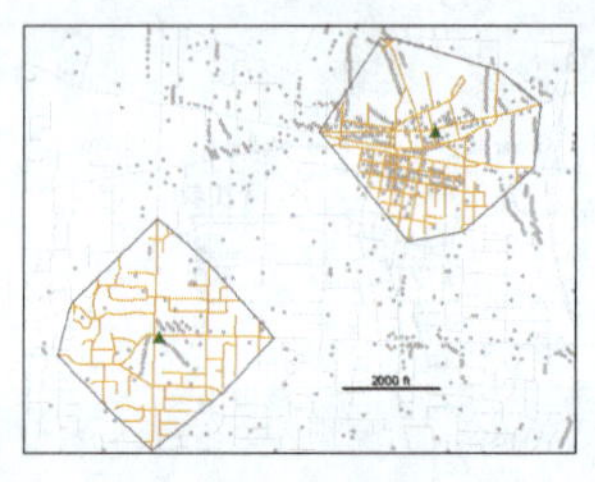

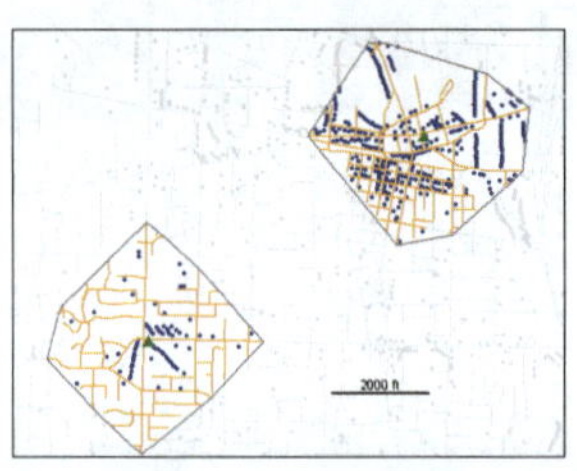

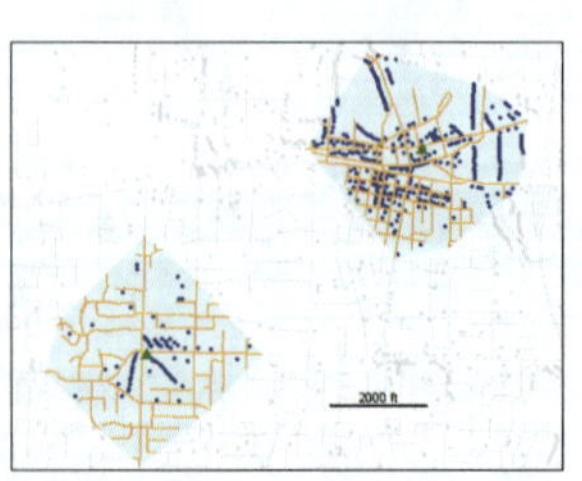

如果是显示无边界的被选择要素，可以高亮显示其周围要素。也可以将文字置于地图上，表示设定距离的数值（例如，“0～10英里车程距离”或“15分钟车程范围以内区域”）。

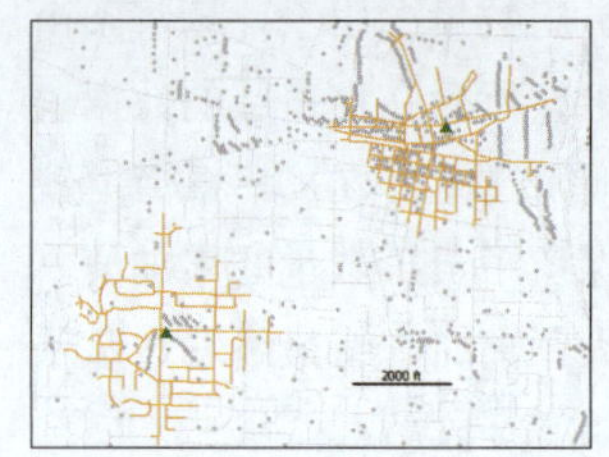

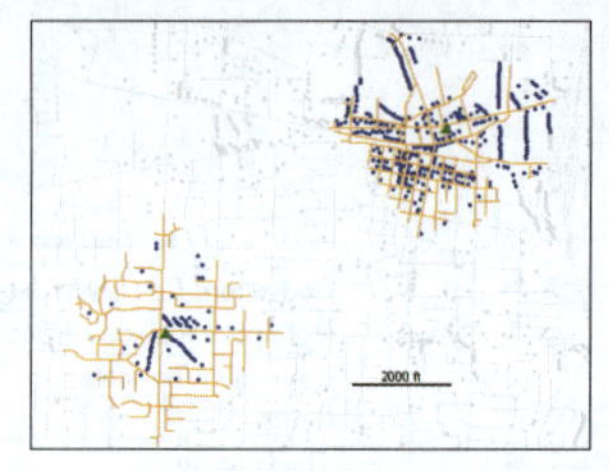

显示中心需要使用易于与周围点位置区分的符号。中心通常使用尺寸较大的符号进行显示，其符号形状和颜色与周围点位置的符号有较大差异。也可以对中心进行标记。

计算地理表面的成本

计算表面上的成本距离可用于查找地面通行时的邻近要素。GIS使用该方法创建栅格图层，其中的每个单元值均为以最邻近源单元为起点的总计通行成本。

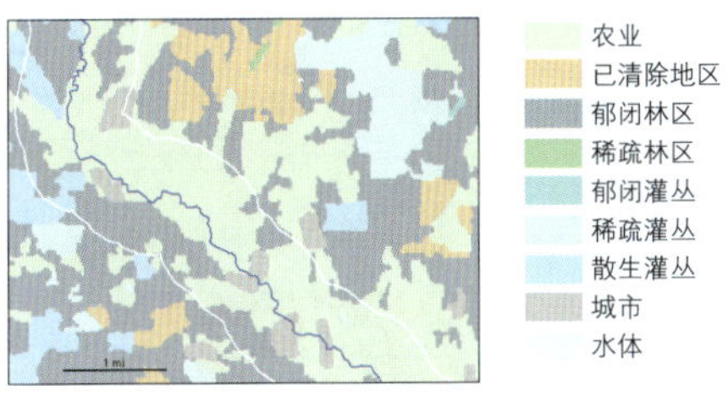

某条河流的缓冲区以及土地覆盖类型。

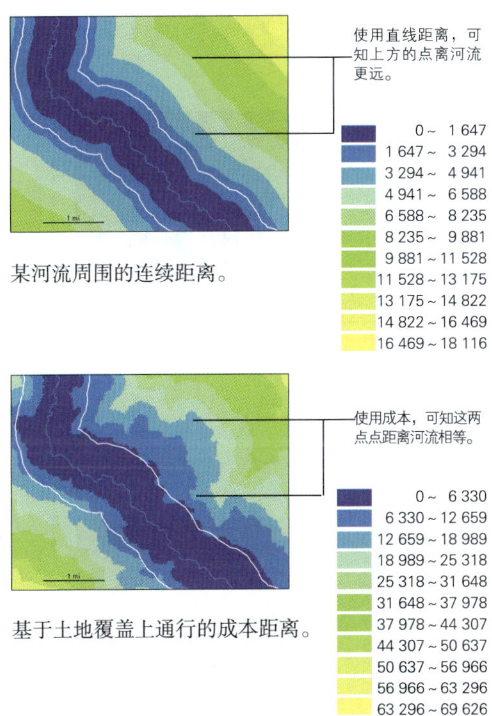

某河流周围的连续距离。

基于土地覆盖上通行的成本距离。

计算表面上的成本也可以显示变化速率；即成本在哪里增加迅速，在哪里增加缓慢。可以只需要简单地确定从源要素延展开来的成本增加格局，也可以查找位于特定成本范围内有何要素及其数量，或者将成本赋予源要素附近的单个要素。

设定成本

成本可以包括时间、货币（例如每平方英尺的建设成本）或者其他成本，如所耗费的精力。例如，鹿穿越稀疏林地要比穿越厚厚的林下灌丛容易得多，因此穿越稀疏林地的通行成本就会低些。

计算表面上的成本，可以指定包含源要素的图层和包含每个单元的成本值的第二图层。

创建成本图层

可以根据单一因素或多种因素创建成本图层。

基于单一因素创建成本图层，需要根据某属性值对现有图层进行重新分类。例如，如果知道基于土地覆盖修建道路的每英尺成本，即穿越草地每英尺需要50美分，穿越灌丛每英尺需要75美分，穿越林地需要1.25美元，等等，需要使用这些数值对土地覆盖重新分类，来创建成本图层。

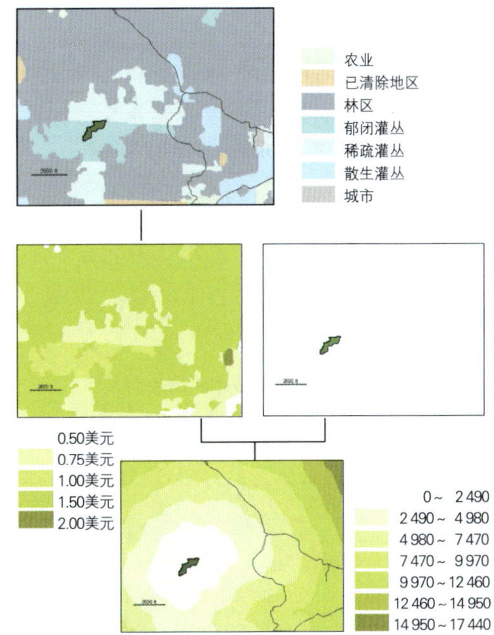

基于多种因素创建成本图层，需要结合所有的输入图层。例如，假设拖运木材的成本是根据坡度陡峭程度、用材林周围的植被类型、是否需要穿过河流等因素来计算的。首先在相同比例尺下，使用相对数值对坡度、植被和河流图层重新分类，来创建三个输入图层。坡度层的数值范围从1～10，表示从平缓到陡峭；植被层的植被类型数值范围从1～10，表示穿越各种植被类型拖运木材的难度——1代表草地，2代表稀疏林地，等等；在河流层中，数值0代表没有河流，5代表有河流。然后将这些层关联起来，创建总成本表面，数值范围为2～20。GIS使用成本层来创建成本距离表面。

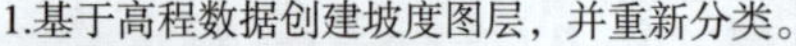

1.基于高程数据创建坡度图层，并重新分类。

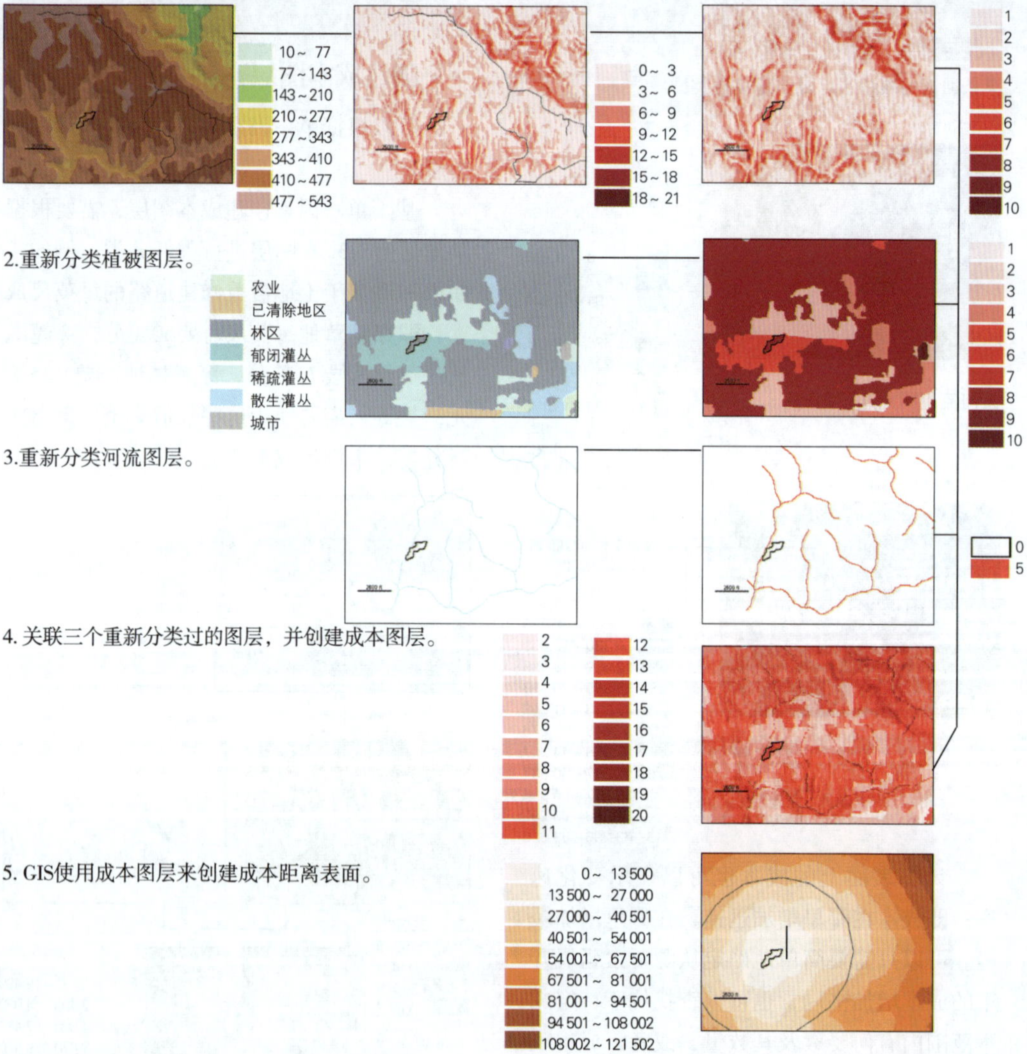

2.重新分类植被图层。

3.重新分类河流图层。

4. 关联三个重新分类过的图层，并创建成本图层。

5. GIS使用成本图层来创建成本距离表面。

GIS的功能

使用成本图层，GIS从源要素开始遍历每个单元并计算成本，创建新图层并为图层中的每个单元赋予累计成本。使用每个单元的尺寸单位为其赋予成本。例如，单元尺寸以米为单位，通行时间以秒为单位，则每个单元成本使用秒/米为单位进行测算。GIS计算从单元中心到单元中心的成本；因此，从一个单元到下一个单元的通行成本等于与半个单元尺寸相乘的成本之和。例如，如果单元尺寸为50英尺，每个单元的成本为1秒/英尺，相邻单元的成本为10秒/英尺，则单元之间的通行时间为：

［1秒/英尺×(50英尺/2)］+
［10秒/英尺×(50英尺/2)］= 275秒

如果通行路线为对角线，则距离会稍微长些（宽或高的1.4倍），因此成本的增加值为单元尺寸乘以1.4。在本例中，50英尺变为70英尺，单元之间的通行时间为385秒。

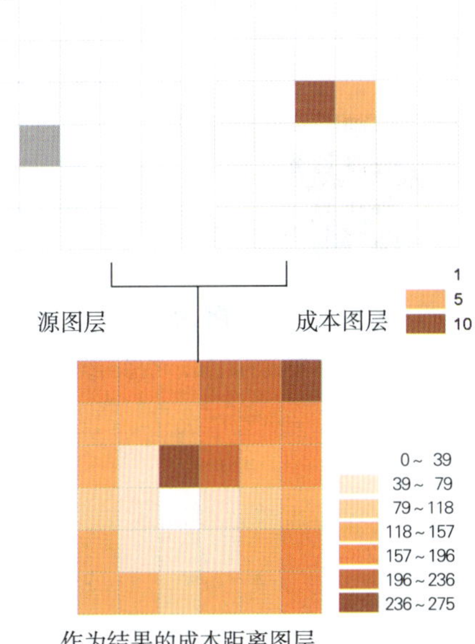

作为结果的成本距离图层

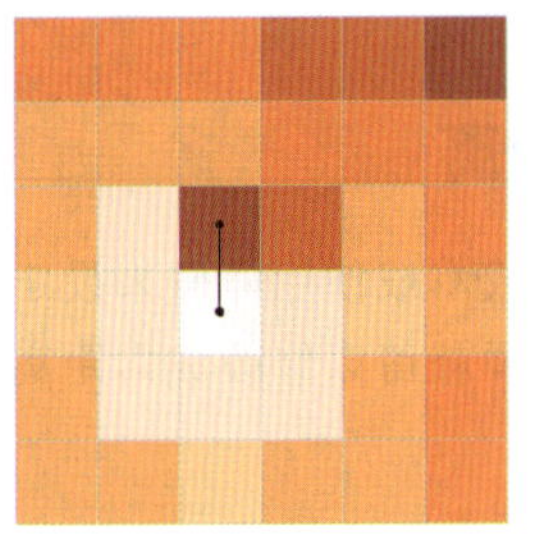

成本为10的单元所对应的成本距离值为275［(1×25)+(10×25)］。

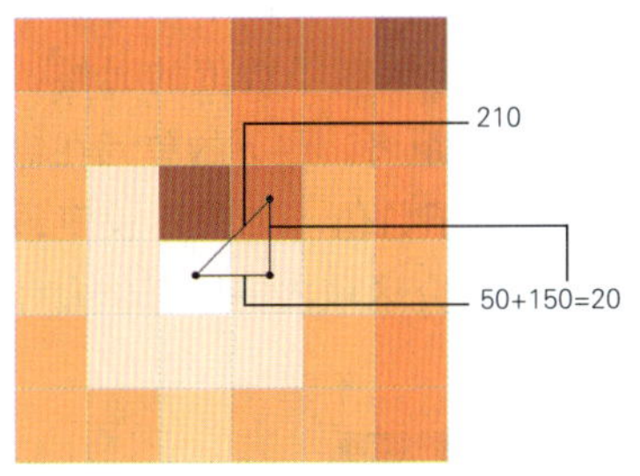

单元被赋予以源要素为起点的最低成本。在本例中，通行路线为对角线，虽然距离缩短，但是成本却提高了。

计算得到的值被赋予由单元所覆盖的整个区域。因此，单元尺寸越大，距离单元中心较远位置的值就越接近。将单元尺寸缩小可以增加制图精度，但是需要耗费更多处理时间以及分析结果栅格图层的存储空间。

修改成本距离

通过设定最大成本或使用障碍来设定"禁止"区域，这样就可以修改成本距离表面。

设定最大成本

通过设定最大成本，可以限制GIS计算成本距离值的区域。当所有位于指定成本范围内的单元都已经被赋予数值的时候，GIS会停止计算成本距离。剩下的单元在输出图层中不会被赋予数值。如果不设定最大成本，GIS会为研究区域内的所有单元计算数值。

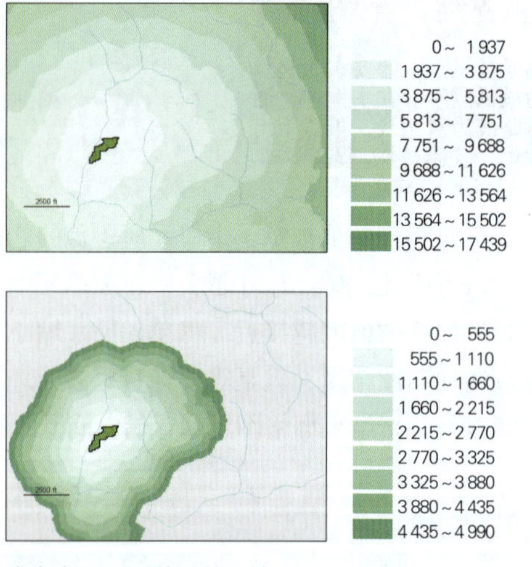

成本小于5 000美元的区域。

使用屏蔽图层

使用屏蔽图层可以阻止成本值的赋予。例如，设定某区域为禁止通行区域，可以创建"屏蔽图层"。赋予屏蔽范围内的任意"禁止"单元某个数值，以确保它们不会被包括进去（通常为非常高的值或为空值）。所有其他单元则具有一个有效值（通常为1或0）。在计算累计成本的时候，GIS不包括被"禁止"的单元。例如，如果根据土地覆盖计算邻近林地的成本，可以在禁止通行区域之上创建被砍伐土地的屏蔽图层。

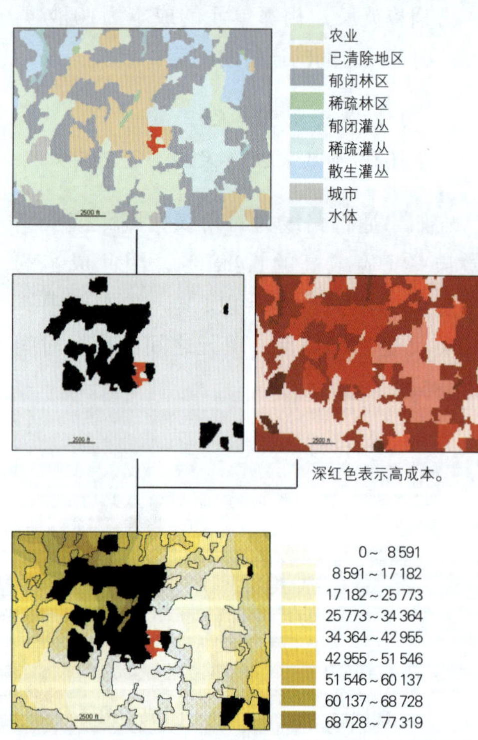

GIS在计算成本距离的时候，考虑围绕屏蔽区域的额外行程。

获取信息

GIS创建成本距离图层之后，可以确定源要素特定距离之内的区域，或者汇总该距离内的某要素的数量。

确定成本范围内的区域

该输出图层是增加的成本值表面，它由源要素向外伸展。如果需要知道某特定成本范围内的要素，如5 000美元，可以选择数值小于或等于5 000美元的单元来创建新图层。若要创建多个距离缓冲区，可以简单地按成本范围重新分类网格，例如0～5 000美元，5 000～10 000美元，10 000～15 000美元，以及15 000～20 000美元。

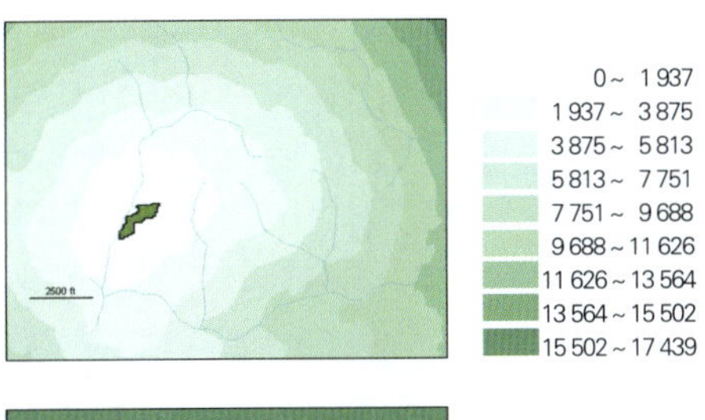

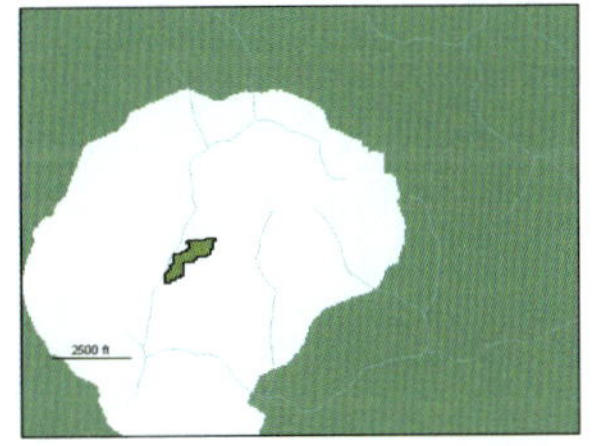

位于5000美元成本距离内的区域。

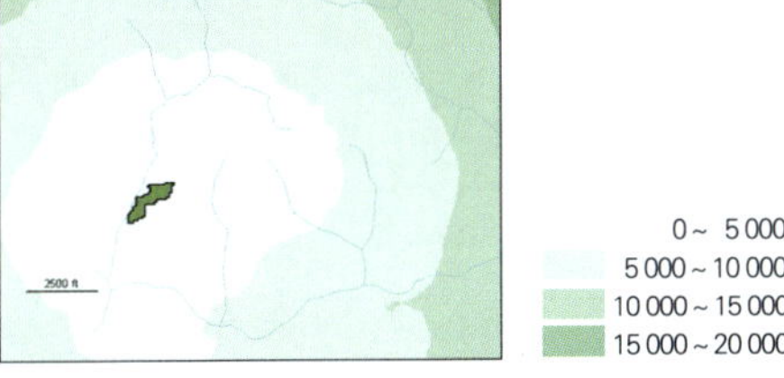

汇总给定距离范围内的要素

汇总给定成本距离范围内的要素，或者赋予该成本给单个要素，与表面上的直线距离操作相同（详情参见前面章节表面上的距离）。首先将表面重新分类为一个或多个范围，然后与包含周围要素的图层相结合。例如，计算位于用材林5 000美元拖运成本范围内的林地和其他土地覆盖类型的数量。

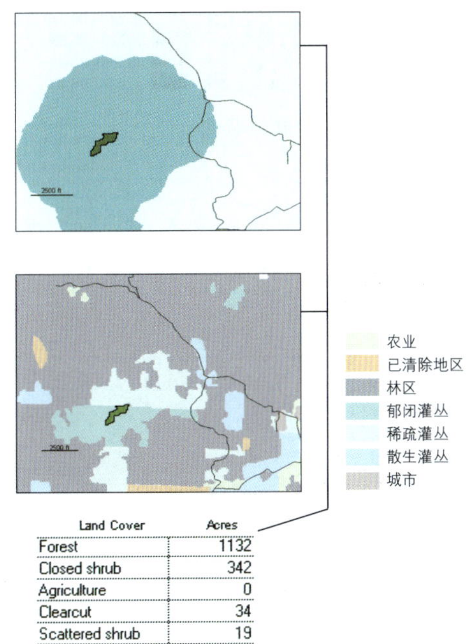

Land Cover	Acres
Forest	1132
Closed shrub	342
Agriculture	0
Clearcut	34
Scattered shrub	19
Open shrub	498
Urban	0

地图制作

如果绘制离散要素及成本距离表面，可以在距离网格之上显示它们。距离网格使用等级颜色进行显示。

围绕用材林以及道路的成本距离。

如果设定6 ~ 7个以上的数值范围，最好采用2 ~ 3种色调来辅助区分数值范围。也可以使用对比色来显示源要素。

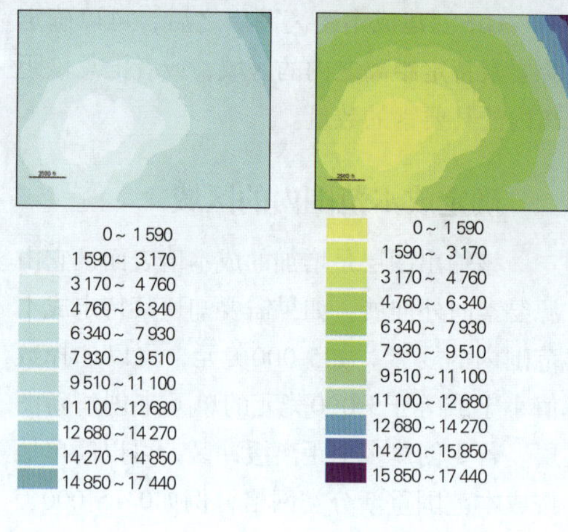

7

变化制图分析

GIS可以绘制事物的移动位置，或者某地随时间而发生的环境变化状况。掌握变化信息有助于理解事物随时间推移而发生的行为，预测未来的环境演变趋势，或者对实施某种行为或政策所导致的结果进行评估。

本章的主要内容包括：

- 变化制图分析的目的
- 定义分析
- 变化制图分析的三种方法
- 创建时间序列
- 创建跟踪地图
- 变化信息的测量和制图

变化制图分析的目的

人们绘制变化信息来预测未来的事物发展趋势，制定行动路线，或者对实施某种行为或政策所导致的结果进行评估。

通过对事物在某时间段内在哪里发生变化以及如何变化进行制图分析，可以深入探究它们的行为模式。例如，气象学家研究飓风路径来预测它们可能在未来的何时何地发生。野生动物学家研究熊在24小时内的行为模式来掌握它们的觅食习惯，并估算需要留出多少土地来维持该种群的数量。

进行变化制图分析的另一主要原因是预测未来需求。例如，警察局长研究在月与月之间，犯罪行为模式是如何变化的，这有助于确定配置警员的重点地区。交通规划人员查看交通流的趋势来判别哪些小路需要被升级为公路或街道。

通过绘制某种行为或事件发生前后的环境状况，可以观察其产生的影响。例如，警察局长绘制某次扫毒行动前后六个月期间的毒品抓捕行动的发生地点，来分析该次打击行动的有效性如何。零售业分析师绘制某次区域性广告投放前后的零售额变化情况，来分析广告投放效果最佳的区域。

定义分析

通过显示每个时间段的要素空间位置及状态，或者计算并绘制两个或两个以上时间段之间每个要素的属性值的差异，可以进行变化制图分析。

掌握所需处理的变化类型和要素类型，计算时间的方式，以及需要从分析中获取的信息类型，将有助于确定如何进行变化制图分析。

变化类型

地理要素的空间位置会发生变化，或者在量级或特性上发生变化。

空间位置变化

绘制空间位置变化信息有助于观察要素的行为模式，因此可以预测它们将在未来移动至何处。例如，绘制飓风路径来分析是否该模式在月与月之间会发生变化，或者绘制游隼在迁徙季节的飞行路线，来观察其迁徙范围。

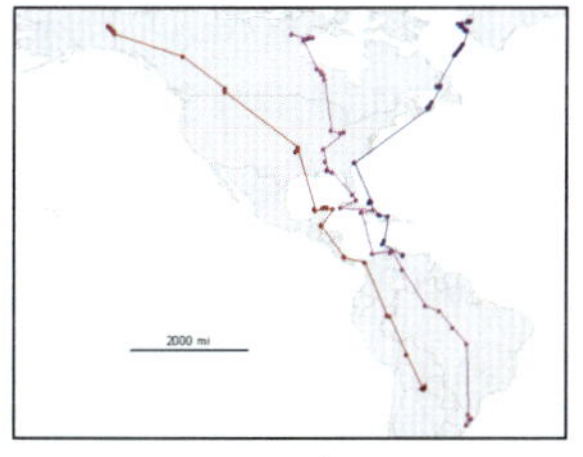

三种游隼在向南方迁徙过程中的迁徙路线。

特性或量级的变化

绘制特性或量级的变化可以显示给定地区的环境状况是如何改变的。这种变化可以发生于某地区的某要素类型中，例如，某流域中的土地覆盖类型与20年前相比，有多少不同。

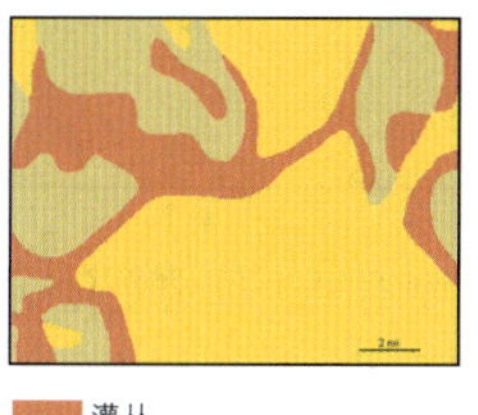

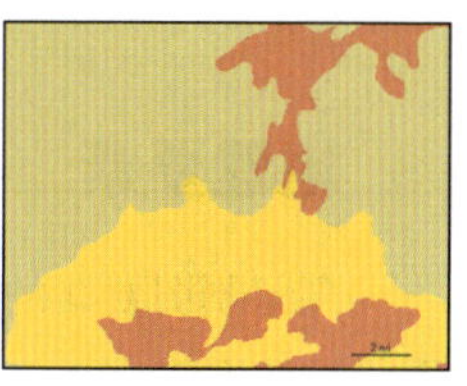

1914年（左图）和1988年的土地覆盖。

或者，变化可以发生于与每个要素相关联的数量上，例如，在过去20年间，每个县的人口增加或减少的数量；或者某监测站获取的季节之间的一氧化碳数值的变化。

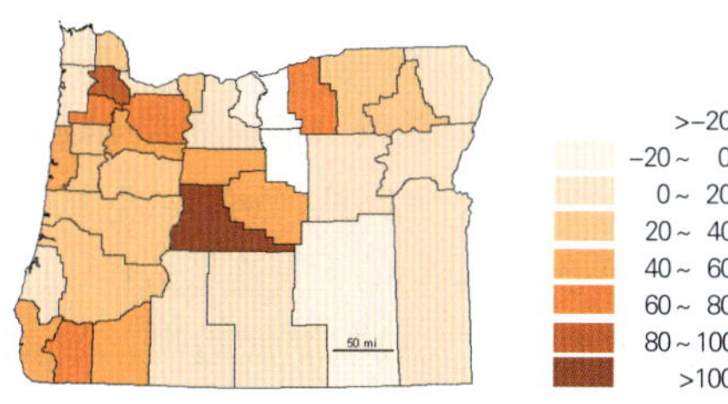

1970—1990年间每个县的人口变化百分比。

空间位置和特性的变化有时候是同时发生的。有些事物可以同时发生空间位置和量级的变化，如飓风在从海上移动至陆地的过程中，其风速也会随之变化。

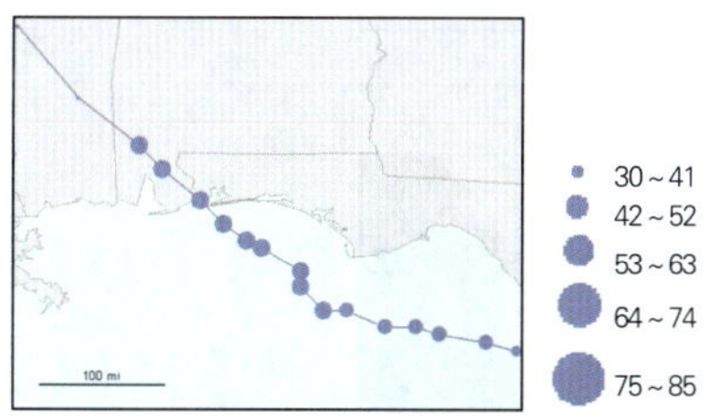

飓风路径，点的尺寸大小表示相对风速，以英里/小时为单位。

地理要素

理解制图要素的类型有助于确定变化制图的最佳方法。

移动要素

可以绘制物理状态下移动的离散要素，或者代表位置改变的地理现象的事件。

离散要素

可以在离散要素在空间中移动的时候进行跟踪。它们可以是通过绘制路径方式表达的单个点要素，如飓风、车辆或者动物；或线状要素，如改变流路的河道；或区域要素，如在给定时间绘制的火灾现场边界。区域要素经常表示扩大或收缩的边界，如溢油、野火或者城市周围已开发区域的边界。

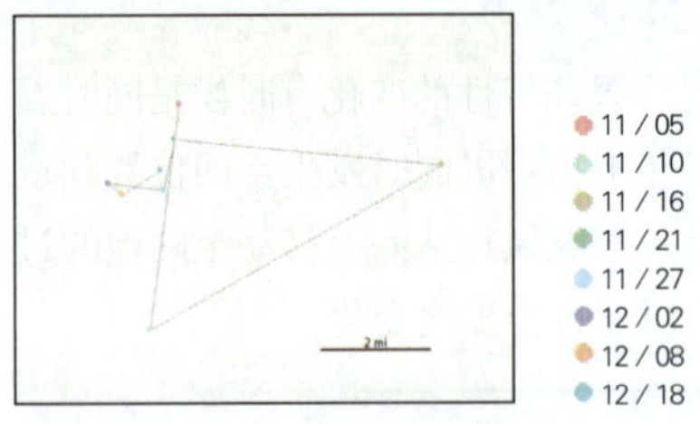

游隼数周内的活动范围。

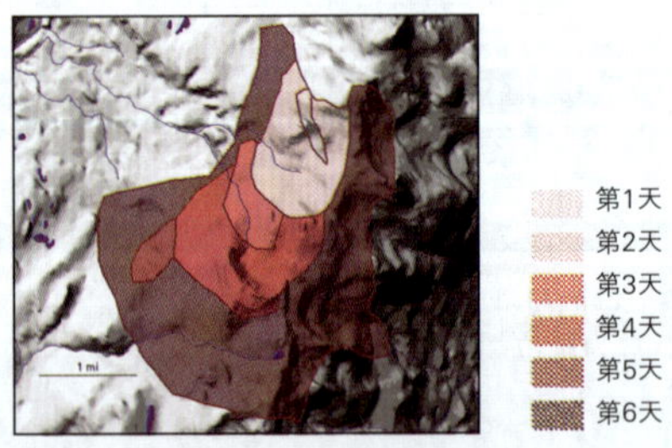

一场野火在六天中的扩散情况。

事件

事件表示在不同空间位置发生的地理现象，如犯罪行为或地震。虽然每个独立事件在特定时间特定地点发生，但是这些事件的集合却可以被跟踪并绘制，来显示某时间段内现象的移动情况。例如，通过绘制报告贩卖毒品相关活动的911电话，可以掌握数月内毒品交易的地点变化情况。

特性或量级发生变化的要素

可以绘制离散要素、区域汇总数据、连续型类别或者连续型数值在特性或量级上的变化。

离散要素

这些要素在特性或者与之相关联的属性数量上发生变化。例如，月销售额发生变化的商店，过去10年间土地利用发生变化的地块，或者是24小时内交通流量发生变化的街道。

区域汇总数据

它们是在指定区域内与要素相关联的总数、百分比或其他数量，如每年每个县的人口，或每月每个邻区内打911电话的次数。

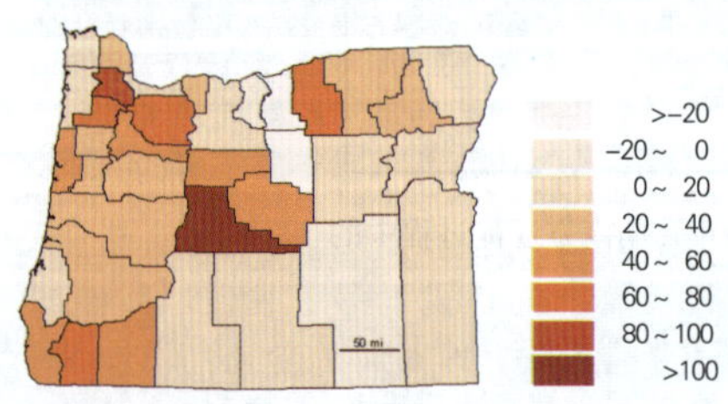

1970—1990年间人口数量的百分比变化情况。

连续型类别

连续型类别显示某地区的要素类型，如每种土地覆盖类型。它们可以由边界或表面表示。

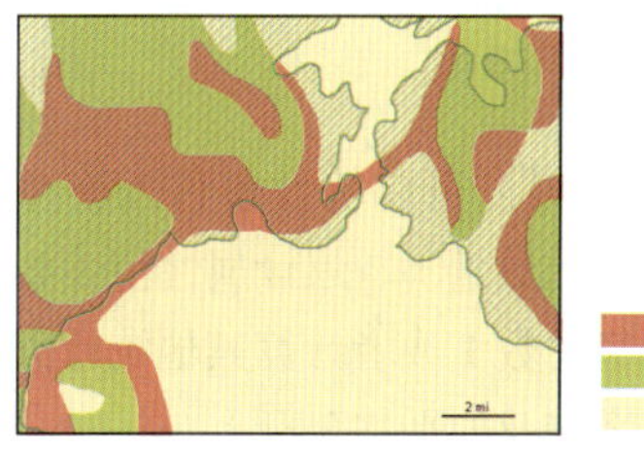

1914年的土地覆盖和1988年的森林界线（阴影区域）。

连续型数值

它们是连续型的数量，如空气污染水平。该数值在任意空间位置都有测量值。数据通常在固定点进行监测，如空气质量监测站，并进行内插来创建表面。

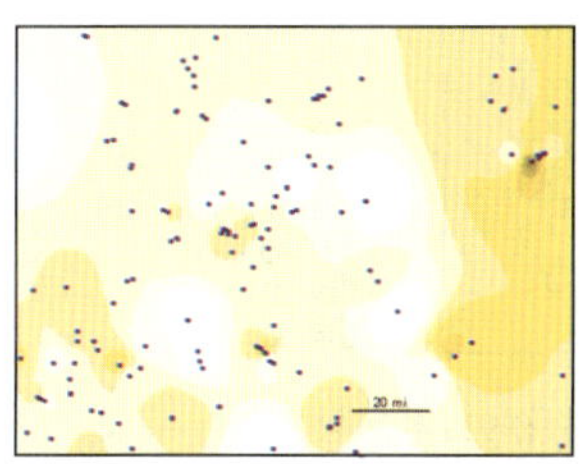

一年间最大的8小时一氧化碳（CO）数值的表面，以及监测站点位置。颜色最亮的区域具有最低的CO水平。

计算时间

时间格局制图，以及如何划分时间段，将影响到在地图上观察到的地理格局。

时间格局

绘制时间格局有三种类型：

• 趋势，两个（或以上）日期或时间之间的变化。

• 之前和之后，事件发生之前和之后的状态。

• 循环，在一个循环时间周期内的变化，如天、月和年。

趋势表示某事物是否增加或减少，或者是要素的移动方向；循环显示重复出现的格局特征，揭示制图要素的行为信息。绘制某事件或行为发生前后的状态可以揭示其影响程度。

可以使用单一数据集来观察每种时间格局。例如，如果具有10年的24小时二氧化硫水平数据，可以绘制年均水平来观察污染增加或降低的区域；或者汇总1年期的6小时数据值来分析污染水平的日循环状况；或者绘制特定日期前后的年均水平，如某项新规定正式生效的日期，来分析该规定的影响程度。

这些格局也可以进行综合分析，如显示污染的日循环在多年期间是如何变化的。

划分时间

可以显示两个或以上的时间或日期的要素空间位置或特性，也可以汇总一个或多个时间段的要素属性，还可以确定绘制多少个时间段或日期，以及它们之间的间隔。

使用快照或汇总

快照显示任意给定瞬间的要素状态，可用于绘制在时间上连续的现象，如人口、土地覆盖或空气质量。在任意时间点，这些现象都具有相对应的数值。

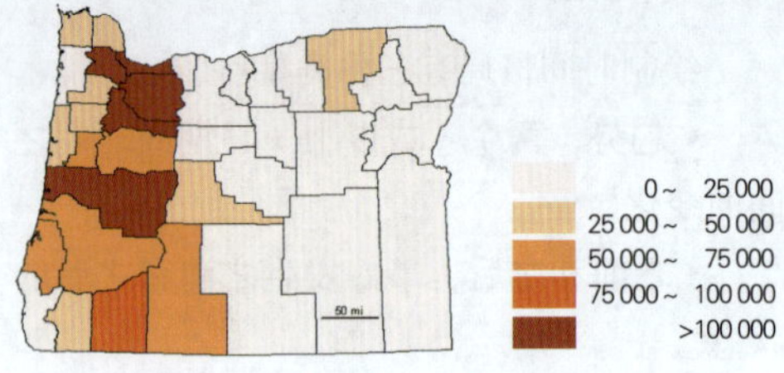

1970年人口调查日期的分县人口快照。

汇总用于绘制特定地区在时间上不连续的离散事件，即在任意时间点，该事件有可能发生，也有可能不发生。例如，绘制一个月内发生的911电话，或者多年间地震发生的位置（绘制任意给定时间点发生的地震可能会导致地图内容过于稀疏）。也可以汇总给定时间段的连续现象的属性值，如汇总城市的每日气温并得到月平均数据。

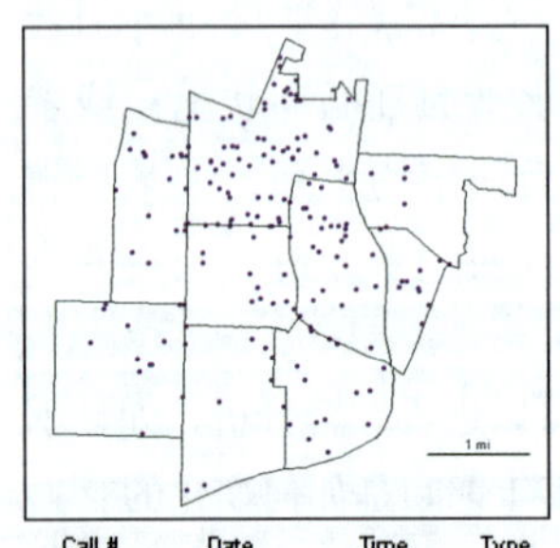

Call #	Date	Time	Type
98000051	1/01/98	16:38:04	CFIRE
98000051	1/01/98	16:38:04	CFIRE
98000085	1/02/98	5:13:50	BEC2
98000093	1/02/98	6:47:39	TAB1
98000093	1/02/98	6:47:39	TAB1
98000093	1/02/98	6:47:39	TAB1

1月1日至31日期间各个区域拨打911电话的次数。

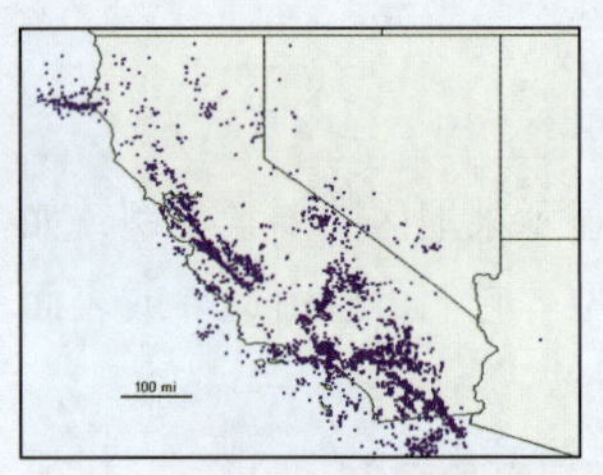

1970—1974年间发生的地震。

当进行汇总时，可以统计事件发生率（如汽车盗窃案的数量）、累计属性值（如盗窃犯罪的金额总数）或者计算其他统计值（如每起盗窃案涉及的平均金额）。

也可以汇总和绘制一系列边界范围内的离散事件，如每个月发生在每个区域的911电话总数。也可以汇总发生在它们邻近地区的要素来绘制要素，如在一场风暴中发生在每个电线杆附近的雷击数量。

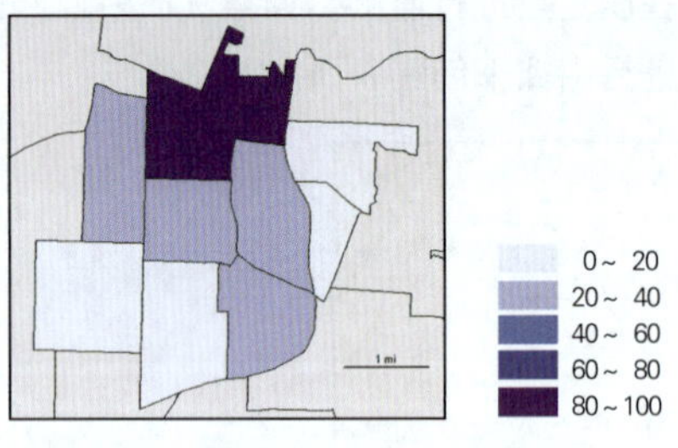

1月1日至31日期间，根据911电话数量进行分层设色的区域。

选择日期的数量和间隔

如果是绘制趋势，需要确定间隔、日期的数量，以及持续时间或总时间段。持续时间除以日期数量得到间隔。反之亦然，持续时间除以间隔得到日期数量。

如果只是收集少数几个日期的数据，则间隔已经被确定。但是，如果具有日期范围，则可以选择间隔。例如，如果有20年的分县每年人口数据，可以按每年、每5年或每10年的间隔来显示人口。如果使用规则的间隔，地图读者会更容易理解地图内容。间隔的长度需要足以显示地图之间的变化，同时不丢失重要信息。例如，每年间的人口变化不会特别剧烈，但是如果以10年为间隔，其变化就相当明显了。将数据通过图表显示，可以观察数值的分布并有助于选择适宜的间隔。如果变化迅速，可以选择较短间隔；如果变化缓慢，则可以使用较长的间隔。

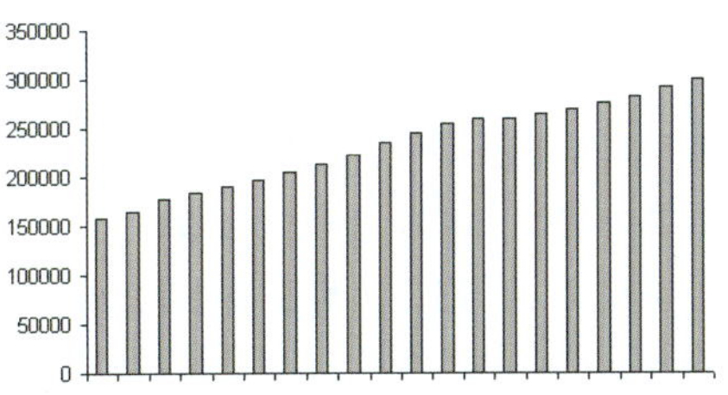

1970—1989年的每年人口数量。由于增长较为平缓，因此使用5年或10年的间隔可以较好地揭示变化趋势。

分析使用的日期数量取决于变化的一致性程度。如果变化缓慢且稳定，间隔较长的少量日期即可精确地捕捉到主要变化状况。但是，如果日期过少和间隔过长可能会丢失日期之间发生的变化信息，也可能无法捕捉到最主要的变化发生在哪个时间段。例如，绘制1970—1990年间的人口显示了日期之间的实质性变化。但是如果绘制1970年、1980年和1990年的人口，会发现绝大多数变化都发生在1970年和1980年之间。

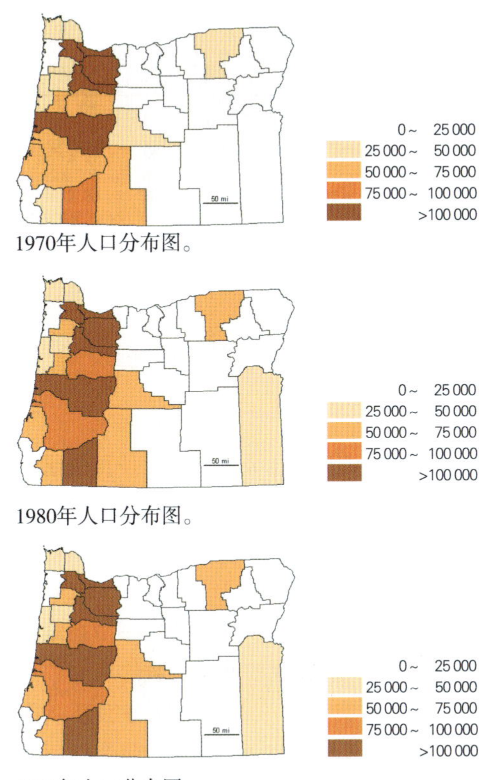

1970年人口分布图。

1980年人口分布图。

1990年人口分布图。

如果是绘制循环，可以显示某时间段的快照或摘要，根据是否绘制离散事件或连续型数据来确定。

对于离散事件而言，最好是汇总事件而不是使用快照。例如，不是绘制在9：00、15：00、21：00和3：00发生的911电话，而是给每个电话赋予代码来表示它是否发生在早晨（6：00至12：00）、午后（12：00至18：00），等等。然后根据它们所处的时间段来绘制电话地图。这样就会生成更大的样点，使得格局清晰易读。

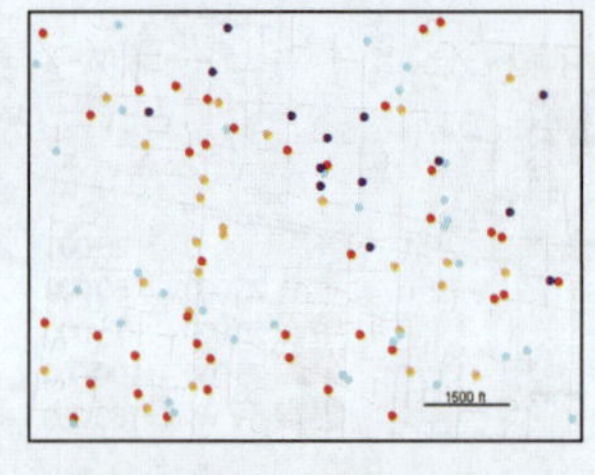

00：00至 6：00
6：00至12：00
12：00至18：00
18：00至00：00

Call #	Date	Time	Time Code
98000002	1/01/98	0:46:36	1
98000005	1/01/98	1:23:34	1
98000013	1/01/98	3:12:20	1
98000016	1/01/98	4:25:53	1
98000025	1/01/98	6:30:42	2
98000026	1/01/98	6:50:44	2
98000029	1/01/98	7:59:05	2

对于连续型数据而言，可以使用快照，如显示在9：00、15：00、21：00和3：00的臭氧数值。或者，也可以根据时间段进行汇总，如显示6：00至12：00、12：00至18：00之间的平均臭氧数值，等等。汇总可以平滑高值和低值，便于比较不同时间段的数值。

在上述案例中，都需要细分循环。例如，绘制24小时、四个6小时和两个12小时时间段的日循环。或者绘制12个月、四个季节的年循环。请注意，使用最少的、必须的划分方法来显示变化信息。变化越多，需要使用的划分就越多。例如，如果绘制加州的降水量，显示四季降水量的地图就已足够，因为季节之间的变化要远远大于月份之间的变化。

另外也需要确定持续时间，就是包括多少个循环，例如绘制过去10年或30年间的月降水量。需要足够长的持续时间来尽可能地减少任何异常事件。例如，如果计算五年内洛杉矶的季节降水量，而正好有两年为厄尔尼诺年，就可以知道平均冬季降水量要远远高于以20年为持续时间段所计算出的降水量。

如果是绘制某灾难性事件发生前后的状态，如飓风或火灾，可以使用事件发生前后的快照。在分析中需要选择尽可能与事件发生时间接近的日期，以便更好地评价事件本身的影响程度。因为时间相隔越久，其他因素所起的作用就会越大。

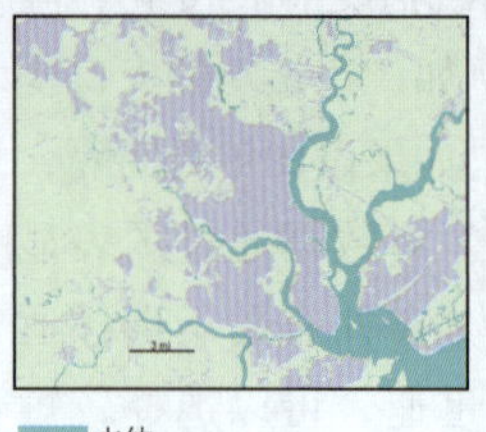

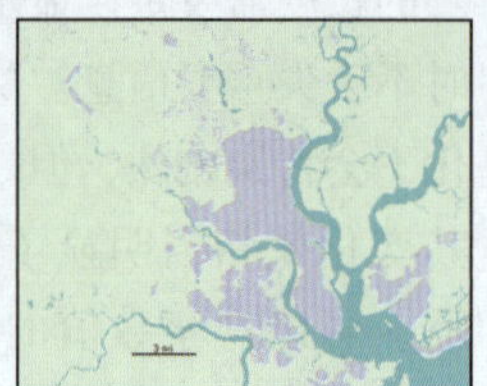

水体
森林覆盖区
非森林覆盖区

飓风发生前后的土地覆盖。

如果是绘制某行为或其他事件发生前后正在进行的活动，可以对该时间段进行汇总。该时间段的长度应该足以分析事件或行为的结果。例如，某项警察打击贩毒行动实施后几周或几个月内，可以很容易地观察到附近地区毒品交易的变化；而某州的空气污染管理条例的影响力可能需要数年时间才会明显感受到。

需要从分析中得到的信息

如果是绘制量级或特性的变化，可以测算并绘制某地区变化了多少和变化速度。计算数值的变化程度，而不是简单地绘制两个不同时间的环境状态，可以突出显示变化最大和最小的要素。

变化数量

当计算数量的变化时，需要减去与每个要素相关联的数值。例如，可以用1990年的分县人口数量减去1970年的分县人口数量，得到1970—1990年间的人口变化数量。或者用1998年每个商店的销售额减去1997年的销售额，得到两年间的销售额变化数量。

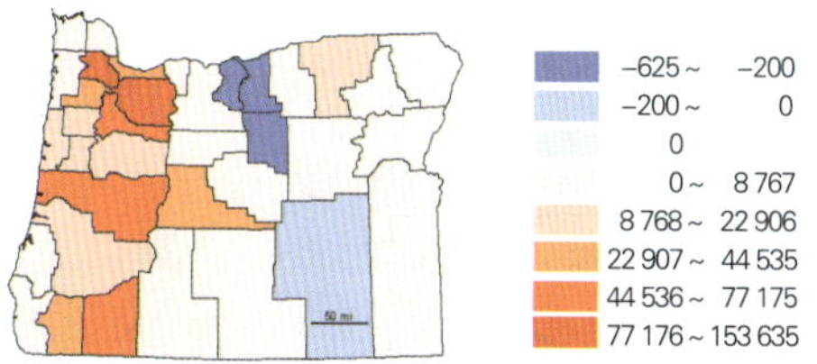

1970—1990年间的人口增加（或减少）数量。

也可以将差值除以原始数值并乘以100来计算百分比变化数量。百分比制图可以显示哪些要素相对于其原始数值的变化程度最高，尤其适用于要素尺寸波动范围较大的情况。例如，绘制分县人口的百分比变化来观察哪些县的人口增长得最快。人口基数较大的县在绝对数量上可能会有较大增加，但是百分比的增长率可能会较低。

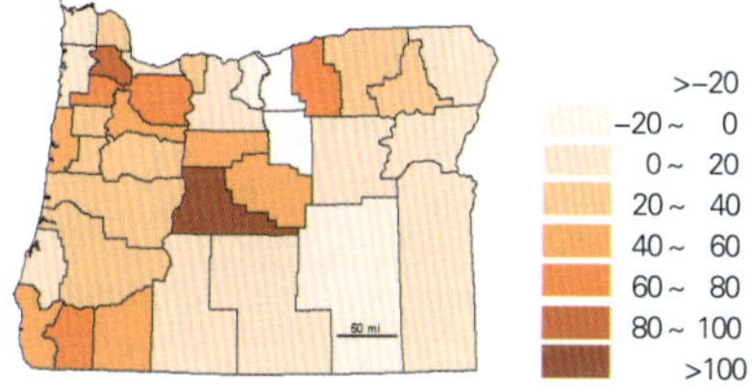

1970—1990年间的人口增加（或减少）百分比。

测算类型或类别的变化程度，需要累计每种类别的总量，并计算日期之间的绝对数量或百分比差异。例如，累计飓风前后林地的面积并进行相减运算，可以分析林地的损坏面积。

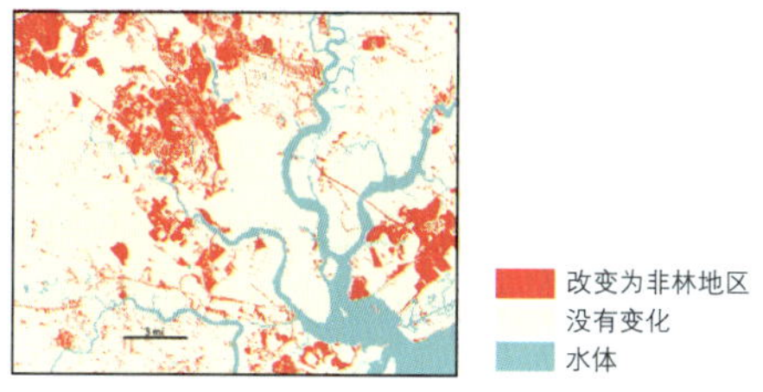

变化速率

计算变化的速率，需要用两个日期之间的差除以时间单位，得到每个时间单位的平均变化量。例如，1990年的人口与1970年的人口相减，然后除以20得到每年的人口变化数量。该值为20年的平均值，无需指出任意给定年份的确切变化数量。该数值有助于要素之间的比较，例如，可以绘制每个县的人口变化速率来分析哪些县变化迅速，哪些县变化缓慢。

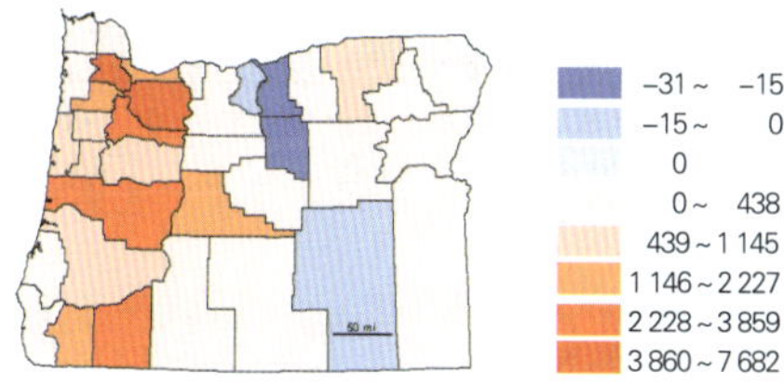

1970—1990年间的每年人口增加或减少平均值。

变化制图分析的三种方法

可以使用时间序列或单一的跟踪地图来绘制变化信息，或者测算并绘制两个时间或日期之间的数值差异。

创建时间序列

时间序列适用于显示边界、离散区域的数值或者表面的变化情况。可以为每个时间或日期创建一幅显示要素位置或特性的地图。

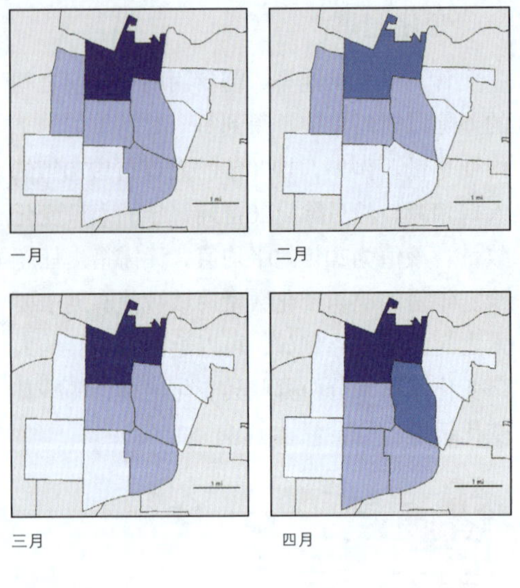

0～20
20～40
40～60
60～80
80～100

相邻地区拨打911电话的时间序列。

创建跟踪地图

跟踪地图适用于显示离散位置、线状要素或区域边界的移动信息。可以创建显示要素在多个日期或时间的位置的单一地图。

为期六天的野火跟踪地图。

测算并绘制变化信息

测算并绘制变化信息用于显示某地区变化数量、百分比或速率。计算某类别数量或属性值的差异，并且基于这些数值显示要素。

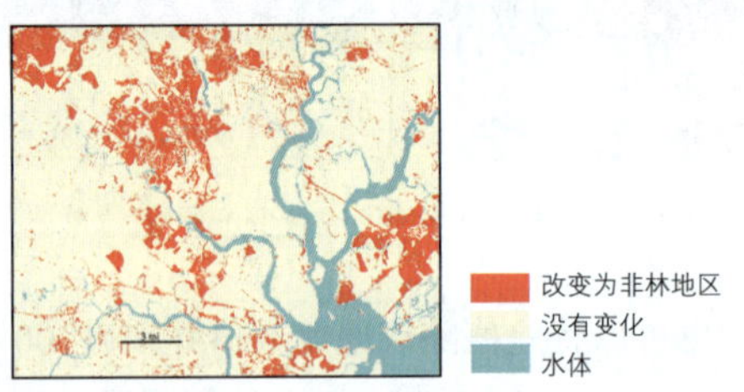

飓风过后的森林覆盖变化情况。

方法比较

方法	变化类型	时间格局	优点	缺点
时间序列	特性的移动或变化信息	趋势 循环 之前和之后	视觉化显示实质性变化；显示每个日期或时间点的状态	读者必须目视比较地图来分析变化发生的区域及程度
跟踪地图	移动	趋势 循环 之前和之后	与时间序列相比，易于观察变化移动和速率，尤其是在变化微小的情况下	要素数量较多时难以观察分析
测算变化	特性的变化信息	趋势 之前和之后	显示数量或数值上的确切差异	没有显示每个时间的确切状态；只在两个时间点之间计算变化

方法选择

如果需要显示两个或以上时间点的快照，使用时间序列，如特性的移动或变化信息。

如果需要显示两个或以上时间，或者循环周期的要素移动，使用跟踪地图。

如果需要显示两个时间段之间的某地区属性值的计算差异，使用测算变化。

创建时间序列

创建时间序列地图类似于制作地图来显示要素分布在哪里或者最大值和最小值分布在哪里，该部分内容在第2章和第3章均有阐述。但是，由于是为每个日期或时间点都制作一幅地图，所以需要考虑要创建地图的数量，以及地图上的数值范围。

可以使用时间序列来显示要素在空间位置的变化，或者数量或特性的变化。

显示空间位置的变化

如果是根据时间跟踪多个独立要素，如911电话，时间序列对于显示移动格局非常有效。虽然也可以使用跟踪地图来显示这些要素，但是在一幅地图上显示过多要素会增加格局识别的难度。

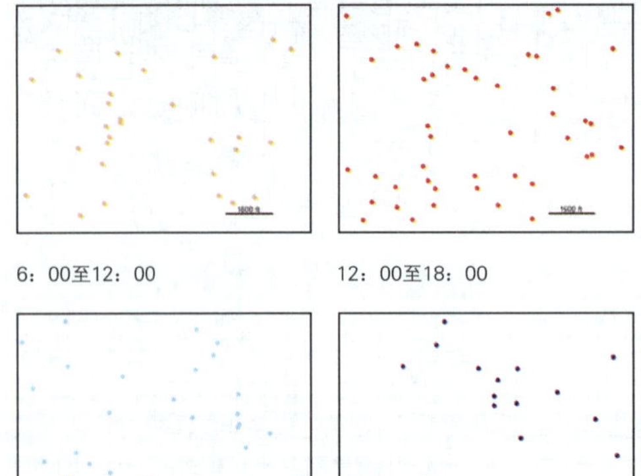

6：00至12：00　　12：00至18：00

18：00至00：00　　00：00至6：00

白天和傍晚拨打的911电话遍布于整个区域，但是深夜接到的电话集中分布在一个地区。

如果具有一些大型且明显的要素，可以使用时间序列来显示其移动轨迹，如扩散了多天的野火或溢油边界。

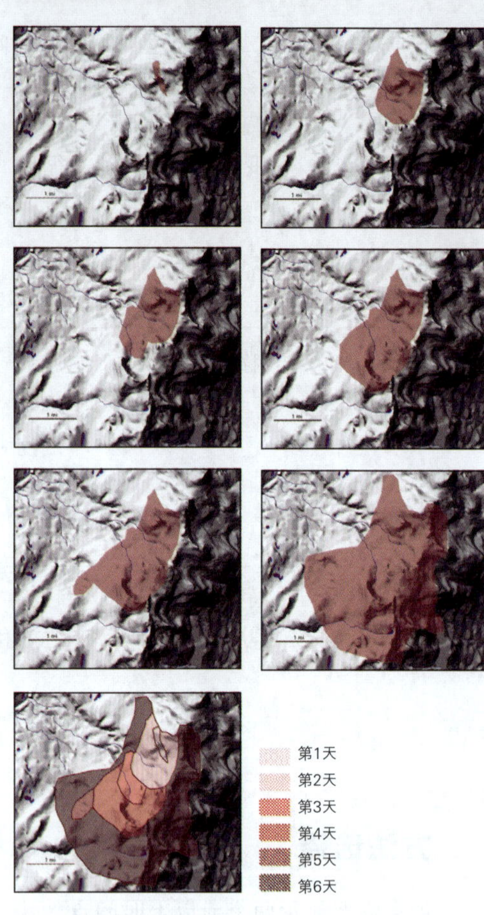

使用跟踪地图（底图）突出显示了火灾的移动趋势，而时间序列强调了受灾区域面积的增加。

在制作地图的时候，需要包括一些静止的要素作为参照物。例如，在绘制犯罪行为的时候，最好在地图上标出街道位置。

显示数量或特性的变化

时间序列尤其适用于显示离散区域或表面的数量或特性的变化，特别是在变化程度较大的情况下。如果变化微小，测算和绘制变化信息（该部分内容在下一节阐述）可能会更加合适。

数量变化

如果是显示量级或数量上的变化情况，需要为每幅地图的数值进行分类。第3章最大值与最小值制图分析讨论了该部分内容，可以创建自定义的分类，或者使用标准分类方案，如自然间隔、分位数或等间距等。但是，现在必须考虑所有地图上数值的完整范围。

一种方法是针对每幅地图使用独立的类集合，便于揭示每幅地图上的格局。但是，实施该方法将无法快速地观察地图之间的变化格局，读者必须研究每幅地图的图例来比较每幅地图上每个要素的数值变化。

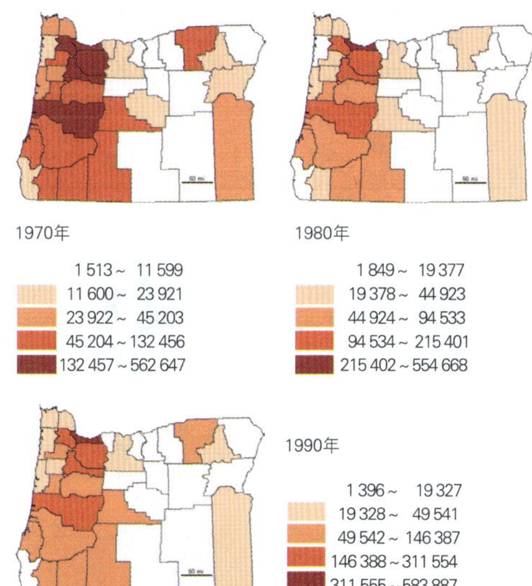

1970年、1980年和1990年的人口数量。对每幅地图使用独立的自然间隔分类，某些县的人口数量即使在增长，但仍被归为较低的类中，难以快速观察增长的区域。

另一种更加有效的方法是使用一种方案应用到所有地图上的数据值的全部范围。可以使用直方图来确定类分隔点，并手工设置对于每幅地图均相同的类范围。

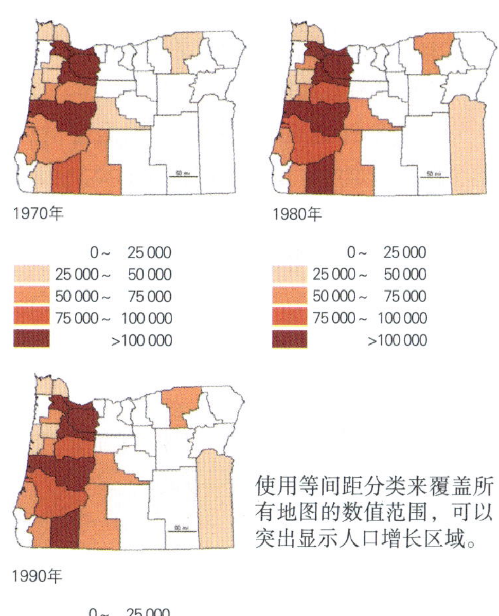

使用等间距分类来覆盖所有地图的数值范围，可以突出显示人口增长区域。

在持续时间段使用自然间隔可以揭示数据中数值的分组情况。但是，如果数值在整个时间段都发生实质性变化，则数值中的绝大部分都可能被归于任意给定地图的一或两类。例如，人口可能积聚在时间段早期的低端和时间段后期的高端。

分位数和等间距分类方案特别适用于根据时间比较数值。分位数可以显示要素的等级序列是否随时间保持不变或变化（即使任意给定类的确切数值量级可能会增加或降低）。等间距可以显示任意给定类的要素数量是否随时间增加或减少。

特性的变化

在绘制要素特性的变化时，会发现定义类别的方法在日期间有所差异。这种情况常出现在历史数据或有多种来源且用途多样的数据中。可以使用每幅地图的现有类别，或使用应用于所有地图的类别。

使用现有类别最为精确，但是会增加地图比较的难度。如果不同日期的类别相似或者只有少数类别有所变动，可以使用该方法。对于相似类别使用相同颜色的不同色调有助于格局的清晰易读。在必要时可以在地图上做出注释，来帮助读者理解类别之间的相似与差异。

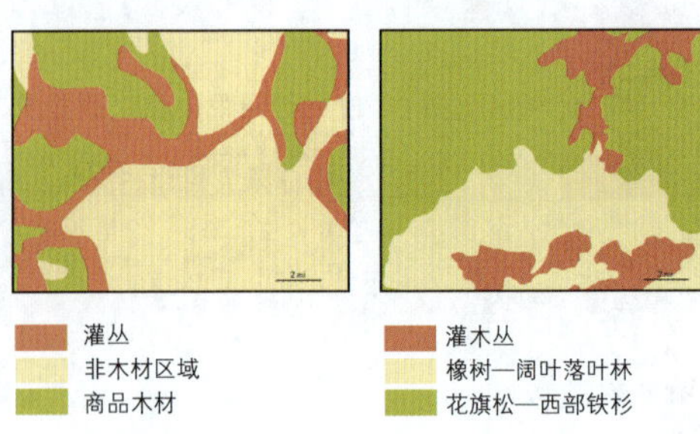

使用原始类别的1914年和1988年土地覆盖图。

如果是绘制少数类别，可以将它们归纳为类别定义集合。在一些案例中，某个日期的类别可以更加详细，并且能方便地归纳为其他日期的类别。例如，一幅地图显示森林的不同类别——花旗松、西部铁杉、杰克松，等等，它们可以被归纳为其他地图中的范畴更广的“针叶林”类别。在其他案例中，类别的定义可能只有轻微的差异，因此可以将定义进行扩展，来包括所有地图上的相关类别。无论是哪种情况，都需要在地图上标注文字来阐明类别是如何归纳的，以及定义之间的任何差异。

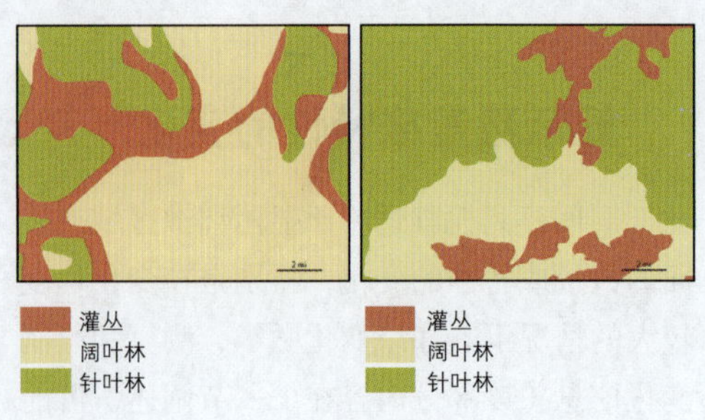

使用归纳后类别的1914年和1988年土地覆盖图。

显示地图的数量

如果是在一系列日期范围内进行选择，可以确定需要多少幅地图用于显示。显示较少数量的地图，时间间隔较长，更便于观察数值变化。显示较多数量的地图，时间间隔较短，可以揭示使用少量地图时损失的格局信息。

对5～6幅以上的地图进行比较是有难度的。显示较少数量的地图可以在揭示格局的同时，不会给读者增加过重负荷的信息量。

911电话

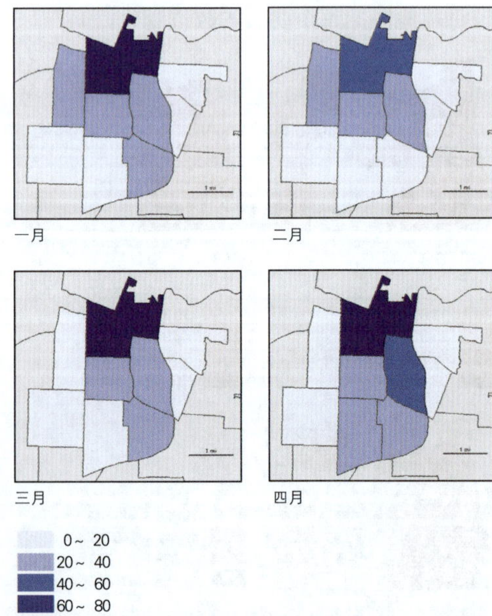

查看结果

在创建地图的同时配上表格和图表有助于显示变化信息。例如，为每幅地图创建显示每种类别总数或百分比的表格。柱状图（显示总数）或饼图（显示百分比）有助于显示某地区变化的特性。

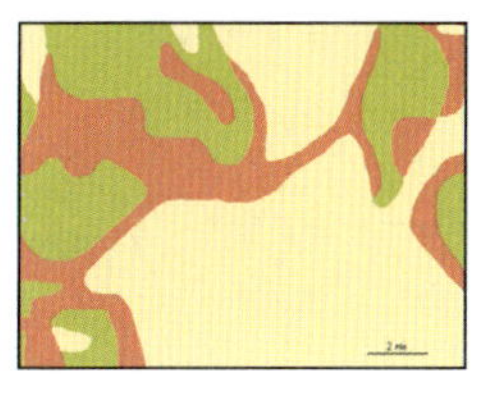

灌丛
阔叶林
针叶林

种类	面积	百分比
灌丛	102	22
林地	248	53
森林	119	25

种类	面积	百分比
灌丛	80	17
林地	146	31
森林	243	52

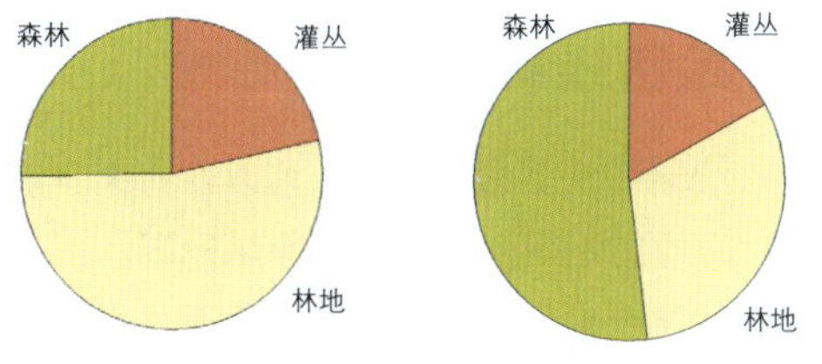

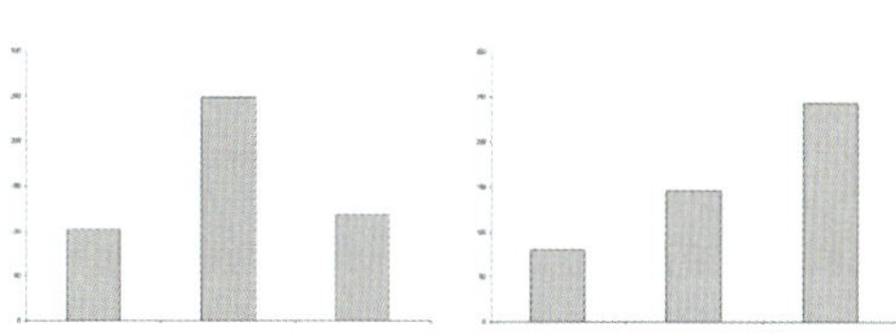

1914年（左栏）和1918年的土地覆盖。林地总量在增长，而森林总量在减少。灌木丛的总量基本保持不变，部分区域增加，部分区域减少。

也可以使用类别字段来关联数据表，并创建图表来比较每个日期的每种类别总量。

	面积（1914年）	百分比（1914年）	面积（1988年）	百分比（1988年）
灌丛	102	22	80	17
林地	248	53	146	31
森林	119	25	243	52

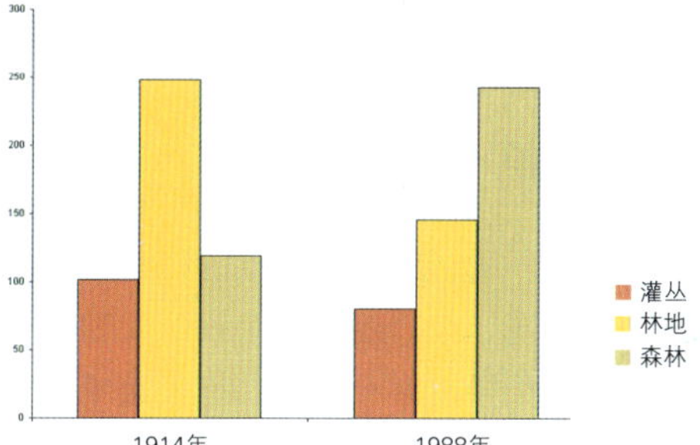

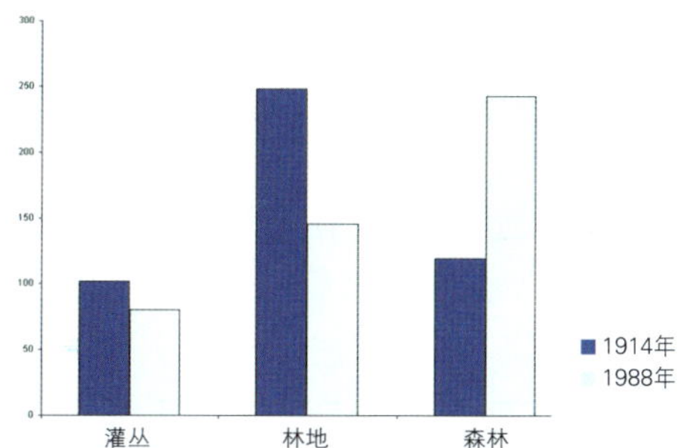

顶部图表强调了每个时间的区域组成，底部图表强调每种类别类型的变化。

创建跟踪地图

跟踪地图显示多个日期或时间的要素位置，尤其适用于显示离散要素（如飓风或火灾边界）或者表示地理现象的事件（如犯罪行为高发地段）的递增式移动。

绘制单个要素

分析表示为点的单个要素的移动状况，如飓风或卡车，可以绘制每个日期或时间的每个要素。如果有多个要素，可以赋予它们颜色代码用以区别。

如果需要强调要素移动的路径，可以绘制连接每个日期或时间的线条。间隔越小，线条越能确切表达要素移动的实际路径。使用少量日期或时间配上较大的间隔会对路径进行综合，因此有可能无法显示在方向上的快速变化。

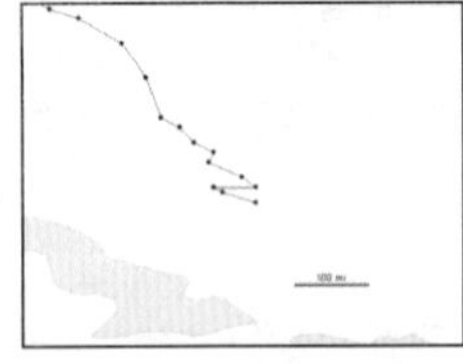

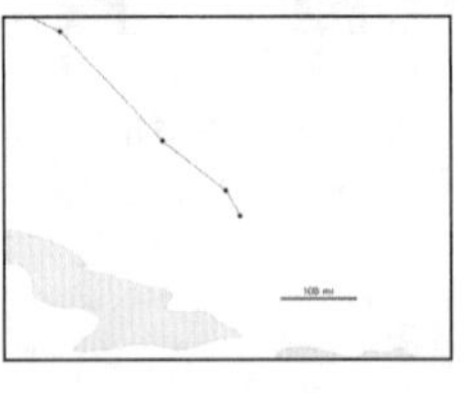

以3小时为间隔（左图）和以6小时为间隔的飓风位置。随着间隔的变大，部分方向上的快速变化信息丢失了。

使用不同的颜色或符号可以显示要素在特性或数量上的变化。显示数量的变化，如飓风的风速，可以使用等级颜色、符号或比例符号。

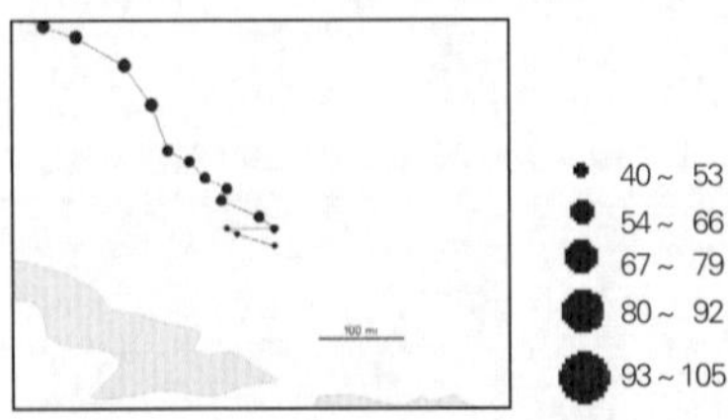

基于最大阵风绘制的飓风位置。

在相等时间间隔绘制点要素可以显示变化速率。例如，每隔一小时绘制飓风位置，可以观察到飓风在何处加速或减速。计算变化速率，可以在每个日期或时间的位置之间绘制连线，测量线段长度，并除以所用的时间。然后使用等级颜色或符号绘制线段来显示速率。这是经过综合之后的速率，因为要素可能不是按直线移动的。

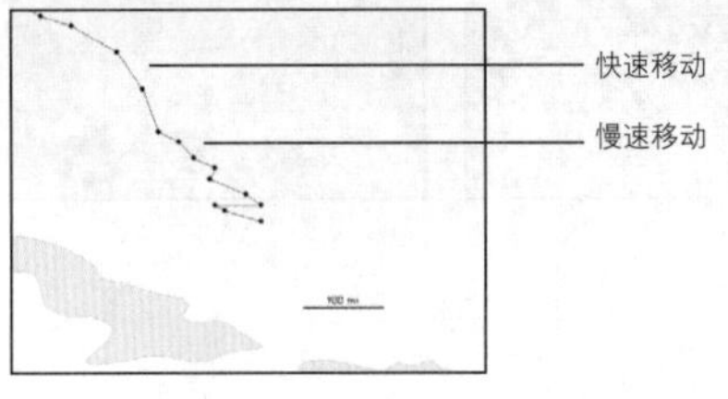

以3小时为间隔的飓风位置，位置相隔越远，移动速度越快。

绘制线状要素

绘制线状要素的移动，可以在每个日期或时间使用不同颜色，或者使用标记。

线状要素的制图经常用于某事件发生之前和之后。例如风暴潮发生前后的海岸线，或者洪水发生前后的河道。

可以使用颜色或符号来显示要素在特性或数量上的变化。例如，使用多种颜色来显示飓风发生前后的海岸线类型，或者使用等级线性符号来显示交通线路重新调整前后的道路交通流量变化。

绘制连续型要素

绘制表示为区域的连续型要素的移动，如野火或溢油，可以绘制每个时间或日期的区域边界。另一种方法是使用不同颜色或纹理来区分它们。如果需要在区域下层显示其他要素，如由大火覆盖区域以前的土地覆盖，可以只绘制边界而无需分层设色。

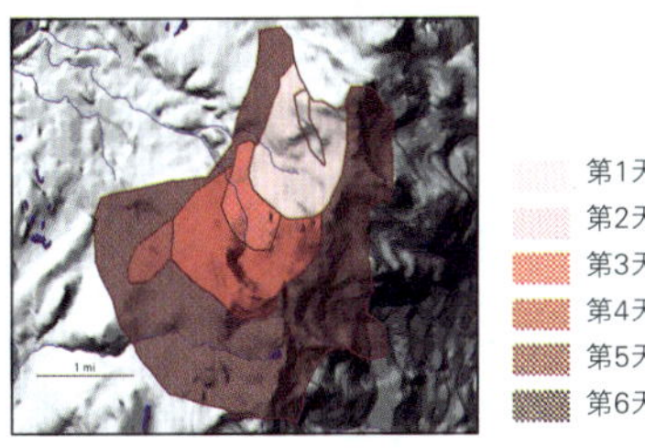

为期六天的野火扩散。

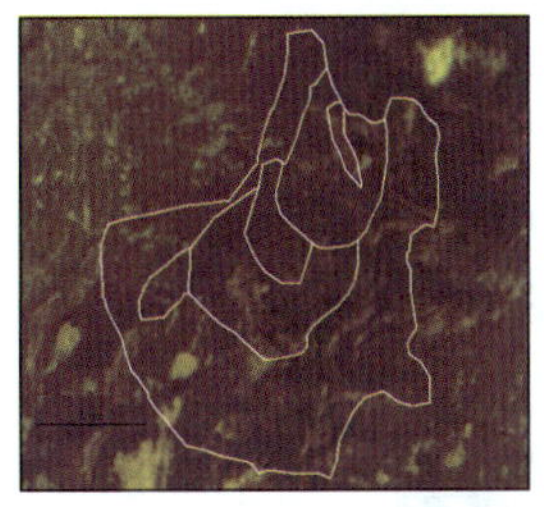

只绘制火灾边界可以观察到受灾区域之前的土地覆盖。

也可以基于特性的变化来对区域分层设色。例如，使用等级颜色或符号来显示每个日期或时间的平均火灾温度。

计算持续时间内面积范围的变化，如每小时受大火袭击的英亩数量，可以将面积范围除以受灾时间。将一天内受灾区域面积除以24小时可以得到每小时的平均受灾英亩数量。

通过绘制相等时间间隔的区域，可以观察变化速率。例如，如果是绘制每6个小时的火灾边界，可以观察到何时何地火灾的扩散在加速或减速。

绘制事件

为了显示表示为离散事件的现象的移动趋势，可以在每个时间段使用不同颜色来绘制事件。例如，对袭击案件发生的月份进行彩色编码来绘制案件分布图，可以观察某区域的袭击案件是否在某个月发生多起，而在其他月份的发生率较低。这可能表明该项犯罪活动的地点发生了变化。

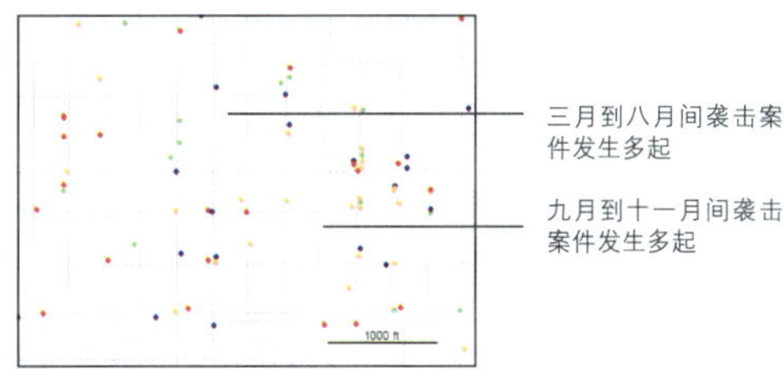

显示某项行为或事件发生前后的移动状况，可以使用一种颜色绘制目标日期之前发生的事件，使用另一种颜色绘制之后的事件。例如，使用蓝色绘制警方打击贩毒行动之前的贩毒拘捕行动，使用红色绘制之后的拘捕行动，来分析毒品交易行为向何处转移。

显示一个循环周期内的移动，可以根据事件所处的周期进行彩色编码。例如，根据911电话是否在早晨、下午、傍晚或深夜接到进行彩色编码并制图。在一幅地图上显示六个以上的时间段会增加读者识别格局的难度。

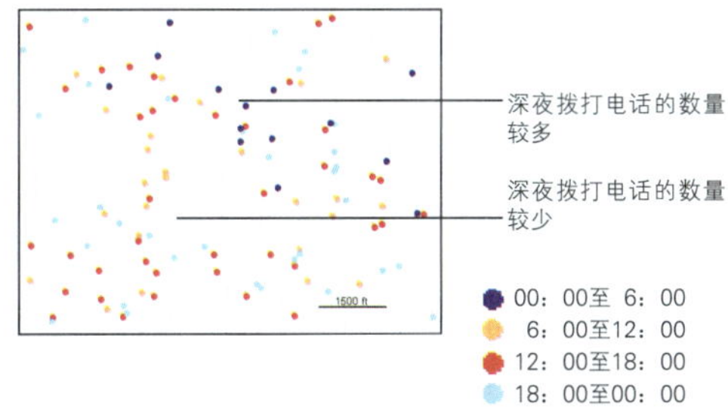

如果在每个位置有多次事件发生（例如来自于同一个地址的多次911电话），可以使用饼图来显示每个时间段所发生事件的百分比。例如，可以显示早晨、下午、傍晚和深夜的记录时间段内每个位置所接到电话的百分比。这样就易于观察在每个时间段有多少电话，如果来自于同一地址的每个电话都使用单独符号表示，会造成符号之间彼此叠加，给格局识别带来困难。

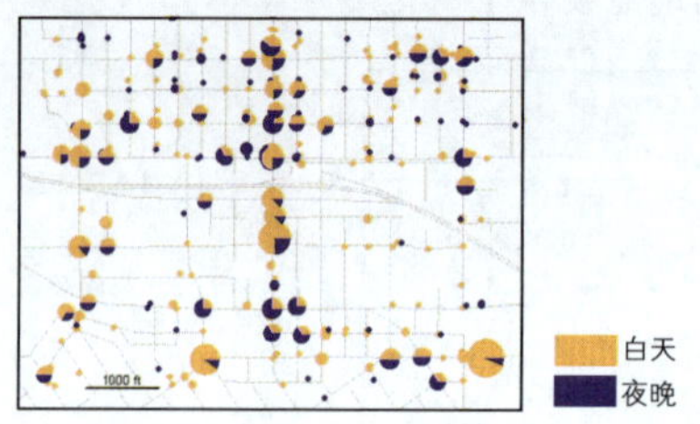

使用这些方法，也可以根据数量显示事件。例如，使用等级或比例符号来显示来自于每个地址的911电话数量。这样可以更加清晰地揭示随时间变化的确切格局。

察看结果

在跟踪地图上显示参考要素有助于进一步分析要素行为或现象的可能原因。例如，当绘制飓风路径时，可以观察到风速在经过水面时更大，而到达陆地后减弱，这是因为飓风通过吸收海洋的湿气而获得能量所致。

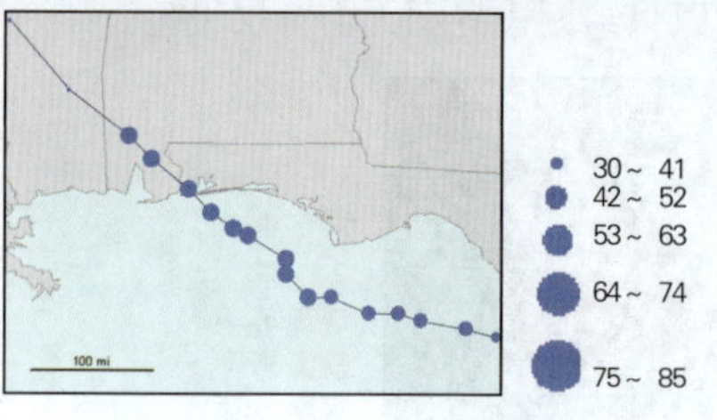

根据风速（单位：英里/小时）绘制的飓风路径。

下面的地图在地形数据层上显示火灾边界，可以观察到起初两天火势在山脊处停留，但是在接下来的几天内迅速蔓延，穿越了山脊。诸如天气条件的变化之类的因素可能是造成火势蔓延的原因之一。

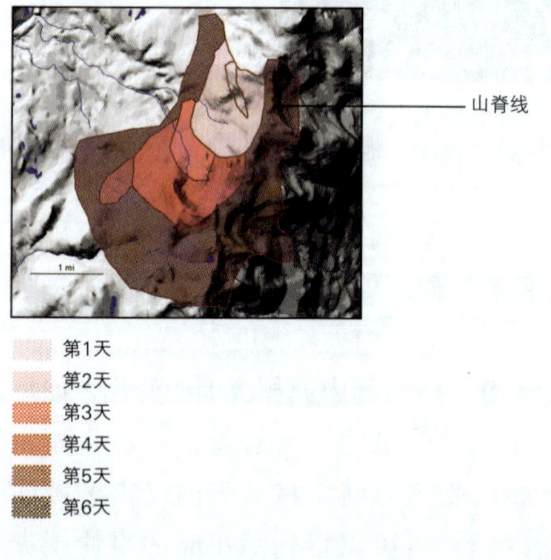

变化信息的测量和制图

测量和绘制变化信息，需要计算两个日期之间的数值差异，并基于该值绘制要素。该值可以为总数、百分比或者变化速率。

可以计算离散要素、区域汇总要素、连续型类别或者连续型数值的变化。

离散要素

对于离散要素，制图数值存储在图层的数据表中，一个值表示起始日期或时间，一个值表示结束日期或时间。将结束值与起始值相减，并将得到的差赋予数据表中的新栏。例如，将1998年销售额减去1997年销售额，可以计算每个商店的销售额变化。

按百分比计算变化可以比较数值的相对变化，而非绝对变化。例如，计算两年间的商店销售收入变化百分比来分析哪里的销售收入增长的最快。将数值的差（计算方法如前所述）除以起始值并乘以100即可。

地图制作

对于单个点位置，使用等级颜色或符号来表示计算得到的值。例如，使用等级点符号表示每年的销售收入变化百分比来绘制商店，也可以在每个位置显示带有趋势线的图表。

线状要素的数量变化经常涉及测算沿要素的流或流量。例如，根据每年的交通流量变化来绘制道路图，或者根据每个月污染程度的变化来绘制河流图。可使用等级线符号来绘制变化数值。如果流量数值是在样点位置测量得到，如河流的水质，可以使用点符号来表示变化信息。

对于诸如宗地之类的区域要素，使用等级颜色来显示每个要素的数值变化。例如，使用等级颜色来绘制每个地块评估价值的增长百分比，可以显示在该时间段内哪些区域在资产价值上的变动最大。

区域汇总数据

区域汇总数据的变化计算方法与离散要素相同，制图数值存储在图层的数据表中；将结束值与起始值相减，并将得到的差赋予数据表中的新栏。例如，将1998年人口数量减去1997年人口数量，可以计算1997—1998年间每个县的人口变化。

County FIPS	1970 Pop	1990 Pop	Difference
41049	4465	7625	3160
41061	19377	23598	4221
41057	18034	21570	3536
41021	2342	1717	-625
41067	157920	311554	153634

分析哪些县的相对增长率最高，可以计算变化百分比，即人口数量的差除以1970年的人口数量，然后乘以100。

County FIPS	1970 Pop	1990 Pop	Difference	% Change
41049	4465	7625	3160	71
41061	19377	23598	4221	22
41057	18034	21570	3536	20
41021	2342	1717	-625	-27
41067	157920	311554	153634	97

地图制作

在计算变化数值完成之后，可以根据这些数值绘制要素。过程方法与第3章最大值与最小值制图分析所阐述的总量或比率数值的制图方法相同。根据变化数值，可以使用等级颜色来对每个区域分层设色。

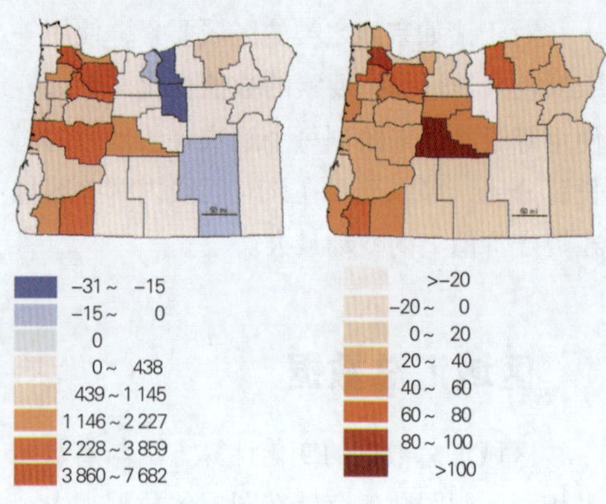

使用等级颜色创建的人口变化速率（左图）和百分比变化图。

显示两个或以上时间段的每个区域的数值变化，可以创建显示每个时间段数值的柱状图表。可以将图表置于区域内部，或者创建单独的图表来并排显示每个区域的数值。对于少量区域和少量时间段的情况使用图表效果最好。否则，读者将难以识别趋势。

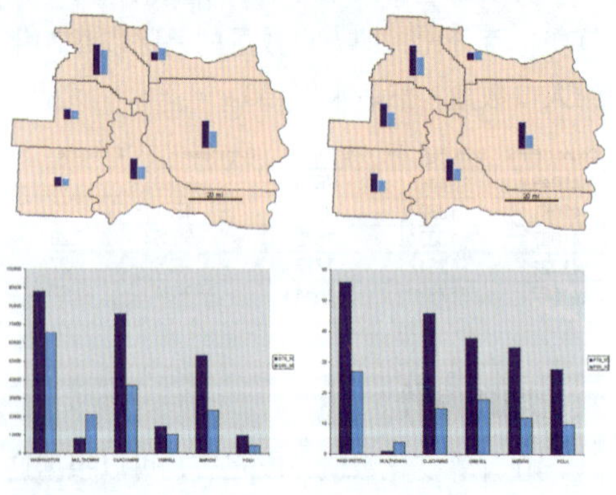

柱状图显示1970—1980年（深蓝色）和1980—1990年（浅蓝色）间的实际变化量（左图和图表）和百分比变化。

显示多个日期或时间的变化，可以创建趋势线图表。可以为每个区域创建图表并在其中显示，或者为所有区域创建单独的图表，并在图例中显示。例如，显示1970—1990年间每5年的各县的人口数量。

趋势线显示每个县的相对人口以及增长率。

绘制负值

在变化计算完毕之后，一些要素可能会有负值。例如，人口数量在一些县实际上是下降的。当创建地图的时候，可以设置类范围和符号，使用一种颜色绘制负值，使用对比色绘制正值。这样读者可以快速观察各区域数值的增加或减少情况。

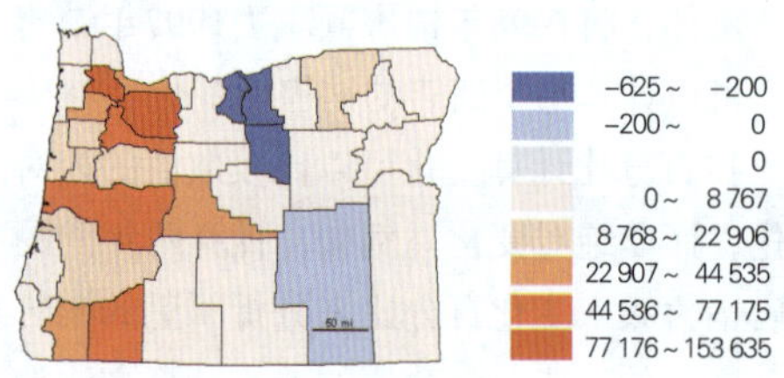

蓝色的县在指定时间段内的人口是下降的。

如果边界已经发生变化怎么处理?

如果是历史数据，制图区域的边界有可能已经改变了。小的变化不会影响到地图总体格局，尤其是在绘制与单个区域相比较大的区域范围的情况下。如果变化微小，可以使用虚线、或者浅色调在地图上绘制原始边界，并将这些符号包括在地图图例中。如果发生实质性变化，可能会需要采用其他途径来绘制感兴趣的属性。例如，如果绘制边界已经变化的多个邻近区域的犯罪行为总数，可以为所有时间段，基于每个区域的中心点创建连续表面，并且计算表面之间的变化（该部分内容在第4章密度制图分析有详细阐述）。

连续型类别或类

计算诸如土地覆盖之类的连续型类别，涉及关联两个图层，每个图层对应一个日期或时间。

计算连续型类别或类的变化，可以创建只包含变化区域的地图；计算每种类别面积范围的变化，并显示在表格或图表中；或者计算从某类别向其他类别转变的数量，并将结果展示在地图、表格或图表中。

创建变化区域的地图

创建该种地图可以使用栅格或矢量数据，与查找哪些类别位于区域内部相同。

使用矢量数据，可以对区域进行叠加来创建包含所有日期的类别代码的新图层。然后选择那些代码不一致的要素，即第一个日期的类别与第二个日期的类别不同。

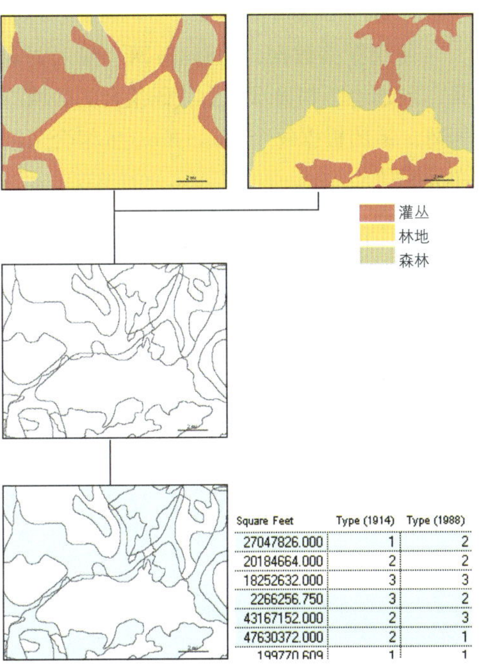

Square Feet	Type (1914)	Type (1988)
27047826.000	1	2
20184664.000	2	2
18252632.000	3	3
2266256.750	3	2
43167152.000	2	3
47630372.000	2	1
199770.609	1	1

使用栅格数据，可以通过比较两个输入图层的单元数值来创建新图层。GIS检查每对单元，并给代码不一致的单元对贴上标签，表示这些为变化单元。

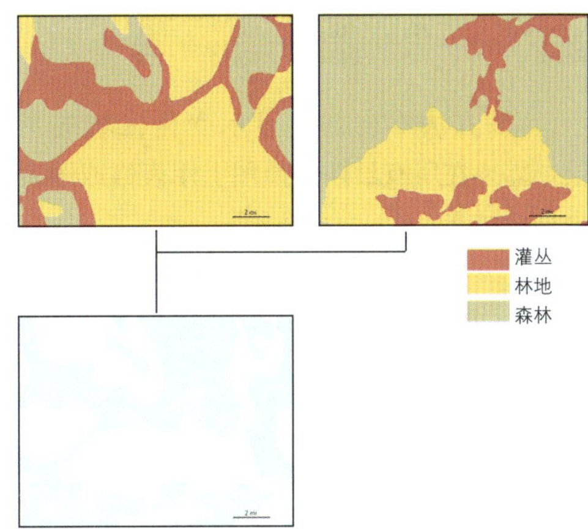

无论是使用哪种数据，一旦创建完显示变化区域的图层，就可以与原始要素一起进行制图，根据类别进行分层设色。

计算每种类别的面积范围变化

根据类别计算面积变化，需要对每个日期的每种类别进行统计。然后，使用类别代码来关联数据表。计算变化可以在第二个日期的面积中减去起始日期的面积，并将其赋予一个新栏。也可以计算百分比变化，即该值除以起始日期的面积，然后乘以100。

Category	Acres
Brush	102
Woodland	248
Forest	119

Category	Acres
Brush	80
Woodland	146
Forest	243

Category	Acres (1914)	Acres (1988)	Difference	% Change
Brush	102	80	-22	-22
Woodland	248	146	-102	-41
Forest	119	243	124	104

该方法不会创建显示变化区域的图层。需要在所有日期的地图上用表格或图表来显示结果。

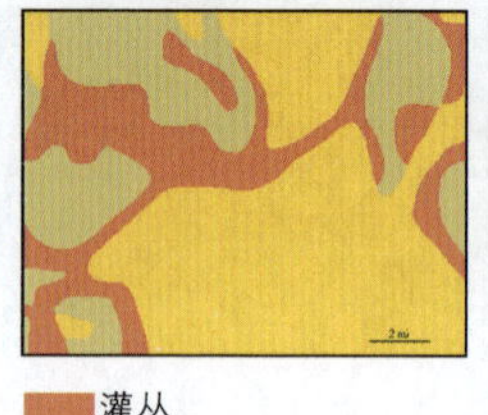

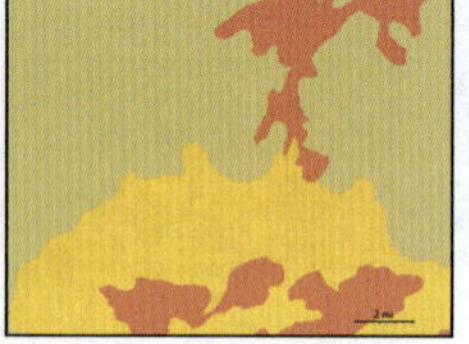

灌丛
林地
森林

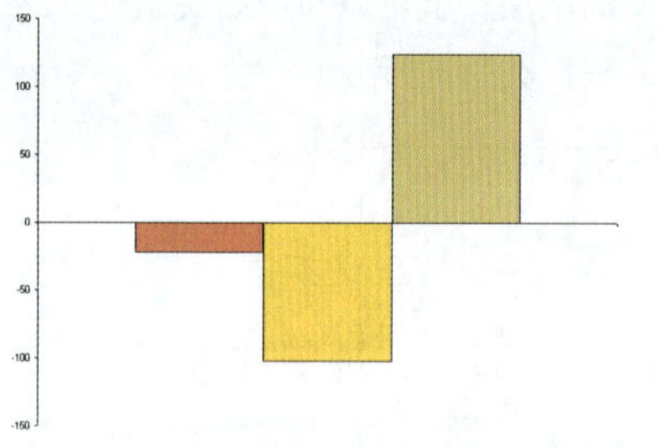

每种土地覆盖类型的面积变化数（单位：英亩）。

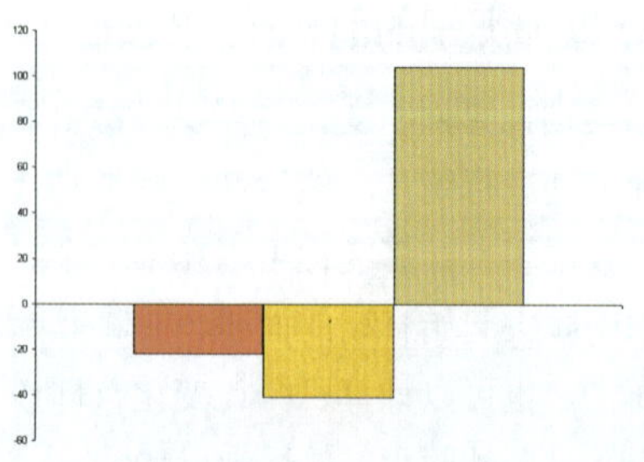

每种土地覆盖类型的百分比变化。

计算每种类别转变为其他类别的变化

在创建变化区域地图的同时，也可以使用栅格或矢量数据来计算每种原始类别有多少已经转变为新的类别。

使用矢量数据，可以对两个图层进行叠加，如第5章查找区域内部要素所述。然后使用各个日期的类别代码和区域属性的累计值来创建频率表。结果表格显示每个“from”类别和“to”类别的组合的面积范围。然后给每个组合赋予唯一标示值，将频率表关联到图层的数据表，并根据每个区域的新代码来绘制区域图。

From-To Code	Acres
11	1135
12	4213
13	21083
21	17799
22	31117
23	15158
31	1644
32	2436
33	26611

使用栅格数据，GIS比较两个输入要素集，创建地图和显示每个代码组合的区域的矩阵。地图根据每个单元的from-to组合来给单元赋值。

	1	2	3
1	1135	4213	21083
2	17799	31117	15158
3	1644	2436	26611

显示每个代码组合最好不要超过六个代码。因为代码越多，读图的难度就越大。

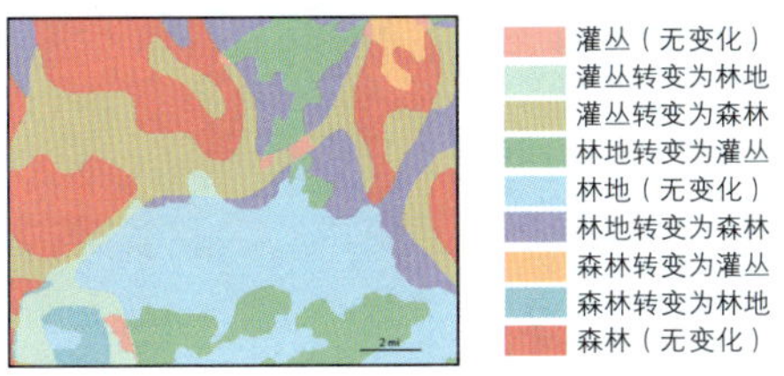

即使只有三种土地覆盖类型，生成的地图仍然很复杂。

对代码组合进行符号化表示的方法取决于是对其转变的类型感兴趣，还是从何类型转变而来感兴趣。对于“from”类别使用相同颜色的不同色调，可以强调每个区域的原始类别是什么。

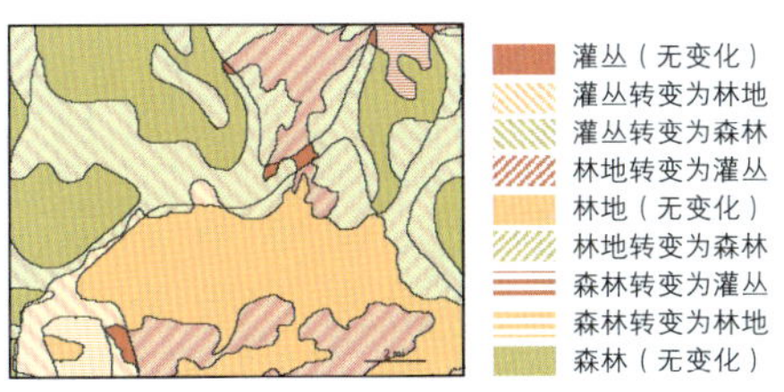

也可以使用图表来显示表格信息。

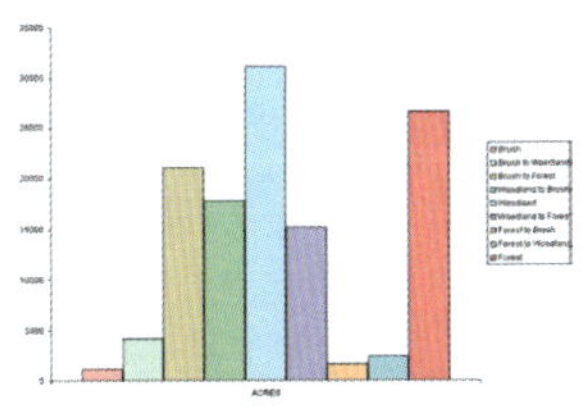

该图表显示每个“from–to”组合的英亩数。

如果类别定义变化该如何处理？

对于类别使用时间序列，可能会遇到日期之间的类别定义已经发生变化的情况，尤其是处理历史数据，或者使用原来用于其他用途的数据层时。在这种情况下，可以使用现有类别，或者进行归纳并创建对于各个日期均相同的类别。

使用现有类别更加精确，但是可能会生成大量的类别组合，使得地图格局难以识别。进行归纳和综合会扭曲数据，但是变化格局易于观察和理解，尤其是经过归纳生成较少数量的类别的时候。

From-To Code	"From" Category	"To" Category
1	Non-timber	Douglas fir - Western Hemlock
2	Timber	Douglas fir - Western Hemlock
3	Cutover area	Douglas fir - Western Hemlock
4	Cutover area	Broadleaf deciduous
5	Timber	Broadleaf deciduous
6	Timber	Oak-Pine pasture
7	Cutover area	Oak-Pine pasture
8	Burned area	Oak-Pine pasture
9	Burned area	Broadleaf deciduous
10	Burned area	Douglas fir - Western Hemlock
11	Timber	Douglas fir - Oak
12	Burned area	Douglas fir - Oak
13	Timber	Oak woodland
14	Burned area	Oak woodland
15	Cutover area	Oak woodland
16	Cutover area	Douglas fir - Oak

在本例中，先前的森林地图使用土地覆盖类型（“from”类型），而后来的地图使用植被类型（“to”类型）。绘制每个类型组合会生成16个“from–to”代码，使得地图内容更加复杂。

连续型数值

计算变化有时候也使用两个日期的连续型数值。它们可以基于密度，如每平方英里的犯罪行为密度表面或者每平方英尺的土地价值表面。或者也可以为内插数值，如使用来自于采样点数值创建生成的某区域空气污染物聚集数据。

创建两个表面的变化地图，可以使用图层相减的方法。GIS计算第一个图层上每个单元和第二个图层上相对应单元的差。生成的地图显示变化最大和最小的区域分布情况。

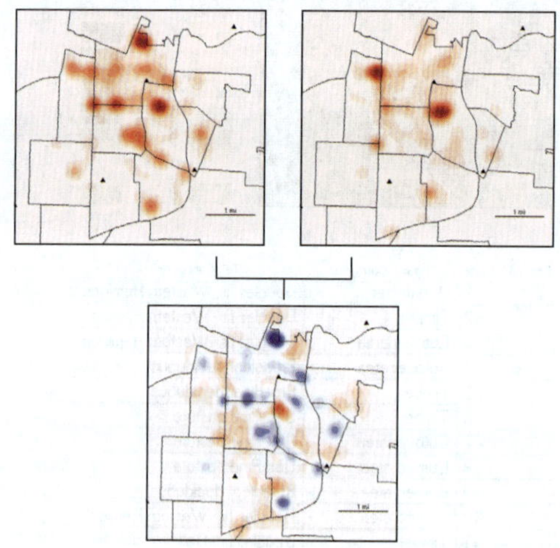

一月（左上图）和二月（右上图）拨打911电话密度表面。通过表面之间的相减计算，可以观察哪些区域的电话数量增加最多（深橘红色），哪些区域的电话数量减少最多（深蓝色）。

参考书目

以下书籍和文章将有助于更深入的探究GIS空间分析之道。该列表并不是非常全面，但是可以为每个主题提供很好的介绍。

地理数据库和地图投影

Kennedy, Melita. *Understanding Map Projections.* Esri, 1999.

该书主要阐述了地图投影的概念以及为地理数据设置投影所需的步骤，其中详细介绍了Esri ArcGIS所支持的地图投影类型。

Snyder，John P. *Map Projections—A Working Manual.* U.S. Geological Survey, 1989.

该书是介绍地图投影的经典著作，内容涵盖所有的常用投影，并阐述了这些投影的最佳使用途径以及它们的缺点。该技术手册也包含了计算各种投影的数学公式。

Zeiler, Michael. *Modeling Our World—The Esri Guide to Geodatabase Design.* Esri, 1999.

该书对各种GIS数据和文件格式进行了详尽综述，包括矢量和栅格数据、几何网络、表面数据等，并叙述了如何存储和显示地理要素与属性，以及如何构造地理数据库等内容。

地图制作、符号使用和数据分类

MacEachren, Alan M. *Some Truth with Maps: A Primer on Symbolization and Design.* Association of American Geographers, 1994.

该书是一本介绍如何制作和使用地图的初级读物，内容简洁实用，包括使用地图符号和颜色以及数据分类等章节。该书的重点是教读者如何观察、理解和认知地图中蕴含的丰富信息。

Monmonier, Mark. *How to Lie with Maps.* University of Chicago, 1991.

该书阐述了如何使用地图以及不正确的使用方法，内容丰富且易于理解，其中关于数据分类和符号使用是如何揭示或遮掩地理数据格局的讨论相当有用。

Using ArcView GIS. Esri, 1996.

该书是Esri的ArcView GIS使用指南，内容包括数据分类信息以及如何使用不同类型的符号创建地图，也包含了关于工作表使用、地理查询和选择等方面的讨论。

Using ArcMap. Esri, 1999.

该书为Esri的ArcInfo GIS中ArcMap的使用指南，它主要用于创建地图以及使用表格数据工作。该指南包括数据分类、符号使用以及选择和查询地理要素等内容。

测量与分析地理数据

Berry, Joseph K. *Beyond Mapping: Concepts, Algorithms, and Issues in GIS.* GIS World Books, 1993.

该书为Berry的论文集，面向实际工作人员的读者，内容涵盖各种分析主题，包括测量距离、叠加和格局分析，此外也涉及如何评估分析结果中的误差量。

Chrisman, Nicholas. *Exploring Geographic Information Systems.* Wiley, 1997.

该书以地理信息系统在社会中所发挥的广泛作用为背景，阐述了GIS的功能和用途，其中精辟探讨了测量和集成地理数据，以及与属性数据协同工作的途径。

DeMers, Michael N. *Fundamentals of Geographic Information Systems.* Wiley, 1997.

该书全面解读GIS的方方面面，内容覆盖如何存储和操作地理要素及属性，也详尽探讨了各种类型的地理分析操作。

使用栅格和表面数据

Tomlin, C. Dana. *Geographic Information Systems and Cartographic Modeling.* Prentice Hall, 1990.

该书是Tomlin的权威著作，深入探讨了如何使用栅格数据表达信息以及使用栅格数据的相关主题。此外，还包括涉及栅格叠加、表面距离计算和其他栅格操作等概念的技术探讨。

Using ArcView Spatial Analyst. Esri, 1997.

该书为Esri的ArcView Spatial Analyst软件使用指南，介绍了在ArcView GIS中使用和显示栅格数据等基本内容，以及各种可用的栅格分析功能的简要叙述，如距离制图和栅格叠加等。

Using ArcView 3D Analyst. Esri, 1998.

该软件指南介绍了在GIS中创建和存储地理表面的各种途径，也阐述了如何使用Esri的ArcView 3D Analyst通过三维视角显示和分析表面数据。

使用地理网络

Chou, Yue-Hong. *Exploring Spatial Analysis in Geographic Information Systems.* Onward Press, 1997.

该书全面系统地阐述了空间分析应用，包括较为详尽的网络分析章节，关于地理网络的结构和需求的技术探讨，以及GIS如何解决典型的网络分析问题，如路径选择和寻找最短路径等。

Using ArcView Network Analyst. Esri, 1997.

该书是Esri的Network Analyst软件使用指南，精辟探讨了构建用于分析的网络层的途径，包括如何指定距离或成本，给转向、站点和传输障碍赋值，以及使用ArcView GIS搜寻围绕某一中心点的服务区域的简单介绍。

时间和GIS

Blok, Connie, et al. "Visualization of relationships between spatial patterns in time by cartographic animation," *Cartography and Geographic Information Science,* Vol. 26, No. 2, 1999, pp. 139–151.

该文研究使用计算机动态模拟地图时间序列来探究地理现象之间的关系。研究工作主题涉及模拟两个重叠的地图序列，同时该文列举了有关时间和地图的参考文献。

MacEachren, Alan M. *How Maps Work.* Guilford Press, 1995.

该书详尽阐述了如何表达和解析地图，包括时空关系的章节。该章节解释了蕴含在变化的视觉分析和时间组织方法中的概念，以及使用计算机动态模拟时间序列来揭示格局等内容。

Monmonier, Mark. "Strategies for the visualization of geographic time series data," *Cartographica,* Vol. 27, No. 1, 1990, pp. 30–45.

该文阐述了地理位置和地理要素属性的变化制图，包括时间序列、地图跟踪和计算机动态模拟等。

Muehrcke, Phillip C. and Juliana O. Muehrcke. *Map Use.* JP Publications, 1992.

该书通俗易懂，涵盖了地图创建和使用的各个方面，包括时间和地图的章节，涉及的主题包括趋势和周期制图，以及地理数据的时间敏感性的相关主题。